Café com
Lucian Freud

Geordie Greig

Café com Lucian Freud

Tradução de
WALDÉA BARCELLOS

1ª edição

EDITORA RECORD
RIO DE JANEIRO • SÃO PAULO
2013

CIP-BRASIL. CATALOGAÇÃO NA PUBLICAÇÃO
SINDICATO NACIONAL DOS EDITORES DE LIVROS, RJ

G862c
Grieg, Geordie, 1960
    Café com Lucian Freud / Geordie Grieg; tradução Waldéa Barcellos.
– 1. ed. – Rio de Janeiro: Record, 2013.
    il.

    Tradução de: Breakfast with Lucian
    ISBN 978-85-01-40414-5

    1. Freud, Lucian, 1922-2011. 2. Freud, Lucian, 1922-2011 – Narrativas pessoais.
3. Pintores – Grã-Bretanha – Biografia. I. Título.

13-04092
CDD: 927
CDU: 929:75

Título original em inglês:
BREAKFAST WITH LUCIAN

Copyright © Geordie Greig, 2013

Todos os direitos reservados. Proibida a reprodução, armazenamento ou transmissão de partes deste livro através de quaisquer meios, sem prévia autorização por escrito. Proibida a venda desta edição em Portugal e resto da Europa.

Texto revisado segundo o novo Acordo Ortográfico da Língua Portuguesa.

Direitos exclusivos de publicação em língua portuguesa para o Brasil adquiridos pela
EDITORA RECORD LTDA.
Rua Argentina 171 – 20921-380 – Rio de Janeiro, RJ – Tel.: 2585-2000
que se reserva a propriedade literária desta tradução

Impresso no Brasil

ISBN 978-85-01-40414-5

Seja um leitor preferencial Record.
Cadastre-se e receba informações sobre nossos lançamentos e nossas promoções.

EDITORA AFILIADA

Atendimento direto ao leitor:
mdireto@record.com.br ou (21) 2585-2002.

What matter? Out of cavern comes a voice
And all it knows is that one word 'Rejoice!'
Conduct and work grow coarse, and coarse the soul,
What matter? Those that Rocky Face holds dear,
Lovers of horses and of women, shall,
From marble of a broken sepulchre,
Or dark betwixt the polecat and the owl,
Or any rich, dark nothing disinter
The workman, noble and saint, and all things run
On that unfashionable gyre again.*

"The Gyres", W. B. Yeats

"Dull not to."**
H. L. C. Greig (1925-2012)

---

*Em tradução livre: Que importa? Da caverna vem uma voz / E tudo o que conhece é aquela única palavra: "Regozijai-vos!" / A conduta e o trabalho se embrutecem, como se embrutece a alma, / Que importa? Aqueles a quem Cara de Pedra se afeiçoa, / Amantes dos cavalos e das mulheres, / Hão de desenterrar do mármore de um túmulo quebrado, / Da escuridão entre o furão e a coruja / Ou de qualquer nada pleno e escuro, / O trabalhador, nobre e santo, e todas as coisas giram/ Naquele vórtice antiquado mais uma vez. "Os vórtices" de W. B. Yeats. [N. da T.]
**Forma sintética de dizer "Aproveite as oportunidades que a vida oferece porque seria tolice não fazê-lo." [N. da T.]

Para Kathryn, Jasper, Monica e Octavia

Sumário

Prefácio   11

1. Café da manhã   13
2. Assédio   35
3. Primeiros tempos   59
4. Primeiros amores   85
5. Obsessão   101
6. Legado de Lorna   113
7. Caroline   131
8. Tinta   155
9. Amantes   183
10. História de uma filha   207
11. Dois retratos tardios   223
12. *Marchands* e o jogo   231
13. Prole   257
14. *Finale*   271

Agradecimentos   285
Árvore genealógica – A família de Lucian   287
Notas   289
Índice   295

Prefácio

Em meados da década de 1990, Lucian Freud impediu a publicação de sua biografia autorizada. Muito embora tivesse cooperado com o escritor, pagou-lhe uma quantia substancial para dispensá-lo. Quando leu os originais, Lucian ficou estarrecido com a possibilidade de que tantos detalhes íntimos chegassem ao conhecimento do público. Foi abandonada a ideia de publicar o livro, enquanto ele estivesse vivo.

Quando eu era repórter no *Sunday Times*, em fins da década de 1980, outro escritor contou-me que gângsteres da região do East End de Londres o tinham procurado em casa, a pedido de Freud, e o tinham ameaçado com consequências desagradáveis, se ele não parasse de fazer pesquisas para uma biografia. Aquele livro também definhou.

Este livro não sofreu obstruções por parte dele. Ao longo da última década de sua vida, nós nos encontramos para tomar o café da manhã com regularidade; e, durante nossas inúmeras conversas, Lucian aos poucos foi se abrindo. Com o tempo, ele concordou em me deixar gravar o que dizíamos. Tínhamos um acordo que me permitia publicar em diferentes revistas e jornais o que ele me contava. O livro que resultou disso, começado após sua morte, encara a vida e obra de Lucian da perspectiva de alguém que acompanhou sua carreira por 35 anos, mas somente conquistou sua confiança nos dez últimos anos de sua vida.

1. Café da manhã

Mal-arrumados, ligeiramente encurvados e em silêncio, os dois homens pareciam personagens chegando para um ensaio geral de *Esperando Godot*. O café da manhã com Lucian começava invariavelmente do mesmo jeito, com o Velho Mestre da arte britânica e David Dawson, seu assistente, mais jovem, percorrendo a pé os poucos metros que separavam a casa do pintor em Kensington Church Street, em Notting Hill, do restaurante Clarke's. Lucian costumava vestir um sobretudo cinza de *cashmere* respingado de tinta e botas pretas de amarrar, do tipo usado por operários, o que lhe conferia uma aparência rebelde em termos de vestimenta. O casaco era de Issey Miyake, e sua camisa branca, que não tinha sido passada a ferro, estava amarfanhada, mas era cara.

Lucian chegava ao Clarke's quando o restaurante ainda estava fechado. Ele e David passavam discretamente pela porta da delicatéssen vizinha ao restaurante e entravam no salão vazio por um corredor lateral. A loja, que vende *croissants* de amêndoas, *pains au chocolat*, queijos orgânicos, quiches, tortas de limão, pãezinhos de salsicha e pães comuns, tem um bom movimento, mas o café da manhã ali ao lado era um privilégio que Sally Clarke — proprietária do restaurante e uma das últimas retratadas por Lucian — somente concedia a ele. Na realidade, o local tornou-se um salão particular matutino para Lucian e seus convidados.

Trata-se de um restaurante pequeno, para a classe alta, que está estabelecido em Kensington há mais de um quarto de século. Seus frequentadores muitas vezes salientavam que ali se sentiam mais como num jantar entre amigos do que num restaurante, já que, na maior parte desse período, Sally Clarke não oferecia uma escolha em menu, mas apenas o que tinha resolvido preparar naquele dia. Nos últimos anos, essa característica distintiva foi substituída por algo mais maleável, havendo possibilidade de escolha entre três ou quatro pratos a cada dia, sempre preparados com ingredientes frescos, conforme a estação. O Clarke's é um ponto de encontro discreto e prestigiado pelo alto escalão da BBC e por figuras como Bryan Ferry, Salman Rushdie e Dame Maggie Smith. Quando a líder oposicionista birmanesa, Aung San Suu Kyi, esteve no Reino Unido, em junho de 2012, depois de um exílio de 24 anos, foi ali que ela fez seu único almoço em Londres, no dia de seu aniversário de 67 anos. Senhoras inglesas de certa idade, em seus *cashmere*, apreciam sua atmosfera tranquila. Um cartão sobre a mesa avisa que é proibido o uso de telefones celulares. O duque e a duquesa de Cambridge são seus frequentadores. O restaurante está situado em meio a imobiliárias e antiquários especializados, sendo fácil deixar de percebê-lo; mas, uma vez que se entre por suas portas de madeira e vidro, fica evidente sua superioridade diante de quase todos os outros restaurantes na área.

Lucian tinha começado a frequentar o minúsculo café na entrada do Clarke's em 1989 com Leigh Bowery, o exuberante artista performático australiano, cujas bochechas com piercing e peruca loura ou cabeça raspada faziam com que Lucian, ao seu lado, parecesse uma figura anônima. Ele tornou-se modelo de Lucian e recebia pagamento para posar nu. Lucian adorava as toalhas de mesa brancas e engomadas, as mocinhas bonitas em uniformes de *chef,* a atmosfera leve e arejada, com arranjos coloridos de flores no balcão do bar, a comida deliciosa e, naturalmente, sua amizade com Sally. Seu estilo chique desleixado e seu toque de desalinho dissimulavam um homem de discernimento e bom gosto. Tudo era intencional. O café da manhã no Clarke's era um precioso período de descanso para ele. Lucian tinha uma programação de trabalho interminável, contínua, desde que nenhuma oportunidade de levar uma mulher para a cama se apresentasse, como disse um gaiato, já que parecia que sua libido nunca se reduziu. De vez em quando, ele agarrava de brincadeira a coxa de uma convidada, das garçonetes ou de Sally, que riam, achando graça. De algum modo, ele se safava, mesmo com um gesto que, se feito por outros, poderia ter parecido grosseiro ou imprudente. A intenção era brincalhona, quase cômica e provida de carinho, tendo se originado numa era anterior aos tempos do politicamente correto. Era também prova de um homem que agarrava a vida. Não havia regras, pelo menos não no campo da diversão. Ele era alguém que fazia de tudo, impunemente. Mas a verdade é que seu avô Sigmund disse certa vez "não existe nada que se possa chamar de brincadeira".

Lucian e David iam ao Clarke's a pé para tomar café na maioria dos dias, e por quase dez anos, com intervalos, geralmente aos sábados, eu pertenci ao pequeno elenco de amigos convidados, muito embora fôssemos mantidos separados. Lucian distribuía seu tempo entre amantes antigas e recentes, *marchands,* seus filhos, moldureiros e amigos. O leque era amplo: desde uma bela garota com câncer terminal que trabalhava para a rainha, um ex-dependente de heroína que tinha passado um período preso, seu fornecedor de vinhos, seu leiloeiro preferido, seu *bookmaker* até o pintor Frank Auerbach, seu amigo mais antigo. Freud era um grande desagregador. Poucos de nós tinham sua permissão para ver uns aos outros. Os pontos centrais na sua idade avançada eram seu ateliê de pintura e o Clarke's. Todas as pessoas que lhe eram importantes nos seus últimos anos se encontravam lá.

O café da manhã com Lucian tornou-se parte do meu fim de semana, apesar de muitas vezes o encontro ser combinado na última hora. Lucian detestava se sentir preso a compromissos, *ter* obrigação de estar com qualquer pessoa. Minhas visitas ao restaurante começaram quando Lucian passou a ligar ao acaso me convidando; mas, nos seus últimos anos, tornou-se mais uma espécie de rotina e, no início da manhã, eu mandava uma mensagem de texto para David, que respondia em nome de Lucian: "Clarke's daqui a vinte minutos" ou "No Clarke's, agora". Como detestava intromissões, Lucian não dava o número de seu telefone para quase ninguém além de alguns de seus filhos, seu *marchand,* seu advogado e, naturalmente, David, que vinha de carro de Ladbroke Grove, onde morava, e entrava na casa de Kensington Church Street, com a única chave reserva. A agenda preta de Lucian ficava aberta sobre a escrivaninha de mogno do século XVIII na sala de jantar, com piso de linóleo cinza. Escritos com sua letra infantil estavam os nomes das pessoas que ele veria naquele dia, em anotações sucintas ("Frank 9 Clarke's", "Jane 8h45"), assim como o nome de um modelo que viesse posar para ele mais tarde naquele dia. Com delicadeza, David acordaria Lucian, que estaria dormindo no segundo andar, esperaria que ele tomasse banho e depois iria com ele a pé pela rua até o Clarke's.

David trabalhou para Lucian por vinte anos; eles passaram mais tempo juntos do que com qualquer outra pessoa. Os dois tinham desenvolvido uma admiração pela razão e pelo sentimento um do outro, e se sentiam perfeitamente à vontade. David trabalhava para James Kirkman, que na época era *marchand* de Lucian, e o rapaz era enviado ao ateliê para ajudar Lucian com algumas tarefas. David organizava todas as necessidades diárias, desde sacar dinheiro do banco (Lucian adorava dinheiro vivo; quando morreu, encontraram vários maços de notas dentro de dois climatizadores de vinho, de mogno, do século XVIII em sua sala de estar) até comprar Solpadeine, analgésico que usava compulsivamente para manter sua energia e aliviar qualquer dor ou desconforto. No entanto, o papel essencial de David era o de organizador do ateliê, alguém que conseguia pensar com antecedência em todos os detalhes relacionados ao trabalho de Lucian.

Nisso ele era "realmente muito bom", como Lucian costumava dizer, com seu R ligeiramente germânico. Eles tinham o mesmo senso de humor, e David conhecia plenamente as peculiaridades de Lucian e tudo o que era necessário ao seu trabalho.

Nascido em 1960, David graduou-se como pintor no Royal College of Art e foi o único aluno entre os formados naquele ano cuja obra foi realmente admirada por Brian Sewell, crítico de arte do *Evening Standard* de Londres. Contemporâneo de Tracey Emin, David é pintor por seus próprios méritos, além de ter sido modelo para Lucian e seu companheiro constante por duas décadas. Sua água-forte *Talbot Road* era um dos poucos quadros nas paredes do ateliê de Lucian em Holland Park, além de algumas obras de Auerbach.

Para o café da manhã no Clarke's, eu estacionava nas imediações e atravessaria a pé o estacionamento particular onde o Bentley marrom de Lucian tinha uma vaga permanente. À medida que me aproximava, eu podia ver as silhuetas de David e Lucian do outro lado da janela dos fundos. Eles costumavam se sentar nas mesmas cadeiras em torno da mesma mesa redonda, com os jornais do dia, que David havia comprado numa banca em Kensington Church Street. Todos os diários de prestígio, e o tabloide *Daily Mail*, estariam ali abertos. Lucian pedia um bule de Earl Grey, do qual se serviria antes que tivesse decorrido o tempo certo da infusão e ao qual acrescentaria leite demais, enquanto David tomava um cappuccino. Ao longo dos anos, o café da manhã de

Lucian variou entre pães de passas, mingau e ovos mexidos com torradas, com Sally e David sempre querendo se certificar de que comesse alimentos saudáveis e em quantidade suficiente, porque ele tinha enorme queda por doces. Muitas vezes ao entrar, Lucian pegava uma barra de nugá caseiro das prateleiras da delicatéssen, às vezes brincando de deixá-la cair discretamente no bolso, como se a estivesse furtando da loja. Com uma faca de cozinha de cabo preto afiada o suficiente para um homicídio, ele o fatiava em pedacinhos, oferecendo lascas.

Nos seus três últimos anos de vida, eu ia ao restaurante, vindo de carro de Holland Park, onde morava no térreo do prédio onde ele possuía um ateliê na cobertura. A única regra tácita era a de nunca nos atrasarmos. O Clarke's era território neutro para ele, uma trégua das atividades no quarto ou no ateliê. Era onde ele relaxava. Algumas vezes, meus filhos pequenos, Jasper, Monica e Octavia, viriam se juntar a nós para comer palitos de queijo e biscoitos com gotas de chocolate, mostrando-lhe o que estavam fazendo com seus PlayStations ou com meu iPad. Lucian fez ali para eles seus únicos desenhos em meio digital, os dois de cavalos, o primeiro em um iPad e o outro em um iPhone. Ele era muito simpático com as crianças. Achou graça quando Jasper lhe disse que ele tinha joelhos bonitos — "Uma das melhores partes do meu corpo" — e riu quando Jasper lhe disse que achava que as letras "OM" depois do nome de Lucian eram a abreviatura de "Old Man" [homem velho], não de Ordem do Mérito. Lucian tamborilava de brincadeira na mesa com uma colher ou com o punho fechado; fingia tirar cerejas das orelhas das crianças; cantava musiquinhas ou recitava poemas de Walter de la Mare ou Rudyard Kipling. Sempre demonstrava prazer em conversar e provocar; e sua interação com as crianças costumava ser muito comovente.

Naquele espaço tranquilo, a conversa de Lucian cobria assuntos tão diversos quanto encontros com Greta Garbo e a melhor forma de dar um murro sem quebrar o dedo polegar; uma passadinha que ele tinha dado no nº 10 de Downing Street para visitar Gordon Brown, uma ida a uma boate com Kate Moss, ou a venda de um quadro seu por uma fortuna. Ele era espirituoso, cáustico e curioso. Despejava facilmente textos recitados de Goethe, Noël Coward, Eliot e Yeats. De algum modo, sempre se tratava de uma performance, nunca de uma simples declamação, não importava se fosse "There's Gotta Be Some Changes Made" de Nat King Cole ou poesia francesa do século XIX. Ele se lembrava de altercações na década de 1940 com Ian Fleming, que acreditava que Lucian lhe estivesse pondo chifres ("totalmente inverídico, na realidade"); de que Stephen Spender tinha roubado uns desenhos; de que Jacob Rothschild o tinha levado ao balé em Covent Garden na noite anterior. Suas histórias poderiam remontar à época dos seus 20 anos, talvez recontando a ocasião em que atuou como figurante num filme de George Formby, a comédia musical *Much Too Shy* [Tímido demais]. (Lucian fazia o papel de um jovem pintor na "Escola de Arte Moderna", enquanto Formby era um faz-tudo propenso a acidentes, que pintava cartazes de publicidade para o cinema do bairro. Quando o gerente pediu que ele incluísse nos cartazes mulheres sensuais, com trajes de seda e cetim, Formby matriculou-se na escola de arte, por ser tímido demais para pedir a qualquer pessoa que conhecia que posasse para ele. "Um dia, quando eu for um pintor famoso, eles vão vender como pão quente", gaba-se ele com Jimmy, o garoto que o auxilia. "Eu prefiro pão quente", responde Jimmy.)

Muitas vezes se conversava sobre pintores, desde Degas (que ele admirava) a Rafael (que ele achava que nunca tinha sido realmente importante). Os melhores, na sua opinião, eram Rembrandt e Velázquez. Lucian poderia dizer que Chardin, em 1735, tinha pintado "a mais bela orelha já retratada" num quadro intitulado *A jovem professora*. O bate-papo era informal, cheio de mexericos e às vezes profundo. Ele poderia de repente dizer como detestava os *cupcakes* muito coloridos na padaria elegante que tinha sido aberta a alguns passos dali, falaria sobre sua pintura mais recente ou sobre qual das cartas de Flaubert era mais do seu agrado. Ele nunca se gabava do que estava fazendo ou de quem tinha conhecido, mesmo que tanto suas obras como seus conhecidos fossem espetaculares e dignos de nota. Lucian falava com carinho do tempo em que perambulava em ruas mal iluminadas, na companhia de criminosos, em Paddington, na região oeste de Londres; de quando montava a cavalo na década de 1950 em Dorset e mais recentemente perto do presídio de Wormwood Scrubs na década de 2000. Ele se lembrava com afeto de seu avô Sigmund.

Lucian desdenhava qualquer tolice psicológica que o ligasse a Sigmund. "É só que eu não penso desse jeito", disse-me ele, acreditando com toda a simplicidade que excesso de análise conduz à paralisia.

GG: Seu avô chegou a ter algum quadro seu?
LF: Teve. Eu lhe dei alguns, mas minha tia Anna os destruiu.
GG: Por quê?
LF: Acho que foi porque ele gostou deles. Mas, quando tentei pegá-los emprestados de volta, foi impossível. Eu tinha amizade com uma empregada na casa dele, e ela me contou que minha tia os tinha destruído. Ela era totalmente medonha.
GG: Você e Sigmund se viam muito?
LF: Sim, sim. Eu gostava muito da companhia dele. Ele nunca era entediante. Me contava piadas. Lembro como ele era gentil com a empregada. Eu adorava visitá-lo. Lembro-me de ter apanhado na sua biblioteca um livro de autoria de Norman Douglas, e na folha de rosto alguém tinha escrito "Favor não mostrar ao professor Freud". Bem, havia um poeminha humorístico que era assim:

> *Those girls who frequent picture palaces*
> *Have no use for this psychoanalysis,*
> *But although Doctor Freud*
> *Is extremely annoyed*
> *They cling to their long-standing fallacies.**

Outro poeminha que Lucian costumava recordar dava uma alfinetada humorística em intelectuais judeus famosos,** entre eles seu ex-sogro, o escultor Jacob Epstein (que uma vez se referiu a Lucian como um "malandro"):

> *There was once a family called Stein,*
> *There was Gert,*
> *There was Ep,*
> *There was Ein.*
> *Gert's writings were bunk,*
> *Ep's statues were junk,*
> *And no one could understand Ein.****

Passava-se uma hora no café da manhã, às vezes duas. Então chegava a hora de ir trabalhar. Lucian pegava de cima da mesa seu chaveiro e seus óculos de leitura com armação de tartaruga. David recolhia os jornais. E lá voltavam eles para a casa confortável, em estilo georgiano, com suas proporções perfeitas, janelas brancas de guilhotina, um portão de ferro que levava à porta de um cinza-escuro, opaco, uma sebe de bambus na frente

---

*Em tradução livre, "Essas garotas que vão ao cinema / Não veem sentido na psicanálise, / Mas, mesmo que o Doutor Freud / Fique extremamente irritado, / Não largam suas crenças equivocadas". [N. da T.]

**Alusão à escritora Gertrude Stein, ao escultor Jacob Epstein e ao cientista Albert Einstein. [N. da T.]

***Em tradução livre, "Era uma vez uma família chamada Stein, / Havia Gert, / Havia Ep, / Havia Ein. / Era um palavrório o que Gert escrevia, / As estátuas de Ep eram uma porcaria, / E ninguém entendia o que Ein dizia." [N. da T.]

para proteger a casa de olhares curiosos. Nenhum nome junto da campainha; e, de qualquer modo, nem sempre era possível ouvir a campainha, se Lucian estivesse trabalhando no andar de cima. Visitas inesperadas não eram bem-vindas.

A maior parte dos grandes quadros dos últimos 25 anos de sua carreira tinha sido pintada a menos de meio quilômetro dali, no ateliê de Holland Park. Sua casa em Kensington Church Street foi comprada originalmente para ele tentar levar uma vida mais confortável e para acrescentar mais uma camada de privacidade — sempre uma obsessão para ele. Lucian disse a uma namorada que os dois poderiam se mudar para ali juntos, mas no final essa ideia deu a impressão de um compromisso excessivo.[1] A casa tornou-se um local de trabalho alternativo, mas menos selvagem do que a imundície encardida de Holland Park, onde velhos potes de caviar, de porcelana, da Fortnum & Mason, ficavam em cima do balcão da cozinha ao lado de um vaso lascado com pincéis inutilizados pelo excesso de tinta, fitas cassete empoeiradas de Johnny Cash, catálogos velhos da Christie's e saca-rolhas. Somente nos seus quatro últimos anos de vida, ele chegou a abandonar Holland Park, trocando-o por Kensington Church Street, onde usava dois aposentos do primeiro andar como seu ateliê em tempo integral. Lucian tinha gostado da vida dividida em dois lugares. Os dois eram imóveis que atualmente valem milhões de libras, situação muito diferente de seu início na pobreza em Paddington, quando ele mal conseguia reunir o dinheiro para pagar o aluguel a partir da renda aparentemente baixa dos direitos autorais de seu avô. Onde quer que estivesse, seu único objetivo verdadeiro era ter um refúgio onde pudesse pintar.

Nos três anos finais da vida de Lucian, quase todos os dias depois do café da manhã, David posava nu num colchão velho enquanto ele trabalhava em seu último quadro, *Portrait of the Hound* [Retrato do cão]. O quadro mostrava o lebréu Eli, diminuído pela figura nua de David em tamanho natural. O título foi uma brincadeira insignificante para uma obra de importância, seu *finale*: monumental e comovente.

Seu último quadro também consolidou algo que se aplicava a Lucian desde o início da carreira: ele jamais abandonou a ideia e a prática da arte figurativa. Não fazia caso do abstracionismo, do expressionismo, do pós-modernismo e da arte conceitual, tratando-os com desdém, na certeza de que a observação prolongada e intensa da figura humana era o cerne do objetivo de um artista. Uma quantidade surpreendente de sua obra inicial, remontando 70 anos atrás, sobrevive. Entre os trabalhos conservados estão alguns desenhos ingênuos da infância, feitos na Alemanha, e, ainda mais importante, um caderno de esboços que ele começou em 1941, quando trabalhou como simples marinheiro a bordo do SS *Baltrover*, um cargueiro fretado para travessias do Atlântico. Seu repertório é extremamente variado, indo desde delicados desenhos a lápis feitos nas margens de cartas de amor a telas gigantescas com extensas áreas de carne nua pintadas a óleo, não havendo dois quadros iguais, seja na escala, seja na composição.

Embora com o tempo Lucian tenha se tornado um símbolo de ousadia figurativa, não era assim que ele era visto nas décadas de 1970 e 1980, como pintor moderno. A impressão nos Estados Unidos era a de que Lucian teria sido deixado para trás pela vanguarda do expressionismo e do abstracionismo. Ele fincou sua posição nos retratos com modelo-vivo e tornou o tema provocante. "É o único motivo para acordar de manhã: pintar, criar alguma coisa boa, criar alguma coisa melhor do que antes, não desistir, competir, ter ambição", disse ele. Muitas vezes foi um caminho solitário. No entanto, embora sua arte estivesse firmemente enraizada na tradição, ele fez quadros que eram por vezes considerados chocantes, perigosos, perturbadores.

Os meros fatos da vida de Lucian Freud também compõem uma narrativa irresistível. Neto de Sigmund Freud, nascido em 1922, Lucian fugiu da Alemanha em 1933 com seus pais, Ernst e Lucie, para escapar do Holocausto. Foi uma decisão motivada pelo assassinato de um de seus primos nas mãos de valentões nazistas em plena luz do dia, diante de um café em Berlim. A sombra da morte e da fuga fez com que Lucian ansiasse por uma vida mais plena na Inglaterra, atropelando a moralidade convencional, sem dar importância a qualquer adversário. Sua corrida tinha como objetivo deixar uma marca permanente, e a pintura era o centro obsessivo de sua vida.

Mesmo com mais de 80 anos de idade, ele podia entrar numa sala e atrair toda a atenção, ágil, animado, um astro no mundo da arte, uma presença energizada. Em seu ateliê, ele se sentava, com as pernas jogadas por cima dos braços da poltrona, numa pose quase suspeita, flexível como um adolescente. Como sua moldureira, Louise Liddell, o descreveu simplesmente: "Ele era um gostosão, sempre foi."[2] O intelecto e a emoção colidiam em sua obra e em sua vida, à medida que ele usava pessoas por quem se sentia atraído para produzir quadros que associavam o impacto visual à intenção psicológica. Esses quadros captavam uma verdade, decorrente da observação intensa do que estava diante dele: desde as coxas abertas de mulheres expondo sua genitália aos olhos inexpressivos de homens inconsoláveis em poses estranhas. Ele mudou a linguagem e a disposição de espírito do retrato.

Lucian casou-se duas vezes e assumiu oficialmente a paternidade de no mínimo 14 filhos.[3] Sua reputação na cama bem como no ateliê alimentou fofocas de jornais por décadas ("Será ele o maior amante de todos os tempos?", perguntou o *Daily Mail*). Alguns de seus filhos posaram nus para ele, entre eles Freddy, aos 29 anos, num retrato de nu frontal em tamanho natural. Lucian era franco e destemido. Quando sir James Goldsmith, o empresário bilionário, lhe enviou uma carta em que dizia que, se Lucian pintasse sua filha, ele mandaria matá-lo, Lucian respondeu, com a pergunta "Trata-se de uma encomenda?" A única carta que Lucian me enviou, antes de sermos apresentados, dizia o seguinte: "A ideia de lhe conceder uma entrevista me causa náuseas."

Nos seus últimos anos de vida, muito depois de ele ter saído daquela região, os comerciantes de Paddington que trabalhavam no mercado de carne de Smithfield costumavam gritar "Ei, Lou, e aí?", quando ele aparecia num café para a refeição da manhã. Ele gostava dessa ligação com os grupos mais rústicos da sociedade, e ao mesmo tempo se sentia perfeitamente à vontade quando se hospedava em Ascott, a residência de família em Buckinghamshire, do magnata das finanças, sir Evelyn de Rothschild, onde admirava especialmente os quadros de cavalos pintados por George Stubbs, no século XVIII. Lucian gostava da companhia da alta sociedade e das classes mais baixas, em vez da classe média burguesa, mas raramente saía de Londres em viagem "Minhas viagens são verticais, em vez de horizontais", foi sua descrição memorável dessa mistura de eixos sociais.[4]

Freud exercia fascínio sobre cada nova geração e se movimentava em muitos círculos dentro de cada uma delas. Na década de 2000, ele pintou Jerry Hall e também o general de brigada Andrew Parker Bowles (ex-marido da duquesa da Cornualha, mulher do príncipe Charles), enquanto nas décadas de 1940 e 1950 tinha pintado Stephen Spender, assim como Francis Bacon. Ele foi considerado um menino prodígio quando chegou à Inglaterra em setembro de 1933, como um refugiado de 10 anos de idade, com um talento extraordinário para o desenho. Oito décadas depois, ele ainda estava atraindo os olhares das pessoas em restaurantes e galerias, com status mais parecido com o de um astro de rock, em vez de um pintor retratista.

Mais para o final de sua vida, à noite, Lucian gostava de sentar à mesa 32, num canto do Wolseley, um café e restaurante no estilo imponente da tradição europeia, em Piccadilly. No salão do restaurante mais glamouroso de Londres, outros frequentadores o observavam, enquanto ele girava a cabeça de um lado para outro, para ver quem estava ali. Ele não estava atento para os nomes, mas focalizava a atenção em nucas, joelhos, rostos, pernas, braços e até mesmo orelhas. Tinha um interesse muito maior pela aparência das pessoas do que por quem elas eram. Quando a atriz Keira Knightley se sentou ali perto uma noite em que eu estava com ele, Lucian não tinha a menor ideia de quem ela era, já que ele nunca ia ao cinema, nem assistia à televisão. Admirando-a, ele me perguntou se eu sabia quem era.

Ele era uma presença extraordinária num salão frequentemente repleto de celebridades. Richard Wallace, que na época era editor do *Daily Mirror*, percebia o carisma de Lucian, e me enviou um e-mail dois dias depois de sua morte. "Foi para mim uma surpresa sentir tanto a falta dele. Eu não o conhecia — a não ser por termos nos encarado uma vez ou outra no Wolseley. Na realidade, a última vez que o vi foi num sábado, algumas semanas atrás, quando entrei para almoçar sozinho e ele estava na mesa ao lado com uma loura jovem e siliconada. Quando abri meu jornal, ele de repente exclamou com a voz retumbante e feroz, e com um toque de hostilidade. 'Aquele homem está lendo o *Daily Mirror*.' Eu podia sentir que ele olhava com raiva para mim, mas fiquei apavorado demais para encará-lo."

A mesa 25 era outra das preferidas de Lucian — mais perto da entrada, mas ainda dentro do quadrilátero interno. Era comum vê-lo, noite após noite, com os garçons extremamente protetores, afastando com delicadeza quem demonstrasse excesso de curiosidade. Ele sempre pagava em notas de £50, novinhas em folha. Era frequente que pedisse uma porção de camarões grandes do

Atlântico, que descascava e compartilhava com seus convidados. Numa atitude um tanto pedante, ele escolhia alimentos, como o faisão e o lagópode, que pudessem ter vindo das propriedades campestres de seus amigos aristocratas.

Sob certos aspectos, o caminho de ascensão social de Lucian em seu país de adoção foi muito semelhante ao de sir Anthony van Dyck (1599-1641), outro exilado da Europa que, durante o reinado de Carlos I, se tornou mais inglês que os ingleses. Van Dyck tinha como seus mecenas os duques de Buckingham e Norfolk, enquanto Lucian tinha os duques de Devonshire e Beaufort. Van Dyck pintou Carlos I, e Elizabeth II posou para Lucian. Ambos os pintores levaram uma vida social sofisticada e variada, embora o pintor flamengo fosse mais modesto em sua prole. Ele teve apenas duas filhas, uma de sua amante e a outra de sua mulher. Os dois conquistaram a sociedade inglesa como os retratistas mais impressionantes de sua época.

Uma sensação de nobreza era importante para Lucian. Quando lhe perguntei se, no início da década de 1940, quando trabalhava num navio mercante britânico, ele tinha sido alvo de perseguição por ser judeu-alemão, ele respondeu simplesmente que os marinheiros o viam como um cavalheiro. E ele também conseguia ser de uma impulsividade tão destrutiva quanto um membro de um clube universitário de Oxford numa noite de farra com amigos. Aos 84 anos, Lucian atirou pãezinhos na direção de um homem que usou um flash para tirar uma fotografia no Wolseley. O homem aproximou-se dele para reclamar. Lucian, quarenta anos mais velho que o outro, levantou-se e assumiu a posição de lutar. O homem mais tarde queixou-se de que Lucian tinha arruinado a festa de aniversário de sua filha. "Vamos ser francos", disse Jeremy King, coproprietário do Wolseley, "ele venceu na vida. Não sabia o que era medo; era disso que eu gostava nele. Não era uma pessoa agressiva, mas, quando provocado, era de uma hostilidade a toda prova."[5]

Lucian contou-me como Francis Bacon tentou acalmá-lo: "Ele me perguntou por que eu sempre me envolvia em brigas e sugeriu uma atitude menos desgastante: 'Use seu charme.'" Ele entrou em brigas a vida inteira. Na década de 1960, o chefe do clã de Cawdor aproximou-se sorrateiro de Lucian no Cuckoo Club em Piccadilly por volta das 4 da manhã e pôs fogo num jornal que ele estava lendo. Lucian esmurrou-o no rosto, mas depois os dois se sentaram para tomar um drinque juntos e fumar um charuto. Na década de 1980, Lucian trocou socos num supermercado em Holland Park depois de uma discussão no caixa. Às vezes, ele simplesmente perdia as estribeiras, como aconteceu uma vez no Bibendum, o restaurante em Fulham Road. Era tarde da noite, e quando Lucian e seu *bookmaker* e amigo Victor Chandler se sentaram, um garçom, obviamente gay, veio atender.

— Olá, rapazes, fomos ao teatro, não é mesmo?

— Quem disse que é da sua conta se fomos ou não ao teatro? — retrucou Lucian, furioso. Fez-se um silêncio de espanto. — Só porque nós somos dois homens juntos às 11 da noite, isso não é motivo para você achar que somos veados como você.

— Pelo amor de Deus, cala a boca, por favor — disse Victor.

— Ora, por que ele deveria supor? — perguntou Lucian. — Não dou a mínima para o que uma pessoa é, mas por que ele deveria supor? — Ele então deu um soco no garçom, enquanto Victor o agarrava pelo ombro para contê-lo.

Quando iam fazer outra refeição juntos, dessa vez no River Café, Lucian e Victor entraram no restaurante ao mesmo tempo que dois casais de judeus da região norte de Londres. "Lucian podia ser terrivelmente antissemita, o que por si só era estranho, e, quando essas pessoas entraram no restaurante, o perfume que emanava das duas mulheres era fortíssimo. Lucian comentou em altos brados: 'Odeio perfume. As mulheres deviam ter um único cheiro: de boceta. Na verdade, deviam inventar um perfume chamado boceta.' Ele estava bêbado e falava alto. O outro casal ouviu e ficou extremamente ofendido. Eu lhes implorei que não lhe dessem atenção, que ele estava bêbado e fora de si", disse Victor. "O pessoal do restaurante ficou horrorizado, e eu não parava de pedir que ele se calasse. E ele não parava de dizer 'Não vou me calar' e, você sabe, todas aquelas coisas de sempre."[6]

Jeremy King se certificava de que Lucian fosse bem atendido no Wolseley, o que à noite era uma mudança relaxante em contraste com o espaço restrito e o trabalho intenso em seu ateliê. O restaurante mantinha na adega os vinhos do próprio Lucian, e, ao acaso, eram servidas safras excelentes. (Os Rothschild tinham pedido a Lucian que projetasse um rótulo para sua *cuvée* Mouton-Rothschild, e ele ofereceu um desenho feito na década de 1940, em vez de um novo, como solicitado.)

Lucian teve um observador perspicaz quando escolheu para modelo King, que posou por centenas de horas para um quadro durante o período de 2006-7, e depois para uma água-forte, que não estava terminada quando Lucian morreu. Poderoso "senhor do espaço", que controlava as melhores mesas na cidade, King tinha a reputação de ter sido imortalizado por Harold Pinter em sua peça *Celebração*, como o *maître* de máxima elegância. Como provocação, Lucian dizia às pessoas que Jeremy era um faixa preta que podia matar um homem com um único movimento — o que era totalmente falso, mas Lucian gostava de sustentar esse engano. Ele às vezes inventava um simulacro da verdade, não exatamente uma mentira, mais como uma verdade poética, algo que parecia certo (ou que ele acreditava estar certo).

"Ele adorava cantar 'Cheek to Cheek' ou 'You're the Top'", recordou-se King, "e nós competíamos para ver quem conhecia melhor a letra. Quanto à música, ele adorava música romântica, mas com quadrinhas era mais contundente." Era impossível competir com Lucian em termos de casos, porque no final de uma música ele podia se lembrar de tê-la dançado com Marlene Dietrich. Havia piadas, fofocas, destruição de reputações, letras de música, quadrinhas e muito bate-papo animado. "Não sei como ele conseguia infundir a cada sílaba um pouco mais de personalidade ou de ênfase", disse King. Às vezes, não passava de um mero jogo de palavras, como em sua descrição jocosa da mostra de quadros de um crítico como sendo "trabalhos de tias" [aunts] mais do que "obras de arte" [art]. Ele fazia com que a maioria das coisas parecesse menos comum, fosse o corte ou o formato de uma lapela, fosse sua opinião sobre o amor, ou mesmo sobre o espinafre: "Posso imaginar que, se uma mulher por quem eu estivesse apaixonado preparasse espinafre com óleo, eu também curtiria o leve *heroísmo* de gostar do prato, embora geralmente eu não o aprecie servido desse modo."[7]

Havia nele e em sua arte uma natureza brincalhona e contestadora, às vezes um desejo de ser notado, apesar de seu gosto pela privacidade. Era esse em parte o motivo de ele ser uma companhia tão agradável. "Eu gosto mesmo de me exibir, não no ateliê, mas quando estou em público, eu sei disso", disse ele. No passado, sua performance em festas tinha sido a de plantar bananeira, que o fotógrafo Bruce Bernard, seu amigo, captou de modo memorável, com a filha de Lucian, Bella, sentada ao lado, ao mesmo tempo perplexa e impressionada. Muitas vezes ele chocava as pessoas. E foi exatamente isso o que fez com sua imitação de uma baleia se masturbando, presenciada na hora do almoço no River Café por Sue Tilley ("Grande Sue", que posou para *Benefits Supervisor Sleeping* [Supervisora de benefícios dormindo]). Nem todo mundo achou graça.

Ele gostava de ter a última palavra e podia ser matreiro e impulsivo, tendo uma vez enviado uma carta a um curador da Tate, com a seguinte declaração: "Nicholas Serota é um Mentiroso. Aquele quadro nunca me pertenceu." O curador estivera simplesmente fazendo o acompanhamento de um pedido, combinado previamente por Serota em sua função como diretor da Tate, para pegar emprestado o quadro de Francis Bacon *Two Figures* [Duas figuras] (1953), que estava na parede em frente à cama de Lucian em sua casa em Notting Hill. Sempre chamada por Lucian de "Os sodomitas", em razão de seu conteúdo homossexual, o quadro tinha causado comoção quando exibido pela primeira vez. Era baseado em fotografias de homens nus em movimento, de autoria de Eadweard Muybridge. Entre os livros de Lucian, havia alguns volumes do seu trabalho. Para ser exato, o quadro era propriedade de Jane Willoughby, uma amiga de Lucian; mas, enquanto tentava apenas demonstrar a gratidão da Tate, o curador equivocadamente deu a entender em sua carta que Lucian seria seu proprietário, e foi por isso que Lucian enviou sua resposta exagerada e irracional. (O quadro nunca foi emprestado, embora Lucian de fato doasse à Tate uma pintura da cabeça de Leigh Bowery, e Serota e Lucian continuassem amigos.)

Lucian não era muito interessado em dinheiro, mas sentia prazer em saber o preço que seus quadros alcançavam em leilões, mesmo quando eles já não lhe pertenciam. Aos 85 anos, ficou satisfeitíssimo, em maio de 2008, quando *Benefits Supervisor Sleeping* foi adquirido pelo oligarca russo Roman Abramovich na Christie's por £17,2 milhões, atingindo o maior preço para quadro de qualquer pintor vivo. Enriquecer não mudou sua vida. Mesmo sem dinheiro, ele vivia bem. Era capaz de grandes atos de generosidade para com as pessoas mais próximas (a alguns modelos ele deu casas), mas nunca se dispôs a dar qualquer coisa para um leilão de caridade. Seria um gesto excessivamente público. Quando Leigh Bowery foi multado em £400, por um tribunal, por fazer sexo num sanitário público, Lucian apresentou-se para pagar, como também pagou o traslado do corpo de Bowery para a Austrália, depois que ele morreu de AIDS. Lucian detestava a ideia de deixar rastros, e relutava em assinar seu nome em qualquer livro, especialmente livros de arte ou catálogos de sua própria obra. Se fosse obrigado, ele às vezes escrevia "Por ele mesmo" e desenhava uma seta que apontava para seu nome.

Muitos modelos e amantes sentiam que a simples força de sua personalidade os amarrava e prendia; mas ano após ano eles voltavam a procurá-lo. "Muitas das minhas modelos são garotas que têm algum tipo de vazio na vida que é preenchido quando posam para um pintor", disse ele, uma vez. "O que eu realmente preciso é de confiabilidade, para que essas pessoas continuem a vir." E em sua passagem fazia vítimas: amantes dispensadas, filhos feridos e magoados, cartas que ficaram sem resposta, ou respostas de uma grosseria espantosa, dívidas não quitadas, insultos trocados. Suas regras, ou na realidade a falta delas, significavam que ele simplesmente fazia o que queria, seguindo sua arte e seus próprios prazeres, a qualquer preço, sem jamais fazer concessões. Foi uma vida clamorosamente egoísta, vida que ele explicava e defendia de bom grado. Apesar de ter aceitado com satisfação sua medalha de Companheiro de Honra (CH) e a da Ordem do Mérito (OM), quando escreveu ao primeiro-ministro em 1977 para recusar o título de CBE [Comendador do Império Britânico, na sigla em inglês], estas foram suas palavras: "Espero que esteja claro que cheguei a essa decisão por motivos egoístas."[8] (Em tom de brincadeira, ele sempre se referia a suas duas condecorações pelo nome coletivo de "CHOM". Ele emprestou a medalha CH a uma filha para uma festa à fantasia, e depois disso a medalha não foi mais encontrada. A insígnia OM foi devolvida à rainha por David Dawson num encontro reservado no Palácio de Buckingham, alguns meses depois da morte de Lucian, como exige o protocolo referente a essa comenda respeitada e exclusiva.)

Ele foi acusado de infidelidade, crueldade e negligência como pai. No entanto, apesar de seu comportamento ser por vezes desafiadoramente egoísta, alguns de seus filhos e de suas namoradas, e até mesmo filhos de suas namoradas, ainda o defendiam diante de comportamentos bastante indefensáveis. A vida inteira ele se safou, impune. Era tão repleto de charme e carisma que poucos resistiam em algum nível a seu poder de sedução. "Ele era tão mágico quanto nefasto, uma figura totalmente fascinante, de uma inteligência aterradora, na qual o mal era um traço inseparável, como um fio prateado numa nota de uma libra. Eu simplesmente o idolatrava, ao mesmo tempo que morria de medo", disse Lady Lucinda Lambton, cuja mãe, Bindy, Lady Lambton, foi uma das amantes de Lucian por mais de 25 anos. Ele pediu para pintar um nu de Lucinda, mas ela se sentiu intimidada, constrangida e se recusou.

Independentemente de todas essas contradições, em última análise, o que tornou Freud extraordinário foram, naturalmente, seus quadros. Nas décadas de 1950 e 1960, quando o abstracionismo e o pós-modernismo estavam em ascensão, ele continuou a pintar a figura humana obsessivamente num ateliê. Apesar de os Estados Unidos dominarem o mercado de arte pelos vinte anos seguintes e considerarem Lucian um provinciano de importância secundária, com o tempo a moda e o mercado acertaram o passo com ele. Em 2004, o crítico de arte Robert Hughes justificou a longa luta de Lucian contra a maré. "Cada centímetro da superfície tem de ser conquistado, precisa ser debatido, mostra os sinais da curiosidade e da investigação — acima de tudo, demonstra que sua importância é reconhecida e exige, como seu direito, um envolvimento ativo do observador. Nada dessa natureza acontece com Warhol, Gilbert & George ou qualquer outro carniceiro e reciclador de imagens que infesta as florestas desgraçadamente estilosas de um pós-modernismo esgotado, já em decomposição."[9]

Freud foi o maior pintor figurativo realista do século XX. Seus retratos nus criaram um novo gênero. Ele passou a ser um assunto nacional, como um pintor que ultrapassava os limites, tanto artísticos como sexuais. Era impossível convencê-lo a aceitar encomendas. "Se alguém me pedisse para pintá-lo, minha reação seria geralmente a de rejeitar a ideia, até mesmo ter vontade de agredi-lo", disse-me ele. "E, se alguém me ameaçasse ou tentasse me pressionar de absolutamente qualquer maneira, eu nunca faria o que essa pessoa queria." Sua arte e sua vida eram de uma coesão total. Ele procurava o perigo, assumia riscos e levava uma vida vigorosa e libidinosa; mas muitas vezes, de um modo indefinível e desorganizado, ele se contradizia, comportando-se de forma oposta a suas declarações públicas.

2. Assédio

Eu era um estudante de 17 anos quando vi pela primeira vez um quadro de Lucian Freud. Foi em uma excursão de Eton a Londres em março de 1978, com meu professor de inglês, Michael Meredith. Os 17 quadros em exposição na galeria de arte de Anthony d'Offay deflagraram o interesse de toda a minha vida pelo pintor e sua obra.

O quadro que me fez parar onde estava naquele dia foi *Naked Man with Rat*, retrato de um homem de cabelo comprido, meio recostado num sofá, com as pernas abertas, segurando muito perto de seus órgãos genitais um rato, cujo rabo se enroscava na parte interna da coxa do homem. Explícito e espantoso, esse quadro estava ao lado de um retrato sóbrio da mãe idosa do pintor, tranquila.

O grupo da minha escola tinha sido levado para ver a mostra de Freud antes de ir ao teatro assistir a *Equus* de Peter Shaffer, peça estipulada para nossa prova do nível avançado do final do ensino médio, que tratava de um adolescente que se desnuda em termos mentais e físicos para espantar seus demônios sexuais e psicológicos. A representação do garoto que cega seis cavalos permanece na minha memória, ao lado dos quadros de Freud, especialmente a imagem do homem nu e do rato.

O maior quadro na mostra era um quadrado com somente pouco mais de 90 centímetros de altura; e o menor, o da cabeça da mãe de Lucian, tinha apenas 32 por 23 centímetros. No entanto, eles exerciam enorme impacto. Quem era o homem de cabelo comprido? Por que estava nu? Por que cargas-d'água ele poria um rato numa proximidade tão perigosa de seus órgãos genitais expostos? O anonimato era a regra. Estaria a mãe de Freud doente? Sua imobilidade e paciência dominavam; tanto o sentimento como a afeição estavam ausentes nesses extraordinários estudos da velhice. Uma estranha alquimia estava ocorrendo. As figuras pareciam energizadas, psicologicamente perturbadoras, dissecadas, e com mais do que um toque de risco ou perigo. Não me restava dúvida de que a verdade poderia doer.

No catálogo da mostra, havia uma fotografia tirada por Rose Boyt, filha do pintor, na qual Freud aparece com um olhar agressivo, um ar de ameaça. Suas botas pesadas sem cadarço, a camisa branca amarfanhada e o cachecol lhe conferiam um ar de arruaceiro violento, mesclado com um toque de afetação. Com a calça axadrezada, seu traje parece um misto de mestre confeiteiro e lutador de vale-tudo, olhos espantados, com uma impressão de força bruta.

Em *Equus*, Martin Dysart, o psiquiatra bondoso, entende e analisa o comportamento do rapaz que arrancou os olhos dos cavalos. Ele fica chocado com esse impulso primitivo, mas também inveja a liberdade que o rapaz tem diante da moralidade repressora da classe média, seu desrespeito pelas convenções, mesmo de uma forma tão degenerada. Enquanto o rapaz se entrega a rituais e sacrifícios dionisíacos, o psiquiatra compra *souvenirs* falsificados em uma Grécia totalmente turística, em férias sem sexo, com sua mulher entediada e entediante. Pude fazer a ligação que Michael Meredith devia ter pretendido. Os quadros de Freud estavam a milhões de quilômetros da armadilha da vida doméstica ou burguesa, e deles emanava uma corrente elétrica ilícita, com suas verdades não processadas apagando as convenções. Eles buscavam a experiência exata desse embate no ateliê, por mais perturbador que fosse, tanto para o retratado como para o observador.

A galeria em Dering Street, uma viela estreita que sai de Hanover Square em Mayfair, era mais como uma sala extra numa residência particular do que um espaço para exposição ao público. Ela continha 16 retratos e uma paisagem. Todos os detalhes permaneceram comigo, entre eles o catálogo primoroso, com seu invólucro de papel cinza e uma etiqueta colada a mão na capa. Tudo estava repleto de contradições e teatralidade.

Depois disso, por alguns dias Michael Meredith e eu conversamos sobre a mostra de Freud, analisando a ordem dos quadros e sua composição, e apresentando nossas próprias teorias. Mas Lucian nunca dava explicações. Harold Pinter (que muito tempo depois posou para Freud) tinha uma vez descrito suas próprias peças teatrais como uma doninha por baixo do barzinho da sala, um dito espirituoso descartável, cuidadosamente elaborado, para provocar os que se dedicam a investigações literárias. A maior parte do tempo, o dramaturgo se escondia por trás dos "silêncios de Pinter", recusando-se a explicar, deixando que outros oferecessem interpretações. Ele também permanecia nas sombras, nunca falando em público no auge de sua fama, nas décadas de 1970 e 1980, consciente de que, como Ted Hughes me disse uma vez, "o sussurro chega mais longe que o grito".

Se Pinter mal sussurrava, Lucian mantinha-se em silêncio absoluto. Ele não deu nenhuma entrevista à imprensa de 1940 até sua última década de vida. Sabia-se que ele agredia fisicamente fotógrafos e que insultava quem se aproximasse demais. Eram raras as fotografias dele. Lucian costumava contratar gângsteres para manter as pessoas afastadas. Eram apenas os do círculo íntimo que conseguiam acesso; e, mesmo nesse caso, tudo seria controlado meticulosamente, que é o motivo pelo qual a fotografia para o catálogo da mostra tinha sido tirada em janeiro de 1978 por sua filha, a quem, como todos os seus filhos, via somente a intervalos. Ele desprezava a vida familiar convencional, preferindo não morar com os filhos.

Trinta anos depois, Lucian me permitiria alguns *insights* sobre o processo de criação daqueles quadros, as pessoas que tinha retratado neles e como elas se encaixavam em sua vida. Ele falou de sua frustração diante da depressão e da tentativa de suicídio de sua mãe. Disse que ficava furioso com a curiosidade difusa que ela manifestava pela vida pessoal do filho, e se ressentia por ter de lidar com suas intromissões e seu desejo insaciável de se imiscuir em sua vida, além de tentar compartilhá-la. Somente quando a mãe foi dominada pela depressão após a morte do marido Ernst, em 1970, ele passou a vê-la com mais frequência. Nessa época, ele a via muito, e em 1973 ela posou para um retrato especialmente irresistível, *Large Interior W9* [Grande interior W9], sentada numa poltrona, com a namorada dele na ocasião, Jacquetta Eliot, deitada atrás numa cama, com os seios expostos.

Descobri que o homem no quadro com o rato se chamava Raymond Jones, um decorador de interiores bastante solicitado, com aspirações artísticas, nascido em 1944, em Radcliffe, perto de Manchester. Ele foi o primeiro modelo de Freud para um quadro de nu masculino. Na maior parte do tempo, o rato estava embriagado. Todos os dias, o animal bebia Veuve Clicquot num cocho de cachorro, com a metade esmagada de um sonífero. Tranquilizado a um ponto de inércia obediente, o rato ficava imóvel horas a fio, um dia após o outro, na parte superior da coxa de Raymond.

Raymond tinha charme, talento e, além disso — de importância crucial para Lucian —, era de uma boa vontade extrema. Na realidade, ele era até certo ponto fascinado pelo artista, tendo inclusive seguido um estilo semelhante em alguns dos seus próprios quadros. Como acontecia com todos os que entravam para o círculo mais íntimo de Lucian, o sigilo era compulsório, como requisito para evitar a exclusão. Eu tinha tentado rastrear Raymond, mas ele desaparecera na Índia por muitos meses e, ao que me disseram seus amigos, era impossível entrar em contato com ele. Foi somente quando ele vendeu um cavalete todo sujo de tinta que Lucian tinha usado para o retrato do rato, que lhe fora dado pelo próprio Lucian, que consegui encontrá-lo. O cavalete foi vendido em outubro de 2012 por £3.000 na Christie's a Evgeny Lebedev. Só quando Lucian já tinha falecido, e mais de três décadas depois de posar para ele, Raymond sentiu ser de algum modo permissível que a *omertà* que cercava seu tempo com Lucian fosse suspensa.

O vínculo inicial e improvável entre Lucian e Raymond foi um ladrão londrino chamado George Dyer, que em 1963 tinha arrombado o ateliê de Francis Bacon em South Kensington no meio da noite, só para ser seduzido, tornando-se o amante mais importante de Bacon até o suicídio de Dyer em Paris, vinte anos depois. Dyer foi pintado algumas vezes por Bacon e também por Lucian.

Raymond comprou o retrato de Dyer pintado por Lucian por £1.000, muito embora inicialmente ele não fizesse ideia de quem era o modelo. Foi enorme o prazer de Raymond em possuir um quadro de Freud, pois ele admirava sua obra desde os 11 anos de idade. Lucian quis conhecer Raymond e o considerou espirituoso, engraçado e difícil de classificar. Lucian convidou-o para posar para um retrato — de início num estilo convencional, sem nenhuma menção a ratos.

Lucian apresentou-o a seus amigos pintores Frank Auerbach e Michael Andrews, bem como a sua namorada Jane Willoughby. Os dois tornaram-se mais íntimos por conta do aumento vertiginoso das dívidas de jogo de Freud, quando Lucian lhe pediu dinheiro emprestado. Raymond ficou estupefato, mas lisonjeado. "Eu não conseguia entender por que ele não tentava pegar esse dinheiro com Jane, com o duque de Devonshire, ou com qualquer outra pessoa que ele conhecesse: todos teriam tido muito mais que eu. Mas de qualquer modo eu tinha uma pequena poupança e decidi entregá-la a Lucian. Foi quando ele me disse palavras alarmantes: 'Não vou lhe devolver esse dinheiro.' Pensei: 'Ai, meu Deus!' E então ele me explicou. 'Gostaria de pintar um retrato seu, que lhe pertencerá, quitando assim qualquer dívida.'"

Lucian pegou £2.000 emprestadas. Raymond só foi posar para ele depois de mais de um ano. "Lucian ia me apanhar num Rolls-Royce azul-marinho. Eu quase desmaiei quando ele saltou pela primeira vez de calça preta e guarda-pó branco de açougueiro, com meus vizinhos todos olhando e se perguntando quem era aquele vagabundo num Rolls-Royce", recordou-se ele.

Lucian pediu-lhe que o ajudasse a transformar seu apartamento novo num ateliê funcional. "Ele disse que ia arrumar sacos plásticos e nós derrubaríamos uma parede. Eu respondi que ele não podia fazer isso. A parede poderia ser estrutural. Ele simplesmente retrucou: 'Que se dane. Ela vai ser derrubada.'" Por duas noites, eles demoliram paredes. "Quando a poeira baixou no apartamento, ele começou a me pintar", disse Raymond.

O primeiro quadro foi um pequeno retrato da cabeça de Raymond, só com 7,5cm por 10cm, "de um vigor magnífico", na opinião de Raymond. Ele acreditava que Lucian na realidade estava trabalhando secretamente em dois retratos dele ao mesmo tempo. As sessões estenderam-se por um ano, às vezes três ou quatro noites por semana. Mas, exatamente quando Raymond achou que estava prestes a receber a tela, Lucian pediu-lhe que começasse todo o processo de novo. Frank Auerbach, a pessoa cuja opinião Lucian mais valorizava, disse que o quadro não estava bom o suficiente. "Quando cheguei lá, Lucian disse: 'Não se assuste, Raymond; mas, como você sabe, costumo pedir a Frank sua opinião sobre meus quadros, e ele não gostou desse.' Protestei dizendo que não havia nada a não gostar e que eu me daria por satisfeito de ficar com ele. Lucian disse que não, que não permitiria isso. O quadro deveria ser destruído. E me pediu por favor para posar de novo."

Raymond acredita que o quadro "destruído" foi de fato vendido ou dado a Jane Willoughby. Ele alega que alguns anos mais tarde hospedou-se na propriedade dela na Escócia e viu o quadro em seu quarto. Ficou chocado demais para tocar no assunto com a anfitriã ou com Lucian, e nunca o mencionou.

"Era esse tipo de coisa que Lucian podia aprontar, e esse é um dos aspectos que eu admirava tanto nele. Eu sabia que ele era um menino levado. Pense na placa de aço de 6 milímetros de espessura que forrava a porta de seu ateliê de Holland Park. Foi só algum tempo depois, quando ele me perguntou que cor de baeta deveria usar para cobri-la, que eu percebi que a porta não era para proteger os quadros. Era para protegê-lo, por causa dos marginais que ele conhecia."

Lucian pintou um segundo retrato de Raymond e de fato o deu ao modelo. (Raymond guardou-o por dez anos até acabar por vendê-lo para comprar uma casa.) Foi então que surgiu a ideia do quadro do rato. "Em 1977, Lucian me disse que queria que eu posasse nu. 'Você será o primeiro homem que terei pintado a óleo, e tenho certeza de que posso fazer um quadro importante de um homem nu.' Ele então fez uma pausa antes de acrescentar: '... Com um rato. Você se incomodaria de ficar nu com um rato? Isso é o mais importante.' Respondi que não me incomodaria de modo algum e perguntei como Lucian ia fazer com que ele se comportasse na minha coxa. Ele disse: 'Deixa comigo.' E eu tiro a roupa e ele traz um rato preto, que pertencia à sua amiga Katie McEwen. Não se comentou nada sobre aquele ser um quadro estranho, nada sobre o fato de o rato estar perto dos meus testículos. Isso nunca foi debatido com Lucian. A única pergunta que fiz a Lucian foi se era necessário que eu segurasse o rato desde o início do quadro, se o rato não poderia surgir mais tarde. Lucian disse que não: 'Porque o que importa é a atitude emocional. A presença do rato afetaria o retrato inteiro. Se o rato não estivesse ali, sua cabeça funcionaria de outro modo.' Concordei com isso.

"Dava-se ao rato o champanhe e metade de um sonífero, mas daí a duas ou três horas ele acordava, começando a agitar o rabo e tudo o mais. Lucian então o segurava, mas às vezes o bicho conseguia escapar dos seus dedos. Essa era a parte engraçada: ele correndo em volta do ateliê por trás das telas e plantas. Precisávamos pegar o safado. Assim que o pegávamos, ele era levado para a cozinha de Lucian e lhe dávamos um pouco de queijo. Depois, mais um pouco de champanhe, e em 15 minutos ele já estava cabeceando de sono outra vez. Voltávamos para o ateliê e continuávamos por mais uma hora."

Lucian, Raymond e o rato cumpriram esse ritual ao longo de nove meses. O retrato haveria de mudar a percepção do nu masculino na pintura contemporânea, com a ênfase que Freud deu a uma fisicalidade masculina despudorada e bruta. Havia uma dramaticidade psicológica no homem totalmente despido, deitado ali com um rato. Havia sugestões de desconforto e exposição, como as de um homem numa cela de prisão, mas com uma aparência mais antinatural em razão do ambiente doméstico. Não havia nobreza nem idealização. O posicionamento do pênis e dos testículos no centro da tela foi deliberado, com o objetivo de que os observadores os contemplassem. O quadro se situava a uma enorme distância das poses clássicas de quase toda a nudez masculina na arte até então. Ele surpreendia. Fazia insinuações sobre tendências ocultas estranhas, mas no título não havia uma pista de quem estava pintado ali ou do porquê.

Na opinião de Raymond, posar para Lucian era algo cheio de energia. "Havia uma espécie de eletricidade. Uma vez Lucian disse para mim, e eu quase saltei do sofá quando ele falou: 'Se você fosse mulher, eu já teria transado com você, mas você não é, e essa não é a minha praia.' Eu era só um monte de carne no sofá e fim de papo." Os apetites de Lucian, como sempre, estavam largamente direcionados para outros alvos, como Raymond presenciou. "Às vezes havia uma batida na porta do ateliê em Holland Park, e uma mulher entrava e ia direto para o banheiro. Então os dois trepavam, bangue, bangue, bangue. Lucian teria me dito que estava só fazendo um intervalo, que não demoraria muito. E diria à mulher que estava com alguém chamado Raymond lá. Na maioria das vezes, ouvia-se então o barulho repetido da transa, não na cama, mas sempre atrás da porta do banheiro. Lucian tomaria um banho depois dos esforços, voltando nu para o ateliê, sem pressa. E diria: 'Acabei de tomar um banho para me acalmar, e agora podemos continuar.'"

Raymond também posou para um retrato duplo, *Naked Man with His Friend* [Homem nu com seu amigo] (1978-80), com seu companheiro platônico, John, com quem morou mais de 35 anos. Foi mais um quadro à frente de seu tempo, com sua sugestão de afeto e intimidade entre os dois homens, que insinuaria que os dois talvez fossem amantes. "Para mim, o engraçado é o pijama que John usou. Foi Lucian quem o forneceu, dizendo que tinha pertencido a seu avô, Sigmund", disse Raymond. Os dois homens estão de olhos fechados, a mão direita de Raymond pousada no tornozelo esquerdo do amigo, suas pernas entrelaçadas, a ponta do seu pênis escondida por trás da batata da perna de John. É uma imagem que propõe muitas perguntas sobre a identidade e o relacionamento deles. Os dois retratos nus de Raymond foram essenciais para Lucian, intrépido, marcar seu território como um observador de olhar impassível. Eles se tornaram imagens fundamentais no seu catálogo.

Para mim, um estudante de 17 anos, ver *Naked Man with Rat* foi como me deparar com um híbrido de Keith Richards e Picasso: libidinoso, aventureiro, ousado e ameaçador. Fui fisgado.

■ ■ ■

Ao voltar para o colégio, eu mandei quase imediatamente uma carta para Lucian, pedindo-lhe uma entrevista para o periódico da instituição. Sem resposta. Escrevi algumas vezes. Nunca houve resposta. Havia outras atrações culturais, como o movimento punk, mas Lucian me parecia tão contestador e fascinante quanto os Sex Pistols ou o Clash. Eu tinha uma impressão de que de algum modo ele seria importante. Eu estava estudando história da arte para os exames de nível avançado do final do ensino médio e ele parecia muito mais empolgante e perturbador do que a maioria dos pintores mortos que estávamos estudando. Instigado pelo impacto de seus quadros, me senti numa missão de aprender mais sobre ele e sobre suas telas, que haveria de durar trinta anos.

Lucian estava com 55 anos quando lhe escrevi pela primeira vez e com 88, quando do nosso último encontro para uma despedida comovente em seu leito de morte. Foi uma jornada longa e imprevisível, que descreveu um arco de um século para o outro, começando com silêncio e suspeita, até mesmo um toque de subterfúgios e assédio persistente. Ela terminou em meio à amizade e ao luto.

Para compensar o silêncio de Freud, escrevi então a David Hockney, que me enviou uma resposta manuscrita, mas demorei alguns dias para decifrar a assinatura ilegível. Fui visitá-lo em seu ateliê de cobertura em Powis Terrace em Notting Hill, chegando com minha calça de veludo cotelê, paletó de *tweed* e o péssimo corte de cabelo de um estudante da década de 1970, fascinado por sua cabeleira loura e desgrenhada, sua aura de astro do pop e por seus desenhos extraordinários.

O alvo jornalístico mais cobiçado em meu primeiro ano em Oxford era Francis Bacon. Liguei para sua galeria em Mayfair, a Marlborough Fine Art (onde Raymond Jones tinha comprado o retrato de George Dyer, pintado por Lucian) e falei com seu paciente cão de guarda, Valerie Beston — "a senhorita verborrágica", como Bacon a chamava —, o que continuei a fazer todas as semanas por seis meses. O namorado de Bacon, analfabeto e da classe baixa londrina, John Edwards, interferiu para ajudar, como me contou mais tarde, facilitando a possibilidade de eu chegar a vê-lo.

De uma inteligência brilhante, no estilo de Wilde, sinistramente sedutor e perigosamente encantador, Bacon deixou-me totalmente embriagado ao fim de um longo almoço no Wheeler's em Old Compton Street, com um grosso maço de notas de £50 se derramando do bolso interno de sua jaqueta de couro. Seguiu-se uma garrafa de champanhe atrás da outra no bar privativo que frequentava, o Colony Room em Dean Street, onde ele me inscreveu como sócio. Ele se referia a Lucian por "ela", como uma rainha de pantomima. Era cortante e depreciativo, mas demonstrava afeto e admiração. Por sorte, gravei toda a entrevista. Se não fosse isso, eu não teria me lembrado de nada. Perguntei-lhe o que ele pintaria, se fizesse um retrato meu: "Sua vulnerabilidade", foi sua resposta.

Em 1951, Freud foi o primeiro modelo identificado de Bacon, que então pintou Freud em 19 retratos. Freud retribuiu o favor, e seu retrato de Bacon de 1952 veio a ser um de seus quadros mais vigorosos e conhecidos. Em 1988, ele foi roubado de uma galeria em Berlim durante um empréstimo feito pela Tate. Anos mais tarde, Freud especulou que talvez ele tivesse sido roubado por ordem de um colecionador alemão de obras de Bacon, pois Bacon era extremamente valorizado na terra natal de Freud.

O método de trabalho de Lucian tinha a má reputação de ser lento, com frequência envolvendo sessões que se estendiam por meses a fio. Nas décadas de 1940 e 1950, ele empregava uma técnica quase miniaturista, muito trabalhosa, de pinceladas minúsculas. "Trabalhei no quadro [de Bacon] de joelhos, em vez de em pé diante de um cavalete como trabalho agora. Sempre demoro muito para pintar um quadro, mas não me lembro de o retrato de Bacon ter demorado tanto. Francis, que sempre se queixava de tudo, reclamou muito por ter de posar, mas não para mim, de modo algum. Soube disso pelas pessoas no bar", contou-me ele muito tempo depois. Seja qual for o caso, o resultado foi um estudo extraordinário sobre tensão reprimida. Robert Hughes comparou o rosto de Bacon a uma granada, uma fração de segundo antes de explodir.

Durante esse período, por toda a década de 1960 e entrando na de 1970, Bacon foi o homem mais importante na vida de Freud, influenciando seu modo de viver e de pintar. O estilo de Bacon usar a tinta generosamente e de modo expressivo para reproduzir emoção, tensão ou ansiedade era o que Lucian precisava. Ele queria que seus quadros mostrassem como ele se sentia. Por muitos anos, eles se encontraram quase todos os dias. Tinham uma enorme intimidade, e Francis uma vez em 1966 enviou a Lucian um telegrama nervoso, alegando solidão e jurando amizade eterna, tão distante de sua arte dura e iconoclasta. Lucian guardou aquela mensagem telegrafada de afeto recolhido. No entanto, a amizade acabou por se esgarçar com a inveja e brigas insignificantes até que, antes do final, eles já não se viam. O pintor Tim Behrens lembrou-se de Francis Bacon no Colony Room falando em tom afetado dos autorretratos de Lucian: "'*Ela* não se submete ao mesmo processo de seleção que aplica a seus outros modelos.' Todos riram, mas naquele instante Lucian entrou no salão. Francis de imediato foi todo cortês e normal com Lucian, que nunca soube do que tinha sido dito."[10]

"Acho que Lucian não conseguia aceitar o sucesso de que Francis estava desfrutando, especialmente na França", observou David Hockney. "Bacon foi também o primeiro pintor sério que descartou o abstracionismo como *l'art de mouchoir* [manchas decorativas num lenço]. Ele também fez pouco caso de Jackson Pollock, chamando-o de rendeira. É preciso lembrar que, na década de 1960, o abstracionismo era o máximo, e havia quem considerasse que a arte figurativa tinha acabado."

Lucian tinha partido com uma velocidade notável do ponto de largada na adolescência e em seus vinte e poucos anos (o Museum of Modern Art em Nova York comprou um quadro dele na década de 1940), mas depois houve um longo período em que seus quadros eram vendidos apenas para um pequeno grupo de ingleses, e ele quase não possuía reconhecimento internacional. Nos primeiros tempos do relacionamento entre eles, Freud foi incentivado por Bacon e acabou seguindo sua abordagem mais arriscada e livre, abandonando a concisão alemã de linhas e superfícies bem tratadas. Embora admirasse a ambição de Bacon, ele sentia inveja do sucesso global do amigo. Bacon teve uma mostra na Tate já em 1962, gozava de uma reputação internacional e era reverenciado em Paris, o que tinha uma importância incrível para os pintores daquela geração. Bacon teve uma segunda mostra na Tate em 1985, ao passo que Lucian só teve sua primeira mostra lá em 2002. E realizou apenas uma exposição importante não comercial em 1974 nos salões superiores da Hayward Gallery de Londres, no complexo de arte menos prestigiado de South Bank.

Encarei Bacon como um caminho para chegar a Freud. Lembro-me de que algum curador espirituoso tinha organizado uma mostra com o título gaiato de "Café da manhã inglês": os pintores eram Freud (Augustus) Egg[11] e Bacon. Enquanto estava na faculdade, eu me sentia constrangido por Freud continuar a ser para mim aquele que escapou. Ele era área proibida para todos os jornalistas, de modo que não era fácil a tarefa de conseguir acesso a ele. Apesar de nunca ter recebido uma resposta, eu insistia, de modo intermitente. Por mais duas décadas, nada haveria de acontecer, só que meu interesse por ele perdurou; e, sempre que uma mostra era aberta, eu ia. Como o fantasma de Banquo, sua ausência se fazia notar. Mais cartas, mais silêncio. Eu, porém, nunca perdi a esperança.

Um grande livro de arte sobre o pintor inglês Stanley Spencer revelou ser a isca com a qual eu por fim atraí Lucian a entrar em contato comigo. Uma manhã, em abril de 1997, os originais chegaram à minha mesa quando eu era editor literário no *Sunday Times*, e me ocorreu a ideia excêntrica da possibilidade de eu contratar Lucian para escrever uma crítica da obra.

Enquanto eu folheava o livro, minha reação imediata foi a de que os nus de Spencer, com a carne exposta sem esforço de embelezamento, não eram diferentes dos de Freud. Perguntei-me se os dois abordavam a reprodução do corpo humano num estilo de frieza semelhante: não sentimental, com a pele e a carne pintadas como realmente são, em vez de serem retratadas de algum modo idealizado. Será que Freud explicaria para mim sua relação com o corpo nu? Ele reconheceria ter uma dívida para com Spencer? Ele chegaria a dar uma resposta? Uma grande vantagem era que eu agora pelo menos sabia onde ele morava, e lhe enviei um cartão-postal impresso, gravado com as palavras "Do Editor Literário", acrescentando o número do meu telefone direto.

Eu tinha descoberto seu endereço porque meu irmão mais velho, Louis, tinha se mudado para o apartamento do térreo de uma grande mansão em Holland Park, e tinha me informado que Freud trabalhava na cobertura. Ele me contou a história de como Lucian tinha entrado por acaso num dos outros apartamentos e, quando lhe perguntaram qual era sua ocupação, respondeu simplesmente que era pintor. O vizinho então lhe perguntou se ele aceitaria pintar sua cozinha. "Não exatamente esse tipo de pintor" foi a resposta bem-humorada de Lucian. Louis às vezes via Lucian subindo apressado pela escada de mármore branco e preto para entrar no prédio, ou muito tarde à noite, ou muito cedo de manhã, quando Louis estava saindo para o trabalho no Goldman Sachs. Esses relances de um vulto magro como um furão, vigilante, determinado e enigmático, eram raros. Freud restringia ao mínimo seu contato com os vizinhos. Ele desejava o anonimato. Todas as campainhas na frente do prédio tinham nomes, menos a dele, que dizia apenas "Cobertura".

Lá se foi mais um de meus cartões-postais, mas dessa vez foi diferente. Ele me ligou. "Telefone para você, é Lucian Freud ou alguém que diz ser", avisou-me minha assistente Caroline Gascoigne. Achei que ela estava brincando.

O que me desnorteou totalmente, quando peguei o fone, foi a inflexão sutil do seu sotaque. Parecia vir direto da Berlim anterior à guerra, culto, sofisticado, com um ligeiro som gutural, mas sem a menor aspereza. Era decididamente muito diferente do sotaque de seu irmão, Clement, o parlamentar do Partido Liberal, radialista e participante do programa humorístico de perguntas e respostas da Radio 4 da BBC, chamado *Just a Minute,* cuja voz vagarosa, grave e retumbante — cheia, com uma pronúncia nítida do inglês, de correção quase exagerada e sem o menor sinal da inflexão alemã — era tão conhecida de milhões de ouvintes. Lucian foi rápido, direto e parcimonioso com as palavras. "Recebi seu cartão. Gostaria de ver o livro. Mas devo lhe dizer que a obra de Spencer não é em nada semelhante à minha. É o contrário. Quem imaginar que exista alguma semelhança simplesmente não está examinando direito. Mas talvez me interesse escrever isso", disse ele.

Enviei o livro. Passaram-se dez dias. Então: "Alô, aqui é Lucian Freud", pronunciado como "Luchan". Ele não aceitou escrever uma resenha, mas conversamos um pouco sobre seu menosprezo pelo sentimentalismo de Spencer e por sua incapacidade para observar. Não houve artigo; mas finalmente uma ligação.

Tentei várias manobras para atraí-lo a me conceder uma entrevista; e a essa altura eu sabia, por outros que o conheciam, que ele realmente via e lia minhas cartas, mas não havia o que responder, já que não queria ter nada a ver comigo. A única carta que recebi dele foi aquela em que ele dizia que a ideia de me conceder uma entrevista lhe causava "náuseas".

Em 2002, época na qual eu já era editor da revista *Tatler*, escrevi-lhe ainda mais uma vez, com muita simplicidade: "Tenho uma ideia brilhante da qual você vai gostar. Só posso explicar pessoalmente." Eu estava contando com sua curiosidade. A mesma voz: "Aqui é Lucian." Era hipnótica, mais do que qualquer outra voz que eu já tenha ouvido. Tinha ritmo, ressonância e força, o que a tornava extremamente pessoal e sedutora. Nada de palavras supérfluas.

"Quer vir tomar o café da manhã?" foi a frase que mudou nosso relacionamento. "Esteja amanhã às 6h45 no ateliê", disse ele. "Perfeito", respondi, e ele desligou. Ele nunca se despedia. Simplesmente não era seu estilo.

Cheguei na hora, toquei a campainha e, quando a porta se abriu, subi os quatro lances de escada. Lucian estava no último andar, olhando através da porta aberta, enquanto eu subia. Estava usando sua calça de *chef*, com um lençol rasgado e imundo, preso na cintura, como um avental, que de longe parecia manchado de sangue. Não houve aperto de mãos, mas um cumprimento caloroso, embora cauteloso, como o que uma aranha poderia fazer para uma mera mosca prestes a entrar em sua teia. Sua voz estava baixa; e sua atitude, de uma cortesia delicada. Ele olhava para mim com atenção. Não era um olhar grosseiro nem hostil; mas, de algum modo, vigoroso. Ficou ali parado um momento e então entrou veloz. Ele se movimentava com rapidez, com disposição de atleta.

A privacidade entre as pilhas de trapos nessa caverna pictórica de Aladim era de uma importância digna de paranoia, assim como sua determinação de só fazer o que queria. Lucian era obstinado. "Se alguém me pedisse para fazer alguma coisa, eu só tinha vontade de fazer o contrário, e geralmente era o que fazia", disse ele, mais tarde. "Se um motorista tivesse me deixado num cinema, eu podia facilmente pegar um táxi para ir a outro cinema, só para ninguém saber onde eu estava. Eu gostava de privacidade", disse ele. Certa ocasião, ele mudou o número de seu telefone quatro vezes no período de um ano. Não só seu número não estava incluído na lista telefônica, o que era natural, mas também a conta era enviada para seu advogado. O apartamento nem mesmo estava em seu nome. Era de propriedade de sua ex-namorada Jane Willoughby, que o emprestava para ele. Para todos os efeitos, ele não existia oficialmente. O registro eleitoral de Kensington e Chelsea às vezes perguntava se ele era Lucan Freed ou L. Frode, e ele não fazia nada para corrigir essas tentativas infrutíferas de identificá-lo. Ele nunca preencheu um formulário, preferindo a privacidade à oportunidade de votar. "Imagino que teria votado com os democratas liberais, se tivesse me cadastrado." Ele era como uma enguia nesta vida, sempre escapando de toda e qualquer tentativa de ser agarrado.

Ele não era materialista e não tinha nenhum desejo de acumular objetos. Não havia em exposição em seu apartamento nenhuma fotografia de qualquer um de seus filhos. Era como se fotografias informais tivessem parecido descabidas, até mesmo banais, em comparação com as imagens que ele criou ao longo de meses e anos, quando membros de sua família posaram para ele.

Lucian sempre usou cachecol, de seda ou de lã leve, em tons amortecidos de cinza ou marrom. Ele tinha pelo menos uma dúzia no guarda-roupa. A designer de moda Stella McCartney, uma amiga apresentada por sua filha Bella, pegou um de seus preferidos, quando este ficou gasto demais, e mandou fazer uma cópia exata em sua fábrica na Itália. Ela salientou que Lucian tinha uma notável noção de estilo, sem jamais andar na moda. Já tinham desaparecido havia muito tempo o barrete e as calças de tecido escocês que um dia ele usara com afetação entre os 20 e os 30 anos de idade. Ele tinha uma aparência marcante, em seu sobretudo cinza de *cashmere*, camisa branca amarrotada, um surrado chique, desrespeitando todas as regras da elegância, misturando o *tweed* aristocrático com uma informalidade desalinhada, que redefinia, mas também desafiava o apuro no vestir-se. Quando posou para ele, Jerry Hall deu-lhe pulôveres de *cashmere,* que ele detestou. Nele havia uma estranha combinação de vaidade com um toque do andarilho. Quando foi a Nova York para ver uma mostra de sua obra no Metropolitan Museum of Art, num jato particular fretado por seu *marchand* William Acquavella, ele levou somente uma camisa, numa bolsa plástica. "Belo paletó, onde o comprou?", costumava perguntar no Clarke's, sempre percebendo o que as pessoas usavam. Era também um modo de desviar a atenção, o que lhe proporcionava mais um momento de observação. Ele não era previsível no que apreciava, mas nunca teve o que John Betjeman chamou de "Medonho Bom Gosto". E nunca seguiu modelos; o mundo dentro de seu ateliê era o último sopro da boemia.

Eu finalmente me encontrava na Freudlândia. Era tudo tão conhecido por eu já ter visto nos quadros — assoalhos de tábuas corridas nuas, pilhas de lençóis rasgados, cadeiras de cozinha pouco firmes, uma impressão de decadência e desleixo. Na noite anterior, uma perdiz tinha sido preparada, e as sobras estavam num velho tabuleiro enferrujado na mesa da cozinha: a carcaça fria com a gordura ligeiramente coagulada. Uma garrafa de borgonha estava pela metade. O fogão a gás estava manchado e demonstrando muito uso. Compartilhamos um café da manhã composto de asa de perdiz, um copo de vinho tinto e chá verde em xícaras lascadas.

Eu me sentia como um roteirista iniciante em Hollywood, sabendo que só tinha uma chance de vender minha ideia.

— Você não quer ser entrevistado, quer? — arrisquei.
— Não.
— Você não quer ser fotografado, quer?
— Não.
— Bem, eu tenho a ideia perfeita.

Ele ficou esperando o que eu tinha a dizer. De repente, senti a minha segurança se esgotar, receando que a ideia parecesse terrível, que não desse em nada, que até fosse ligeiramente maluca. Mas era tudo o que eu tinha. Minha ideia girava em torno de seu maior amigo, Frank Auerbach.

— Você toma o café da manhã com Frank algumas vezes por mês há quase meio século. Vou fotografar Frank e quero que você apareça na foto. Não vamos falar de você, que você detesta. Vamos falar de Frank, e você só vai aparecer na fotografia por acaso, porque está tomando o café da manhã com ele. — Lucian não parou para pensar. Simplesmente concordou. O café da manhã com Lucian tinha produzido mais um café da manhã com Lucian. O que ele não sabia era que eu ainda não tinha falado com Auerbach. Terminei meu vinho e fui embora.

Eu tinha tomado conhecimento da existência de Frank em 1978 naquela pequena mostra de Freud que vi quando estava com 17 anos. Um retrato de sua cabeça era notável, pela impressão musculosa de um grande intelecto, emoldurado com carinho e afeto. Era mais uma imagem que girava em minha mente, o alto da cabeça num forte *close-up*. Naquela época, eu não sabia quase nada dele; mas aos 19 anos eu lhe escrevi uma carta, entrevistei-o em seguida, e nós nos mantivemos em contato. Como Lucian, ele nunca dava o número de seu telefone, de modo que sempre nos escrevíamos.

Mandei depressa um cartão-postal e perguntei a Frank se ele se dispunha a ser fotografado com Lucian. Ainda bem que ele concordou. Foi marcado o encontro para as sete da manhã na

Cock Tavern em East Poultry Avenue, Smithfield, um misto de *pub* e pé-sujo, frequentado principalmente por açougueiros no bairro de frigoríficos de Londres. Eu estava tentando organizar a publicação para coincidir com a retrospectiva de Lucian na Tate Britain, que deveria ter início no mês seguinte.

Numa fresca manhã de terça-feira, os dois pintores apareceram, ambos usando cachecol e sobretudo. Foram pedidas torradas com rins e bacon e xícaras de chá. Na rua, um ou outro comerciante gritou um "Bom dia, Lou". Ele estava entre alguns de seus velhos amigos de Paddington. Os dois fizeram o que quase nunca faziam em público.

Eles sorriram. Bateram papo. Riram. Um retrato que demonstrava essa amizade foi tirado pelo fotógrafo Kevin Davies, e Lucian se entusiasmou com a fotografia sair na *Tatler,* chegando a supervisionar o leiaute da página, enquanto eu transportava as provas para lá e para cá, entre meu escritório em Mayfair e seu ateliê.

Frank admirava Lucian e me disse: "Eu sentia interesse por seu trabalho e, um pouco a contragosto, ficava impressionado com seu vigor, porque o meu era um idioma diferente; e, quando se é jovem, a tendência é acreditar que haja alguma virtude especial em nosso próprio idioma. Mas, com o passar do tempo... Acho que talvez exista algo que nos una através de nossos laços históricos comuns. Na realidade, também nossos antecedentes estiveram entrelaçados. Um primo meu foi assistente do pai dele; minha tia conhecia os pais de Lucian."[12]

Como Lucian, Frank tinha escapado da Alemanha de Hitler quando menino, mas seus pais não conseguiram acompanhá-lo e foram mortos pelos nazistas. "Durante a guerra, chegavam cartas da Cruz Vermelha, que tinham só 25 palavras, de modo que tudo o que se recebia era uma mensagem muito curta, mas a verdade é que essas cartas pararam de chegar às minhas mãos em 1943. Foi o marco de um fim, mas nem mesmo consigo me lembrar de alguém ter dito que meus pais já não estavam vivos. Aos poucos, a informação foi sendo vazada para mim. Acho que fiz essa coisa que os psiquiatras, por excelentes motivos profissionais, desaprovam: estou em negação total. Para mim funciona muito bem. Para ser totalmente franco, vim para a Inglaterra e frequentei uma escola maravilhosa. E aquela foi realmente uma época feliz. Nunca houve um momento em minha vida em que eu sentisse que gostaria de ter pais."

Muitas vezes, no início da carreira, ele praticamente não tinha um centavo, pois gastava quase todo o seu dinheiro em tinta. "Só fui ter uma conta bancária aos 50 anos. Até então sempre ganhei só para me sustentar. Eu costumava ficar acordado na cama de noite, me perguntando se teria como continuar com meus quadros ou se a tinta ia acabar."[13]

Depois do café da manhã em Smithfield, Lucian me deu carona de volta a Notting Hill em seu Bentley, parecendo ignorar todos os carros e sinais de trânsito. Sua conversa era calorosa, espirituosa e incisiva. Seu jeito de dirigir, alucinadamente perigoso. Eu me perguntava se meu primeiro trajeto com ele não seria também meu último.

■ ■ ■

Tinha se formado uma ligação com Lucian. Ele começou a me ligar, a qualquer hora — às seis da manhã, às duas da madrugada — e nós começamos a conversar. Às vezes ele parecia ter horas para bater papo; outras vezes não passava de cinco minutos. Isso o levou a sugerir que nos encontrássemos de novo para um café da manhã, o que invariavelmente significava ir ao Clarke's.

Ele nunca deixou de ser menos que surpreendente, para mim e para outros. Costumava citar o poeta do norte Tony Harrison, assim como a poesia de Bertolt Brecht. Gostava do conde de

Rochester, poeta do século XVII, e de suas obscenidades, em especial a quadra "Lines Written under Nelly's Picture":

> *She was so exquisite a Whore*
> *That in the Belly of her Mother,*
> *She plac'd her cunt so right before,*
> *Her Father fucked them both together.**

Rochester era muito diferente de Lucian, mas os dois tinham o mesmo tipo de exuberância e de descaso pelo que qualquer pessoa pensasse.

Freud também apreciava os livros históricos de Anne Somerset. Um exemplar de *Unnatural Murder: Poison in the Court of James I* [Assassinato hediondo: veneno na corte de Jaime I] estava em seu ateliê de Holland Park. Também lá estavam *Kim* de Rudyard Kipling, poemas de Douglas Dunn, contos de Henry James e as cartas de Flaubert. Ele costumava se lembrar de letras efêmeras ou banais; ou ainda de velhas melodias para dançar, que compartilhava. Um amigo de longa data, da década de 1940, o lendário editor e eminência parda literária da revista do *Sunday Times*, Francis Wyndham, gostava de trocar reminiscências com ele. Lucian recitava para ele o dístico *"I'm gonna change my tall dark thin gal for a short blonde fat/I'm even changing the number where I'm living at"*.**[14] Wyndham relembra como Lucian se recordava de peças antológicas pouquíssimo conhecidas, que aprendera durante seus tempos de escola na Inglaterra, como, por exemplo, *The Everlasting Percy* [O eterno Percy], uma paródia de autoria de

---

*Em tradução livre: "Linhas escritas sob um retrato de Nelly" — "Ela era uma puta tão rematada / Que no próprio ventre da mãe / Se colocou numa posição tão direta / Que o pai comeu as duas ao mesmo tempo." [N. da T.]
**Em tradução livre: "Vou trocar minha morena magra e alta por uma loura gorducha e baixinha / Vou mudar até o número da minha casa". [N. da T.]

E. V. Knox do poema de John Masefield "The Everlasting Mercy" [A misericórdia eterna], que era, nas palavras de Wyndham, "uma narrativa edificante em verso, que um dia foi louvada, mas agora se encontra igualmente esquecida". Ele adaptava a conversa a quem quer que fosse seu interlocutor.

A poesia era um estímulo importante, reforçando sua imaginação, quase como uma ladainha, um substituto para a religião. Ele aprendia o poema, declamava; e o poema lhe proporcionava alguma calma. Ele me contou que inventava quadrinhas para distrair seus filhos do tédio de posar para ele. Sua filha mais velha, Annie, lembra-se de uma "compaixão compartilhada pela vida solitária de Yonghy-Bonghy-Bo na costa desolada de Coromandel no poema de Edward Lear, e nossa sensação de pavor, quando se revelou que o Snark de Lewis Carroll era de fato um Boojum".

No fundo, Lucian usava a poesia como uma extensão ou expressão do espírito de sua própria vida. Ele saboreava a veracidade de um verso de Rochester em "A Ramble in St James's Park" [Passeio no St James's Park]: "há algo de generoso no simples desejo". "The Turnip-Hoer" [O colhedor de nabos] de Thomas Hardy era outro favorito: uma história macabra de amor obsessivo, envolvendo assédio e uma incontrolável paixão destrutiva. A poesia que era de seu agrado tratava de afinidades, ódios, idiossincrasias, obsessões. Os poemas quase sempre resumiam para ele o sentido significativo e ao mesmo tempo absurdo da vida, do humor brincalhão ao sexo perverso e à finitude da vida, bem como o puro prazer de observar. Como sua arte, o arsenal de poesia de Lucian tratava da verdade observada, condensada.

3. Primeiros Tempos

"Nasci no dia da festa da Imaculada Conceição", disse-me Lucian, com um levíssimo toque de zombaria de si mesmo. Para um ateu, com pouca preocupação com o conceito de pecado sexual, o dia de seu aniversário era de uma ironia deliciosa. Nisso também ficava subjacente um desejo de existir fora da órbita e do controle dos pais, que foi exatamente o que ele planejou. "Nunca conheci ninguém que quisesse se isolar deliberadamente dos pais tanto quanto ele", disse uma ex-namorada.[15]

Seu nascimento foi tranquilo, na madrugada do dia 8 de dezembro de 1922, em Berlim, onde seu pai, Ernst, era um arquiteto modernista, o filho mais novo de Sigmund Freud, o judeu mais famoso da Europa. Lucian atribuía um valor supersticioso à data de seu nascimento, jogando no número oito ou fazendo apostas em múltiplos de oito. Alguns amigos salientaram que foi correto, e até mesmo predeterminado, que ele morresse aos 88 anos.

Seu nome foi uma homenagem ao de sua mãe Lucie (Brasch, em solteira), a filha de um próspero cerealista. Lucie idolatrava esse filho. "Ela me pedia que desenhasse para suas amigas, o que quase me fazia não querer desenhar nunca, e ainda pior, ela queria que eu, aos 4 anos, a ensinasse a desenhar. Aquilo realmente me repugnava", disse ele.[16] Era o início de um complexo relacionamento entre mãe e filho.

Lucian, o filho do meio de três, sempre foi o predileto de Lucie. Talvez para criar distância em relação a ela, pelo menos dentro de si, ele às vezes alegava que seu nome era uma homenagem à psicanalista e escritora Lou Andreas-Salomé, nascida na Rússia, que tinha sido amiga de seu avô, bem como de Nietzsche, Rilke e Wagner.[17] Sua biblioteca tinha sido confiscada pela Gestapo alguns dias antes de sua morte, em fevereiro de 1937, sob a alegação de sua amizade com Sigmund e porque ela praticava "ciência judaica" e possuía livros de autores judeus. Apesar de uma possível procedência tão grandiloquente para seu nome, a suposição em família sempre foi a de que o nome de Lucian era em homenagem à sua mãe. Seus pais chamavam-no Lux (com a pronúncia de "Lucks").

Os poucos objetos que restaram de sua infância incluíam cartas escritas a seus pais, numa caligrafia gótica alemã, e desenhos imaturos, de palitinhos, feitos com lápis cera, que Lucie conservou. Mais tarde, sua mãe explicou a Lucian que Ernst tinha querido se dedicar às artes plásticas, mas não tinha podido realizar suas aspirações. Ernst acreditava ser sua a responsabilidade de ser o provedor para a família, e via a arquitetura como um meio mais confiável para sustentá-la. Lucian herdou e guardou aquarelas pintadas por seu pai, de paisagens de lagos e montanhas da Alemanha. Em seu testamento, Lucie deixou para Lucian o patrimônio mais valioso, composto de uma mesa baixa chinesa, uma cômoda austríaca e uma bandeja quadrada de mogno, avaliadas em £550. Clement recebeu o relógio e as abotoaduras de ouro de seu pai, uma escultura da cabeça de Ernst feita por Oscar Nemon, assim como uma caixa de prata para guardar comprimidos, que ficava na mesa de cabeceira do pai, tudo avaliado em £230. Stephen herdou uma máscara de bronze de sua mãe, um barógrafo, nove copos hexagonais de Veneza e uma bandeja de ouro, no valor total de £350.[18]

Grande parte do início de sua infância foi passada num bairro respeitável de Berlim, perto do Tiergarten, o magnífico parque no centro da cidade. Lá Lucian patinava; e no jardim de casa ele competia salto em distância com os dois irmãos. Nas paredes da casa, Lucian lembrava-se de reproduções das *Estações* de Bruegel, que lhe foram dadas por seu avô, reproduções de Hokusai e uma gravura de uma lebre, de Dürer.

Embora tivesse orgulho de sua linhagem, ele tentava fugir de sua mãe e aceitar certo grau de rejeição por parte do pai. Lucian comentou comigo a mágoa que sentiu por Ernst desdenhar grande parte de sua obra, mas também declarou em outro momento: "Minha mãe fazia tanta questão de que eu me tornasse pintor, que foi bom meu pai ser contra. Se os dois tivessem sido favoráveis, eu teria sido forçado a me tornar jóquei, que era a outra carreira que me ocorria."[19]

Uma de suas lembranças mais remotas era a de fazer um cavalo de madeira articulado, cujos parafusos e cavilhas lhe davam "uma noção da ligação mecânica de ligamentos aos ossos".[20] Outra era a de cavalos empinando-se em pânico para escapar de um incêndio na estrebaria na propriedade de seu avô materno, perto de Cottbus. Lá ele tinha aprendido a montar, e os cavalos mantiveram para ele um significado forte e figurativo. "Tenho uma ligação com os cavalos, com todos os animais, quase mais do que com seres humanos. Eles sempre foram importantes", disse-me. Ele chegou a dormir com eles na estrebaria, quando começou a frequentar a escola na Inglaterra. Os cavalos também lhe traziam sorte — a escultura *Three-legged Horse* [Cavalo de três pernas] tornou-se seu bilhete de entrada na escola de belas-artes. (Quando lhe perguntaram por que o cavalo tinha só três pernas, Lucian respondeu simplesmente: "A pedra acabou.") Ele montou e pintou cavalos a vida inteira.

Em Berlim, Lucian era cercado por governantas, babás, criadas e uma cozinheira — mas, como sempre, era sua mãe que fazia com que ele se sentisse tolhido. Para Ann, a segunda mulher de seu irmão Stephen, "Lucie parecia querer saber tudo o que ele fazia, no que estava pensando, e isso o deixava furioso".[21] Lucian e Stephen, os dois mais velhos, juntavam forças para caçoar de Clement. "Fiquei com pena de Clement", disse Ann, "porque eles o fizeram se aproximar de uns soldados nazistas em Berlim e perguntar se eles tinham visto um macaco. Ele então lhes mostrava um espelho, o que o deixou em péssima situação. Os outros dois irmãos acharam aquilo incrivelmente engraçado."[22]

Sob muitos aspectos, Berlim era um lugar agradável e seguro para uma criança, mas é claro que a presença nazista já estava evidente àquela altura, e alguns dos colegas mais velhos da escola de Lucian estavam na Juventude Hitlerista. Apesar de ser jovem demais para participar, Lucian conseguiu, sim, ver Adolf Hitler, como me explicou:

LF: Fotografei Hitler quando eu estava com 9 anos. Eu estava passeando em Berlim com minha governanta e por acaso estava com minha máquina fotográfica. Fiquei fascinado por ele porque ele tinha guarda-costas enormes, e ele mesmo era muito pequeno. Recuei um pouco e fiz um instantâneo.

GG: Você percebeu que ele era mau, ou se sentiu vulnerável por ser judeu?

LF: A política dominava tudo, mesmo quando eu tinha 9 anos. Eu frequentava uma escola comum em Berlim, e alguns garotos diziam que iam ao comício nazista, e eu perguntava se podia ir junto. Eles respondiam que eu não podia, mas que no fundo não estava perdendo grande coisa porque eles só cantavam canções. Eles me davam a impressão de que tudo era inocente. Eu tinha permissão para convidar esses garotos nazistas para vir a nossa casa.

Tudo mudou em 1933. Em janeiro, Hitler tornou-se primeiro-ministro. A isso, seguiu-se em fevereiro o incêndio do Reichstag e represálias subsequentes. Para que não tomassem conhecimento dos estragos do incêndio, os alunos do Französisches Gymnasium, entre eles os meninos Freud, eram levados à escola por um trajeto diferente. Em março, Dachau, o primeiro campo de concentração nazista, ficou pronto.

E então em abril, um membro da família Mosse, os parentes mais próximos dos Freud em Berlim, morreu em circunstâncias apavorantes, possivelmente alvo de tiros, enquanto tomava uma xícara de café no terraço de uma cafeteria em Kurfürstendamn, em sua viagem semanal de rotina a Berlim. Rudolph morreu simplesmente por ser judeu. Outra versão dos acontecimentos é a de que ele teria sido levado ao suicídio "atirando-se diante de um caminhão enquanto era transportado, sob escolta, para um campo de concentração".[23] Seu irmão Carl era casado com Gerda, irmã de Lucie Freud. O pai deles, Rudolf, era o proprietário de uma renomada editora berlinense.

Volker Welter, o biógrafo de Ernst Freud, salientou: "Mesmo antes disso, a família Freud já tinha sentido o antissemitismo alemão, quando, por exemplo, no verão de 1932, Lucie Freud foi agredida verbalmente por um vizinho quando brincava com seus próprios filhos e outras crianças, do lado de fora de sua casa de férias na ilha de Hiddensee." Uma prima de Lucian, Carola Zentner, relembra o medo e a intimidação. "Meu tio Rudy foi preso às cinco da manhã em casa e levado às pressas, sem suspensórios, sem cinto, sem cadarços nos sapatos. Os indícios eram muito claros: você não vai gostar do lugar para onde está indo. E o que aconteceu depois ninguém sabe de verdade; só se soube que ele morreu."[24]

Pouco depois que o irmão Mosse foi morto no início de abril, Julius Streicher, o propagandista do partido nazista, organizou um boicote de um dia a todas as empresas cujos proprietários fossem judeus. Em junho, o pai de Lucian foi a Londres procurar escolas para os garotos, a quem tinha dado exemplares de *Alice no país das maravilhas* e *Beleza negra*, a título de apresentação à Grã-Bretanha. Sua posterior anglicização resultaria em "Stefan" tornar-se "Stephen" e "Clemens" tornar-se "Clement", mas Lucian manteve seu nome original. Em setembro, quando Lucian ainda estava com apenas 10 anos, Lucie e seus três filhos deixaram a Alemanha para sempre. Dois meses mais tarde, Ernst juntou-se a eles depois que sua mobília e outros pertences foram embalados e despachados. "Eles queriam nos matar. Por pior que isso fosse, não sei ao certo se pensei muito nisso, porque nós simplesmente tínhamos de seguir com nossa nova vida", disse ele.

Sigmund permaneceu na Áustria até pouco depois da anexação em 1938, quando foi residir definitivamente em Londres. Suas quatro irmãs, todas beirando os 80 anos, permaneceram em Viena, morando num único apartamento. "Todas as quatro terminaram a vida em campos de extermínio", confirmou Anton Walter Freud, neto de Sigmund, de seu primogênito, Jean-Martin, numa palestra proferida na casa de Sigmund em Hampstead, no número 20 de Maresfield Gardens (atualmente o Museu de Freud).

O próprio Sigmund sobreviveu apenas um ano no exílio. Existe registro em filme de Lucian adolescente, caminhando amistosamente com o avô no jardim em Maresfield Gardens. Ele se lembrava de como Sigmund fazia estalar suas dentaduras nas mãos e de como ele tinha uma gentileza especial pelas criadas na casa.

A vida de Lucian apresenta uma ligação indestrutível com a de seu avô, de cuja atitude brincalhona e estimulante ele tinha lembranças felizes. De modo semelhante ao de Sigmund, a atividade de Lucian consistia em fazer com que pessoas se sentassem em camas ou sofás e revelassem muito mais do que talvez pretendessem revelar. De acordo com o biógrafo de Picasso, John Richardson, que também foi confidente e modelo de Lucian, talvez a mais importante influência de Sigmund tenha sido seu estudo da biologia animal, que exerceu um impacto muito maior sobre o neto do que qualquer coisa que ele tenha escrito sobre complexo de Édipo ou interpretações de sonhos. "Lucian tinha um orgulho enorme do avô, não por ele ter criado a psicanálise, mas por ter sido um zoólogo extremamente ilustre. Foi isso o que ele herdou do avô; nada a ver com a psicanálise. Era isso o que ele vivia repetindo para mim, que seu avô era um zoólogo", disse Richardson.

Lucian tinha orgulho de Sigmund ter sido a primeira pessoa capaz de diferenciar o sexo das enguias e de outras espécies aparentemente ambivalentes ou indeterminadas. "A paixão, a paixão absoluta de Lucian por animais, até mesmo por animais mortos, como o fato de ele ter uma cabeça empalhada de zebra, galinhas mortas e outros seres, tudo isso vinha direto de Sigmund", disse Richardson.

A amizade entre Lucian e John Richardson teve início nos últimos anos da década de 1930. Ele se lembra de Lucian ser comparado à descrição que E. M. Forster fez do poeta Cavafy: "Um cavalheiro postado num ângulo quase reto diante do universo." "Eu tinha só 17 anos, e nós nos encontramos no Café Royal, e lá estava Lucian em pé, magro, de perfil nítido como um recorte, sobre apenas uma perna, como uma cegonha no bar, que ainda tinha a mesma aparência dos tempos de Oscar Wilde, com todos os tipos de figuras wildeanas, ali à toa, murmurando: 'Eu não lhe disse? Neto de Freud.'"[25]

Sigmund foi essencial para a liberdade de Lucian na Inglaterra durante a guerra. Lucian gostava de contar essa história como um relato de assombro e gratidão:

> Foi muito estranho, como um conto de fadas cheio de esnobismo. Meu avô tinha uma grande amiga chamada Marie Bonaparte [sobrinha-neta de Napoleão], que se casou com o príncipe George da Grécia, o melhor amigo do duque de Kent. À medida que a situação na Alemanha foi se tornando mais perigosa, nós fizemos o pedido de naturalização, mas nossos documentos foram bloqueados de algum modo, e as coisas ficaram realmente difíceis de definir. Então o duque de Kent pegou o telefone, e naquela mesma tarde uns funcionários vieram ver meus pais. E nossos documentos foram providenciados. A Segunda Guerra Mundial começou uma semana depois. Se não tivéssemos conseguido nossos documentos, teríamos sido confinados na ilha de Wight.[26]

Essa intervenção da família real foi em parte o motivo pelo qual, setenta anos depois, Lucian deu à rainha o retrato que tinha feito dela: foi uma retribuição por sua liberdade. Sentado no Clarke's pouco depois de ter terminado o quadro, ele estava comovido e achava graça da forma pela qual tinha quitado a dívida para com seu país de adoção; e de como o sobrenome de seu avô o tinha protegido. Lucian era fascinado pelo *establishment*, uma atitude muito diferente do comportamento de seu amigo Francis Bacon, que rejeitava todas as honrarias que lhe eram oferecidas. Lucian sentia que tinha uma dívida para com o *establishment* e com o tempo viria a se inserir nele, muitas vezes fazendo amizade com pessoas eminentes, mas jamais tolerando gente entediante. Não era porque as pessoas eram de linhagem aristocrática que ele gostava delas, mas sem dúvida ele se movimentava tanto nos círculos da alta sociedade quanto nos da baixa. Enquanto Bacon descendia dos condes de Oxford, mas não dava o menor valor à árvore genealógica ou à linhagem, Lucian nem de longe descartava esses aspectos. Como John Richardson salientou, de todas as escolas de belas-artes do país, Lucian por acaso preferiu frequentar a que era dirigida por um baronete, sir Cedric Morris.

O afeto de Lucian por seu avô apresentava um forte contraste com a discórdia com seus dois irmãos, instigada em parte pelas alegações infames que eles fizeram, questionando sua legitimidade. Stephen e Clement sugeriram que Lucian não seria filho de Ernst e, portanto, não seria neto de Sigmund. "Foi uma afirmação realmente revoltante. Abjeta e muito difícil de perdoar", disse ele. Quer se tratasse de uma brincadeira de mau gosto, quer fosse realmente a opinião dos irmãos, Lucian jamais a esqueceu ou a perdoou. Aos 87 anos, ele ainda se queixava desse insulto à sua linhagem, em conversa com Mark Fisch, um incorporador de imóveis de Nova York e colecionador de Velhos Mestres, que em 2009 posou para dois retratos. Tendo estudado detidamente fotos de Lucian e do avô no Freud Museum, Fisch está convencido de que a acusação era infundada e inverídica, mas o insulto não feriu menos por isso. Não era tanto o fato de ter nascido fora de uma relação conjugal que o incomodava. Ele mesmo teve pelo menos uma dúzia de filhos que não eram "legítimos", e ter ou ser um filho fora do casamento não era um problema para ele. O que o incomodou foi a desonestidade do insulto, aliada à possibilidade de ser excluído da família. Tratava-se de laços de sangue com o homem com quem ele tinha uma profunda ligação, homem que lhe deu seu sobrenome famoso e sua identidade.

"Seu vínculo biológico com Sigmund tinha importância para ele. Era essencial para sua noção de identidade, de onde ele vinha, e também explicava o porquê e como ele tinha sobrevivido na Inglaterra. Na época, aquilo o feriu mais do que setenta anos depois", disse Fisch. "Ele tinha uma sensibilidade incrível, como um nervo exposto, muito mais do que qualquer pessoa imaginaria. Seus autorretratos sempre o mostravam como ele gostaria de ser, ou como queria que o mundo o visse. O que eles não mostram é uma imagem de alguém que passou sete décadas preocupado com a possibilidade de ser um filho ilegítimo. Ele ainda martelava o mesmo assunto até o ponto em que não fazia mais diferença se era verdade ou não: a acusação tinha se tornado parte de sua psique."[27] A tensão entre os dois irmãos tinha raízes remotas. Segundo um boletim escolar de Dartington: "O sr. Allen elogia Clemens por sua garra nos jogos, mas acrescenta que ele ainda procura atenção e tratamento especial. Quando ele e Lux estavam jogando críquete na mesma equipe, e Lux eliminou Stephen, que estava jogando contra eles, na equipe dos alunos mais velhos, Clemens pareceu demonstrar grave irritação, com seus sentimentos pelo irmão mais velho superando totalmente sua noção de esportividade."[28]

Não ser um Freud extinguiria grande parte do que o definia, e Lucian achou difícil perdoar os irmãos. Lucian não teve papas na língua quando brigou com Stephen. Mais para o fim da década de 1980, eles se desentenderam por causa de dinheiro. Lucian sempre pegava dinheiro emprestado para jogar, mas nesse caso em particular foi Lucian que tinha emprestado dinheiro a Stephen. No dia 12 de janeiro de 1987, Stephen escreveu uma carta tentando explicar seus arranjos financeiros e esclarecer qualquer mal-entendido entre os dois: "Segue anexo meu cheque de £1.000. Tenho quase certeza de que o empréstimo era inferior a essa quantia. Por isso, peço que me envie seu cheque no valor do troco. Considero uma decepção que você, depois de passar umas vinte horas em minha companhia ao longo do último ano, agora seja capaz de acreditar que eu seja ao mesmo tempo um vigarista e um imbecil (...). Eu poderia dizer muito mais. No entanto, como não consigo me lembrar de uma única ocasião, em todo o tempo que nos conhecemos, em que você tenha admitido estar errado, creio que não faria muito sentido."

O resultado foi uma resposta clássica no estilo bomba de maldade, enviada num cartão-postal que trazia no verso o desenho de Lucian, a bico de pena, intitulado *I Miss You* [Sinto falta de você]. Lucian agradecia o envio do cheque e o repreendia por não mandar o valor correto, culpando de modo implacável a amnésia seletiva de Stephen. Lucian terminou dizendo que Stephen era sem dúvida um sacana de marca maior e acrescentou a imagem pitoresca de que os bolsos de Stephen estavam abarrotados de ardis daquele tipo. A esse cartão seguiu-se uma carta de duas páginas de Lucian, na qual ele dizia que já não se importava se Stephen lhe restituiria o valor ou não, mas que nunca mais lhe emprestaria nada.

Muitos anos depois, Lucian em parte fez as pazes com o irmão mais velho, enviando uma amiga até a casa dele em Chiswick, zona oeste de Londres, no dia do aniversário de 80 anos de Stephen, para entregar uma garrafa de champanhe e um cartão manuscrito. Na homenagem póstuma a Lucian, a mulher de Stephen, Ann, entregou-me o cartão, no afã de me assegurar que a desavença tinha sido superada. Lucian tinha pintado um retrato de Stephen em 1985, que ele incluiu especificamente em sua mostra na National Portrait Gallery.

Contudo, ele nunca perdoou Clement, e seu rancor para com ele perdurou. Posteriormente, Lucian fez-lhe acusações diversas: de trapacear numa corrida disputada entre escolas e de não honrar uma dívida. A confiança nunca foi recuperada, nem a amizade, retomada. Os dois não trocaram uma palavra em quarenta anos.

Lucian gostava de contendas e se desentendeu com Francis Bacon, Stephen Spender e Graham Sutherland, entre outros. Uma vez, levei à mesa do café da manhã uma biografia do pintor John Craxton, que tinha viajado à Grécia com Lucian e morava em Poros. Craxton tinha lhe enviado cartas gigantescas, ornamentadas e íntimas, com desenhos e garatujas, usando o apelido de família "Lux". Lucian posteriormente acusou-o de roubar suas ideias e copiar seus desenhos. Ao ver o livro que eu trazia comigo, ele fez uma investida arrasadora: "Ele ainda está vivo? Fez alguma coisa nos últimos vinte anos? Ainda pinta? Era um mentiroso, um enganador e um perfeito canalha." Isso era o que seu amigo Francis Wyndham chamava de seus poderes para "o insulto eloquente". Às vezes, Wyndham ficava aflito, mas igualmente fascinado à medida que Lucian elaborava, "contra o acusado, um caso criativo e bem trabalhado, que talvez fosse arbitrário e injusto, mas era apresentado com um nível tão alto de repugnância meticulosa que por um momento ela adquiria um ar de verdade poética".[29] Com fervor entusiástico, ele me explicou sua desavença fraternal da maneira mais direta:

LF: Nunca fui amigo de nenhum de meus dois irmãos. Tive ilusões quanto a Stephen. Achava que ele era incrivelmente chato, bombástico, tímido; mas, acima de tudo, achava que ele era honesto e então precisei abandonar essa ilusão. Clement, eu sempre desprezei.
GG: Desprezou por quê?
LF: Bem, parece um tanto afetado: porque ele mentia e eu me importava. Se você gostasse de alguém, não teria se incomodado se a pessoa mentisse ou não. Agora ele está morto. Na verdade, sempre esteve.
GG: No café da manhã no dia do funeral dele, eu lhe mostrei uma fotografia de Clement nos jornais e lhe perguntei o que você achava. Você disse que aquilo fazia com que se lembrasse do cretino que ele era.
LF: Bem, ele era mesmo.
GG: Você nunca foi amigo de seus irmãos?
LF: Não. Por causa de nosso segundo nome, nós éramos conhecidos como os Arcanjos. [O de Stephen é Gabriel, o de Lucian era Michael e o de Clement era Raphael.] Mas não. Eu era tratado de maneira diferente de meus irmãos, só pelo fato de que eu estudava em Bryanston; e eles, em St Paul's. Não sei por que, mas talvez porque todos soubessem que eu gostava do meio rural.

GG: E como era?

LF: Em termos acadêmicos, não foi um grande processo de aprendizagem. Eu de fato não tinha aprendido a falar inglês, de modo que não entendia quando os outros alunos começavam a falar comigo; e por isso, partia para a briga. Como eu não entendia, eu batia; e realmente não se podem fazer amigos desse jeito.

GG: Com quem você brigava?

LF: Difícil de dizer, mas "esnobes" é o que me ocorre. Eu não tinha muita consciência de ser judeu; mas percebia muito bem o antissemitismo. Em Paddington, onde morei mais tarde, eles não paravam de falar *"fucking Jews, bloody saucepans"* [gíria rimada londrina: *saucepan lids* = *Yids*].* E eu dizia: "Vamos parar com isso. Eu sou um panela", e eles respondiam: "Não é, não. Você é um cavalheiro."

Mesmo sem esse tipo de antissemitismo, os anos anteriores à guerra na Grã-Bretanha não foram fáceis para Ernst. Em 1935, ele se mudou com a família para uma casa vitoriana muito estreita (de 4,8 metros de largura) em St John's Wood Terrace, região noroeste de Londres, onde usou seus talentos arquitetônicos para tentar fazer a casa parecer mais espaçosa. Ele era um modernista que ressaltava que "a ideia da casa centrada em torno da lareira já não existia". Queria "destruir a divisão entre a casa e o ar livre".[30] Lucian tinha aversão a essa maneirosa abordagem alemã ao design, ao mesmo tempo minimalista e progressista. Era mais um motivo para uma falta de proximidade com o pai. "Ernst era muito desinteressado para com Lucian e bem mais expansivo com

---

*"Malditos judeus, drogas de panelas". O "panelas" provém da gíria rimada *"saucepan lids"* = "tampas de panela", que rima com *"Yids"*, termo depreciativo para designar os judeus. [N. da T.]

Stephen", disse Annie. Ele chamava Stephen afetuosamente de "Gab", abreviação de seu segundo nome. Ernst e Lucian compartilhavam uma semelhança em desafiar a tradição, cada um a seu modo, só que nenhum dos dois encarava sua atitude exatamente assim. Além disso, os dois se agarravam a suas opiniões e gostos contrastantes, de forma categórica. Havia uma nítida distância entre eles, que deixava Lucian sem nenhum modelo óbvio de pai próximo e com quem pudesse contar.

Em torno de 1948, a família mudou-se para Clifton Hill, nº 28, em Maida Vale, região oeste de Londres, que Lucian ajudou a decorar, demonstrando senso teatral com o uso de um peixe empalhado na decoração. Lucie escreveu sobre como Lucian, com seu entusiasmo pela decoração, tinha causado uma rara boa impressão em seu pai. O fato foi extraordinário o suficiente para ela chegar a comentá-lo:

> O próprio Lux, com a ajuda de amigos, pintou a casa inteira com tinta a óleo. Nunca ouvi Ernst falar com tanto entusiasmo sobre o trabalho de nenhuma outra pessoa quanto sobre as cores de Lux e suas ideias arquitetônicas e de outras naturezas. O quarto, por exemplo, parece estar pintado num estranho verde fosco (Lux usou a tinta empregada para pintar lousas), e Ernst disse que o efeito da cor é que nossos olhos querem se fechar assim que se entra no quarto. Acima da banheira, está um peixe empalhado suspenso numa caixa de vidro. Um aposento, o jardim de inverno, abriga a mesa de desenho de Lux e, fora isso, somente plantas e pássaros.[31]

Lucian gostava de falar sobre seus primeiros quadros, descrevendo-os como "visualmente agressivos". Sua técnica consistia em observação atenta, para gerar uma noção do cerne do modelo. "Eu me sentava muito perto e ficava olhando. Podia ser constrangedor para nós dois [pintor e modelo]. Eu receava que, se não prestasse uma atenção rigorosa a cada uma das coisas que atraíam meu olhar, todo o quadro se desintegraria. Eu estava aprendendo a ver e não queria ser preguiçoso. Às vezes olhava com tanta atenção para um modelo, que o modelo sofria uma ampliação involuntária."[32] Em outra ocasião ele falou de como "tinha esperança" de que, se conseguisse se "concentrar o suficiente, a mera intensidade do exame minucioso instilaria vida aos quadros".[33]

Essas obras iniciais eram feitas com inflexível precisão e literalidade. Elas às vezes parecem abraçar mais a morte que a vida, com galinhas mortas e o corpo de um macaco (comprado de um veterinário que também vendia cobras mortas a metro). Lucian gostava de citar trechos da peça *Reunião de família*, de T. S. Eliot, como sinal de seu desejo de criar tensão e uma espécie de impacto do inesperado.[34] Um dos personagens de Eliot menciona um buldogue empalhado em Burlington Arcade, destinado a atrair a atenção da freguesia. Lucian gostava de imaginar que ele assustava as pessoas, até elas se darem conta de que não se tratava de um animal vivo. Ele gerava um confronto com o esperado ou uma contradição. O que o atraía era aquela pausa de espanto, quando o observador fica momentaneamente desconcertado, embora privado de informação suficiente para gerar uma reação calma e racional. Lucian gostava de tocar nos nervos, eliminando a complacência e desbaratando o conformismo. "Não gosto de repetir o que acho que sei a respeito deles. Eu preferiria aprender alguma coisa nova", disse ele.

■ ■ ■

Assim que chegaram à Inglaterra, os meninos Freud foram enviados para Dartington Hall, perto de Totnes em Devon, uma escola progressista, que dava ênfase à liberdade de escolha de seus alunos. Lucian detestava seu professor de arte e evitava as aulas, preferindo passar horas cavalgando. Entretanto, ele gostava das peculiaridades de Dartington, e teve prazer em me contar: "A escola tinha uma única regra: não era permitido empurrar os outros para dentro da piscina. Eu costumava dormir com os cavalos na estrebaria, já que não havia uma regra que proibisse isso. Eu tinha perfeita intimidade com eles. A primeira pessoa de quem gostei foi Rob Woods, o encarregado que cuidava da fazenda da escola. Era assim que eu dormia com os cavalos na estrebaria, com um cobertor por cima de mim e do cavalo. Nunca frequentei as aulas. Eu ia direto para a fazenda da escola, que ficava a uns 400 metros de distância." Alguns alunos queixavam-se do cheiro de Lucian, por conta de sua intimidade com os cavalos.[35]

Sua carreira em Dartington durou pouco. "Meus pais quiseram então me tirar de Dartington, mas Bryanston, para onde queriam me mandar, disse que não poderia me aceitar a menos que eu passasse por uma escola preparatória. Por isso, fui estudar por um ano em Dane Court, que me agradou. Lá havia um escultor tcheco, e eu tinha uma chave de seu ateliê no porão. Todos os dias, passava o dia inteiro lá, esculpindo. Eu achava que, se não me vissem, não dariam pela minha falta, de modo que eu esculpia em vez de assistir às aulas." Ele não se dedicou muito à pintura ou ao desenho, "porque o professor de pintura era péssimo".

Ele confiava tanto nos punhos quanto na inteligência. "Ganhei a taça de boxe em minha escola preparatória. Acho que os três melhores boxeadores estavam doentes. Muitos anos depois, compareci a um evento esportivo e vi um homem de mais de um metro e noventa que tinha sido o que eu tinha derrotado na luta final."

Depois de um ano em Bryanston, em Dorset, ele foi expulso quando encaminhou uma matilha de cães de caça para o saguão da escola e escada acima. Também tinha acabado de arriar as calças numa rua de Bournemouth, por conta de uma aposta. Permaneceu apenas um semestre na Central School of Arts and Crafts [Escola Central de Artes e Ofícios], antes de passar para a East Anglian School of Painting and Drawing [Escola de Pintura e Desenho de East Anglia], dirigida por Cedric Morris, o horticultor e pintor autodidata, cujo método consistia em completar um pequeno detalhe de seus quadros antes, em vez de trabalhar na totalidade do quadro, uma estratégia que Lucian tomou emprestada. "Ao vê-lo trabalhar, captei a empolgação de pintar, porque ele trabalhava de modo muito estranho, como se estivesse desenrolando de cima para baixo, como se estivesse desenrolando alguma coisa que de fato já estava ali."[36]

Seu retrato de Cedric Morris, pintado em Dedham, Suffolk, em 1940, mostra seu professor com um cachimbo na boca, olhar vítreo e um olho com a íris enegrecida. Usava um cachecol vermelho em torno do pescoço, num estilo que Lucian adotou. Seu retrato de Morris é direto, mas sem sofisticação, com um rigor de concentração e estilo ainda por alcançar. Morris também fez um retrato de Lucian, que este considerou "apressado, um pouco piegas, com atenção exagerada ao cabelo".[37] Era o lugar perfeito: individualista, inspirador e dirigido por um livre-pensador. Lucian achou que tinha aprendido ali que o retrato podia ser "revelador de uma forma que era quase inconveniente".[38] Seus pais ficaram gratos a Morris e a seu companheiro Arthur Lett-Haines, embora se preocupassem com as iniciativas do filho. "É interessante saber que vocês estão felizes com o progresso dele. Talvez ele lhes tenha dito, mas não pude deixar de detestar o último quadro que ele trouxe para Londres, mas seu estilo e seus temas vão mudar, espero", escreveu seu pai a Morris.[39] Foi mais um exemplo dos motivos pelos quais Lucian se sentia menos próximo do pai.

Lucian tinha uma nova vida, e ela era imersa na poesia e na arte inglesas, bem como nos homens de letras da Inglaterra. O que continuou a ser um híbrido singular foi seu sotaque. Segundo

John Richardson: "A voz de Lucian, que lhe era tão particular, era uma pequena obra de arte, cuidadosamente burilada e lavrada." O nítido sotaque inglês de Lucian, pela rota de Berlim, tinha um som cultivado, "muito semelhante ao de Stephen Spender ou de Cyril Connolly falando na década de 1940"; e é claro que eles foram seus primeiros modelos e mentores, além de um ter sido seu amigo íntimo e rival no amor. "Seu inglês tinha uma espécie de clareza e precisão de articulação, que somente se ouve numa segunda língua. Não era tanto a influência do alemão, mas o fato de ser tão preciso. Sua pronúncia era como se essa fosse uma língua que tinha sido ensinada, não apenas adquirida", disse Neil MacGregor, que, quando posteriormente foi diretor da National Gallery, franquearia a entrada de Lucian a qualquer hora do dia ou da noite.[40] Muitas vezes, os seguranças viam Lucian perambulando por lá depois da meia-noite, acompanhado de sua companhia do jantar, de um modelo ou sozinho, com seu cavalete.

O que estava surgindo era um rapaz de extraordinário talento e personalidade, que era absolutamente concentrado em seu objetivo. Ele não ia ser desviado de seu propósito, como seu pai tinha sido, e de modo impiedoso haveria de excluir a mãe de sua vida. Lucian foi de uma franqueza brutal comigo acerca de seus sentimentos para com a mãe, e disse que não conseguia suportar estar perto dela. Ele tinha a sensação de que a curiosidade da mãe invadia sua privacidade. Foi só quando ela foi gravemente atingida pela depressão, causada pela morte do pai de Lucian, em 1970, que ele teve condições de tolerar permanecer no mesmo aposento que ela pelo menor tempo que fosse. "Depois de anos em que a evitei, chegou uma hora em que eu podia estar com ela, e achei que era isso o que devia fazer. Fazer seu retrato [na década de 1970] permitiu que eu estivesse com ela. Creio que eu tinha a sensação de precisar que ela me perdoasse", disse ele. Os retratos dela como idosa, *The Painter's Mother Resting I* [A mãe do pintor repousando I] e uma versão mais de perto, *The Painter's Mother Resting II,* deitada numa cama, olhando com apatia para fora da tela, ficaram na minha memória, daquela sua mostra na galeria de d'Offay em 1978. Nem toda a família de Lucian gostou desses quadros dela sem maquiagem, num vestido de estampa *paisley*. Sua prima Carola Zentner explicou como sentiu que ele tirou proveito do declínio da mãe.

> Em certo sentido, o que ele estava fazendo era terrivelmente mórbido, e eu não sei ao certo se em termos emocionais me agrada a ideia de pintar alguém que já não é a pessoa que foi. Talvez ele estivesse procurando uma espécie de verdade acerca do seu estado de ser, quando na realidade estava olhando para uma máscara, porque ela já não manifestava emoções. Quer dizer, ela raramente sorria. O que ele revelou foi o desespero e a dor; e eu, que a amava como um ser maravilhoso, vibrante, cheio de vida e brilhante, detesto ter essa visão específica desse tipo de semimortalidade, porque no fundo ela ainda estava viva em termos físicos, mas já não estava realmente viva em termos mentais.

Lucie sofreu um terrível declínio depois de ter tentado o suicídio. "Ela tomou medicamentos em excesso, foi levada às pressas para o hospital e lhe fizeram uma lavagem estomacal, mas houve algum dano, e o resultado foi que ela se tornou uma sombra de si mesma", disse Zentner.[41] Mas na realidade os quadros de Freud vão muito além do biográfico. Ele nos faz visitar as vicissitudes da idade. Ela é uma velha arquetípica. Sua calma, passividade e aceitação, os braços para cima, as mãos no travesseiro em rendição, tudo mostra sua vulnerabilidade, mas não nos é permitido esquecer a experiência intensa das sessões de pintura, com aquele seu olhar detalhado e feroz sobre a senilidade.

A morte do pai de Lucian foi um ponto crítico para ele, em termos psicológicos e profissionais. "Lucian entrou em depressão e achou que não conseguia pintar gente", disse sua filha Annie.[42] Foi uma percepção amarga, a de que alguém com quem ele não passara muito tempo, mas que tinha um papel crucial em sua vida, já não existia. Foi um encerramento da possibilidade de conhecer seu próprio começo. É claro que sua mãe permanecia, mas ele ainda sentia que ela era opressora, até mesmo predatória para com ele. Sem conseguir pintar pessoas, Lucian escolheu como tema uma paisagem juncada de lixo: a vista de sua janela. Ela se tornou *Waste Ground with Houses, Paddington* [Terreno baldio e casas, Paddington] (1970-72). Enquanto trabalhava na tela, ele pagou aos lixeiros para que não removessem os detritos no jardim abandonado, que se tornou o primeiro plano da pintura. O quadro mostrava um céu nublado acima dos fundos de casas geminadas, de tijolos cinzentos de Londres, com chaminés cor de laranja. Ele falava da ausência. Lucian tinha sido instigado por Jacquetta Eliot, sua namorada na ocasião, a tentar pintar a vista, para conseguir superar aquela rara atitude de desalento.

"Quando meu pai morreu, ela [Lucie] tentou o suicídio. Tinha desistido de tudo. Eu realmente achei que por fim podia estar com ela, por ela ter perdido o interesse em mim", disse Lucian. "Eu procurava não estar disponível para ela, quando eu era jovem. Minha mãe era muito inteligente e extremamente observadora. Fazia com que eu me sentisse oprimido, porque era muito instintiva, e eu sempre fui muito reservado. Era difícil esconder dela qualquer coisa. A ideia de que ela soubesse o que eu estava fazendo ou pensando me incomodava muito. Quer dizer que era uma relação tensa.

Com frequência, suas intromissões eram bem-intencionadas, mas para Lucian elas ainda não eram bem recebidas. Por exemplo, na década de 1960, ela lhe escreveu, em pânico, de sua casa em Walberswick, Suffolk, depois de ter recebido um telefonema da polícia, que estava procurando Lucian por ele supostamente estar envolvido num acidente com fuga e omissão de socorro na estrada de Euston. Ela o avisou de que a polícia sabia que ele morava em Gloucester Terrace, nº 227, em Paddington. Ela o defendeu com vigor perante o policial investigador, que sugeriu que Lucian teria agido mal. "Talvez o senhor não saiba que um artista não é tão bem preparado para a vida cotidiana quanto é provável que o senhor e eu sejamos." Em sua carta, ela avisou a Lucian que a polícia estava ameaçando fazer circular sua descrição, se ele não se entregasse. Ela não revelou esse segredo ao marido, em parte por consideração, pois Ernst estava tendo um raro intervalo livre de suas enxaquecas, e ela não queria detonar mais uma. "Por favor, procure a polícia e resolva esse assunto. É provável que você possa sair do país, mas pense em como isso seria triste para todos os que o amam. E eu pelo menos não me sentiria envergonhada de você, mesmo que você passasse um mês na cadeia. E no fundo que diferença faz se nunca mais lhe permitirem dirigir? Nós nunca sentimos falta disso." Por mais atenciosa que fosse, ela jamais aceitou plenamente que Lucian quisesse que ela o deixasse em paz.

Lucian sempre se sentia observado, e sua predileção por evitar a vigilância e manter sua privacidade obsessiva nunca o deixou. "Todos os verdadeiros prazeres eram solitários. Detesto ser observado enquanto trabalho. Não consigo nem mesmo ler, quando outras pessoas estão em volta", disse ele mais tarde.[43] Desde a adolescência, ele tinha começado a tentar restringir o acesso de sua mãe a ele mesmo. Quando hospitalizado, depois de um susto por causa de uma apendicite, ele escreveu alguns poemas em inglês e também desenhou alguns pacientes, mas estava determinado a que ela não os visse. Foi nessa época que foram feitas algumas de suas primeiras imagens notavelmente impressionantes; e o período coincidiu com um espantoso despertar de sua libido e imaginação, como ele me contou durante um café da manhã.

LF: Tive uma dor muito forte na barriga, e eles não sabiam se era apendicite ou não, mas passei três ou quatro semanas no hospital. Como foi durante a guerra, me mandaram para o interior. O hospital era na periferia de Cambridge, e foi lá que desenvolvi minha paixão por enfermeiras. Achei que nunca tinha visto garotas tão maravilhosas, e essa impressão estava relacionada ao fato de elas serem enfermeiras. Eu adorava a conversa delas enquanto faziam minha cama: "Só foi morrer às cinco da manhã... me fez ficar acordada a noite inteira, o filho da mãe, egoísta." Eu pensava, meu Deus, você é fantástica. Eu desenhava e escrevia muitos poemas. Lembro-me de um: *"When on a chalk-white bed you lie with loathing in your yellow eye swimming in sickly fat."** Eu gostava que as enfermeiras conversassem e se sentassem na minha cama. Era muito estimulante. Eu mal conseguia me mexer, mas consegui fazer um pequeno livro.

GG: Você escreveu poemas de amor?

DAVID DAWSON: Não havia um sobre lesmas? Só dois versos?

LF: Alguma coisa sobre transar com alguém numa cabine telefônica...

GG: Um bom tema, mas um pouco diferente de flores de primavera e outros símbolos do amor.

LF: Flores! Ah, sim, eu me lembro muito bem de Flor. Comi Flor numa cabine telefônica.

GG: Eu desisto! Alguém viu seus poemas?

LF: Eu gostava dos poemas, mas não queria que eles ficassem muito à vista, para que minha mãe não os encontrasse. Comecei a escondê-los para evitar a terrível possibilidade de que ela dissesse: "Esses são os poemas do meu filho."

---

* Em tradução livre: "Quando você está deitada numa cama branca como neve, com ódio no seu olho amarelo, boiando em gordura doentia." [N. da T.]

GG: Você era o predileto dela?

LF: Dos três meninos, eu era o do meio. Não sei dizer realmente, mas sempre fui muito reservado sob todos os aspectos. Cada palavra que eu dizia era mentira, mas eu sabia que era. Minha mãe fez com que eu lhe desse aulas de desenho a partir dos 4 anos de idade, o que é um pouco de exagero, não é?

GG: Você foi afetado pelo fato de seu pai não ter conseguido ser um pintor?

LF: Eu tinha consciência de como meu pai, em termos estéticos, deixava minha mãe constrangida, mas o que eu não sabia na época era que meu pai tinha querido ser pintor ou que tinha começado a ser pintor. Quando ele conheceu minha mãe, que era de uma família meio ilustre... bem, de qualquer modo, rica, ela visitava um hospital, durante a Primeira Guerra Mundial, e meu pai estava internado ali. Acho que foi como se conheceram.

GG: Foi ela que o impediu de se tornar pintor?

LF: Eu não teria imaginado isso de modo algum, mas era natural que meu avô, que tinha seis filhos, estivesse preocupado, porque essa não é uma boa maneira de ganhar o sustento. Sei que meu pai foi simplesmente terrível nas críticas a meu trabalho, desde o início. Olhei para minha mãe, quando ele saiu do quarto no hospital, e ela disse para eu não dar nenhuma importância, porque meu pai tinha querido ser pintor.

GG: Essas críticas ao seu trabalho o magoaram?

LF: Sim. Eu pensava, "Que filho da mãe", só porque ele nunca conversava comigo e sempre se mantinha distante. É, eu me importava, sim, e ele foi de uma grosseria ofensiva a respeito deles. Eu realmente me importava. Meus temas sempre estiveram ligados a minha vida, quem eu via, em quem eu estava pensando. Não me ocorreria pintar alguma pessoa se não sentisse interesse por ela.

GG: Nesse processo, você aprende alguma coisa acerca do modelo?

LF: Às vezes, sim. Se o quadro funcionar, é exatamente isso o que acontece.

GG: Mas não acerca de você mesmo? Você sempre foi muito reservado quanto a informações pessoais suas?

LF: É, é bem verdade: tortuoso e reservado. Já me descreveram assim.

GG: E foi uma boa descrição?

LF: Sim. Eu teria pensado que sim. Mas você sabe que ninguém realmente acha isso, quando pensa sobre si mesmo.

GG: Para você é importante o que acontece com seus quadros?

LF: Se meus quadros tiverem uma vida, então estou feliz. Mas desde cedo eu me dei conta de não querer que nenhuma obra minha de que eu não gostasse estivesse no mundo lá fora, à venda. Desse modo, eu me esforçava bastante para impedir que isso acontecesse; e um método consistia em roubá-las e destruí-las. Outro método era incendiar o lugar onde elas se encontravam. Tive uma trabalheira para me livrar desses quadros, e eu conhecia ladrões profissionais que os roubavam para mim.

GG: Pode me dar um exemplo?

LF: Não. Eu teria de mencionar lugares, nomes, lojas e galerias; mas mesmo esses detalhes não eram conhecidos. De uma forma bastante deliberada, as pessoas ficaram com medo de lidar com minha obra, porque sabiam que alguma coisa estranha estava acontecendo. Digamos, por exemplo, que eu desse um quadro de presente a alguém, e então essa pessoa ouvisse dizer que um quadro meu tinha sido vendido por um valor muito alto. Ela poria à venda aquele meu outro quadro num leilão, e eu então teria roubado a tela em questão. Eu não era a pessoa ideal com quem se lidar.

GG: Você ficava irritado quando as pessoas vendiam seus quadros?

LF: Ficava. Se eu tivesse dado um quadro, e depois ele acabasse numa galeria horrível, cercado de coisas que eu detestava. Eu me importava, sim. Eu me sentia um babaca e também me incomodava o aspecto de traição.

GG: Você tomou conhecimento da guerra?

LF: Ela me estimulou muito.

GG: Em que sentido? Ela lhe parecia assustadora ou empolgante?

LF: Glamourosa.

GG: E você teve membros da família ou amigos na guerra?

LF: Bem, minha família veio para a Inglaterra porque minha mãe não gostava do fortalecimento do partido nazista, nem das consequências disso.

Ele se sentia tão asfixiado pela curiosidade e pelo afeto sufocante da mãe que seu impulso foi o de não ser controlado por nenhuma mulher, nem ter obrigação para com nenhuma, talvez para remodelar seu relacionamento com a mãe, de um modo tal que o papel dele fosse o de controlador em todos os relacionamentos. Ele isolava o pai, embora ainda lhe pedisse dinheiro. A relação terna que tinha tido com os pais quando criança, com cartas carinhosas, escritas em alemão, terminou durante sua adolescência.

Lucian tinha uma noção de seu próprio destino, com uma violenta ambição de tornar-se pintor. Era inconsequente e categórico em suas opiniões pessoais; e desde cedo conseguiu se sair impune com o egoísmo que nunca abandonou. Ao cerne de aço de sua ambição associava-se uma capacidade mágica para seduzir. Os dois aspectos eram empregados de modo impiedoso em seu objetivo de concorrer com os maiores artistas de todos os tempos e de levar uma vida sem a restrição de escrúpulos morais.

4. Primeiros amores

Lucian causou um impacto extraordinário como jovem pintor, com sua presença ágil, selvagem, seu intelecto aguçado e sua espirituosidade irascível. Sua reputação de criança indomável que tinha ateado fogo à própria escola de belas-artes o precedia, e ficava instantaneamente claro que ele não se submetia a ninguém. Lucian passou a ser protegido pela elite intelectual londrina — mariposas de meia-idade atraídas por sua chama juvenil. Parte do seu fascínio residia no fato de ser neto do homem que tinha mudado a forma pela qual o sexo e a psicologia eram entendidos; mas havia também o fato de ele ser alguém que tinha escapado da morte quase certa, caso tivesse permanecido na Alemanha de Hitler. Diferentemente de Cyril Connolly, a maior figura cultural de sua geração, que se tornou obcecado por Lucian, e de quem tanto tinha sido esperado, mas que tinha produzido tão pouco, Lucian desde os primeiros anos estava determinado a chegar ao topo. Ele nunca perderia tempo na ociosidade. Tinha uma dedicação obsessiva ao trabalho, o que o distinguia da maioria dos jovens promissores que atraem a atenção.

Ao mesmo tempo que a *intelligentsia* e certas grandes figuras da aristocracia o cortejavam, sua vida era movida tanto por sua libido como por sua ambição artística. Com muita rapidez, as mulheres se tornaram uma essência definidora da vida de Lucian. Não havia como dissuadi-lo do quê ou de quem ele queria. "Ele nunca foi programado para a fidelidade ou para o medo", disse Mark Fisch. Em sua maioria, as mulheres na sua vida foram até certo ponto traídas, porque ele nunca foi fiel e aparentava nunca sentir a menor culpa. Sua aversão à monogamia começou na adolescência, na escola de belas-artes em Suffolk, e jamais o abandonou.

As datas de seus quadros documentam sua infidelidade, pois as amantes se sobrepõem. No entanto, ao longo de sua vida, as mulheres de Lucian foram quase todas discretas, e não se queixaram de ele tê-las enganado, nem de seu oportunismo sexual em série. Às vezes, ele também tinha uma atitude complicada, até mesmo hostil, para com as mulheres. "Eu não gostava de garotas oferecidas, e havia uma garota que, quando eu era bem jovem, era muito amistosa. Ela se chamava Diane, filha do editor Victor Gollancz. Não me agradava que ela fosse oferecida comigo. Como não tive irmãs, aquilo me parecia errado", disse-me ele (manifestando a atitude cavalheiresca para com as mulheres que coexistia com seu chauvinismo). Todos os seus relacionamentos eram mantidos separados. O astro central era Lucian, como um sol fornecedor de energia, em torno do qual os planetas menores gravitavam.

Era alta a expectativa de segredo e censura. "Não posso nem mesmo lhe dizer onde ele mora. Ele não permite que ninguém saiba", disse-me John Richardson, na década de 1980. Após sua morte, porém, esse silêncio, essa confidencialidade extrema, na qual ele tanto insistia e que o cercava, começou a se desfazer. Duas namoradas muito antigas, ambas com mais de 90 anos, sentiram-se liberadas do código tácito de silêncio que ele parecia lhes ter imposto.

Felicity Hellaby era uma aluna de belas-artes de 17 anos, com olhos castanhos da cor de chocolate, que aparece num de seus primeiros retratos por inteiro, *Girl on the Quay* [Garota no cais], em 1941. Ela era um ano mais velha que o pintor iniciante, que tinha conhecido em 1939. E se lembra de como ele se destacava na região rural de Suffolk, com seu sotaque alemão, a língua afiada, os olhos azuis penetrantes e a aparência de moleque.

"Ele era muito, muito engraçado, de um charme incrível, e nele havia alguma coisa que me fazia pensar, mesmo naquela época, que ele iria fazer coisas extraordinárias", lembrou-se ela, aos 91 anos, recordando o tempo que passaram juntos na escola de belas-artes de Cedric Morris. Todos os dias, Felicity percorria de bicicleta os quase 13 quilômetros que separavam a escola da casa de seus pais em Dedham. À medida que seu romance ia se desenrolando, eles pintaram retratos um do outro.

No retrato, Felicity está pintada, quase como uma figura recortada, em pé num cais de pedras arredondadas. No horizonte, uma embarcação cômica, com uma única chaminé, lança seu vapor; e outra embarcação, atracada, tem uma prancha de desembarque que leva à terra. Sem sorrir, ela está ali parada, com sua camiseta listrada de verde e amarelo e um cardigã marrom de mangas curtas. O quadro sugere uma Grã-Bretanha necessitada, em tempo de guerra. As cores são outonais, um exemplo precoce de sua paleta de cores amortecidas. "Posei para ele, com intervalos, por um bom tempo no ateliê na escola. Lucian acrescentou o mar e as embarcações depois. Eles foram inventados", disse ela. Primitivo em seu estilo, o quadro mostra pouca perspectiva ou profundidade. Há um prazer brincalhão na pintura das pedras arredondadas; e as partes amarelas e marrons do navio fazem com que ele quase pareça uma colcha de retalhos. Ainda não houve esforço no sentido do realismo e da realidade carnal; nem se vê o domínio da observação concentrada, que foi essencial para seu desenvolvimento. O pintor parece estar à procura de um estilo.

O pai de Felicity, Richard, era um empresário de transportes marítimos, nascido na Nova Zelândia, que tinha conhecido a mãe dela, Ruth, enquanto eles estavam na França num curso de pintura. Depois de estudar na Slade School of Fine Arts [Escola Slade de Belas-Artes], Ruth vendeu pinturas para capas da revista *Homes & Garden*. Com uma confortável renda pessoal, Richard gostava de montar e de jogar polo; e, em fins da década de 1930, eles se mudaram para Dedham.

Cedric Morris estabeleceu ali a East Anglian School of Painting and Drawing em abril de 1937. A escola foi moldada pelo mestre carismático, fumante de cachimbo, que morava numa casa rural com seu namorado casado, porém gay, Arthur Lett-Haines, conhecido como "Let". Felicity Hellaby lembra-se de Morris todo empolgado, contando aos alunos que logo se juntaria a eles o neto adolescente de Sigmund Freud, um garoto rebelde que nunca tinha ficado muito tempo em nenhuma escola. "Ele era pequeno, desalinhado e não era do tipo pelo qual meninas jovens se sentiriam automaticamente atraídas; mas era seguro e tinha uma concentração incrível na pintura e no desenho. Era só isso o que ele fazia", disse ela.

Em julho de 1939, a escola foi destruída num incêndio, e depois disso se reinstalou em Benton End. Muitos dos alunos acreditavam que Lucian tinha sido responsável, por algum descuido com um de seus cigarros. "Não sei se foi ele ou não, mas ficamos sentados à beira da estrada, todos nós, pintando as ruínas. A escola foi ao chão. Ainda consigo ver as madeiras em chamas e as brasas incandescentes", disse ela. No dia posterior ao incêndio, o *East Anglian Daily Times* publicou uma fotografia de todos os alunos no local, Lucian entre eles. "Eles nos mostraram revirando os escombros, no esforço de salvar coisas, à procura de nossos pertences. A pessoa mais triste era Cedric, que perdeu tantos quadros", lembrou-se ela. Naquela destruição, Felicity apanhou um quadro de dois patos, pintado por Morris. Ainda na moldura carbonizada, ele está pendurado hoje na casa dela na ilha de Sark. Lucian adorou seu papel de suspeito do incêndio criminoso, deliciado com a reputação de ser perigoso. Ele chegou a admitir para mim a responsabilidade pelo incêndio, mas alguns amigos se perguntaram se isso não seria mais desejo do que realidade.

Felicity ficou fascinada por Lucian, e os dois se beijavam e se acariciavam num celeiro de feno perto da escola, mas nada mais que isso. Mesmo assim, ela guardou as cartas e cartões-postais dele por sete décadas. Lucian deu-lhe um desenho de marinheiros, que muitos anos depois ela trocou com o *marchand* Anthony d'Offay pelo retrato dela a bico de pena, de 1941. O namoro foi curto, brincalhão e — o que era raro para Lucian — não consumado. "Ele às vezes enviava cartões-postais vitorianos picantes, com imagens de belas banhistas e fazia desenhos por cima das imagens. Nenhum de nós dois tinha telefone, de modo que escrever era a única forma para combinar um encontro", disse ela. Entre os presentes que ele lhe deu que mais lhe agradaram, um foi uma túnica militar vermelha com botões de latão. "Ele me escreveu falando de uma cabeça de zebra, uma ave empalhada e um cacto que tinham lhe dado", lembrou-se ela. Esses detalhes indicam que ele já estava saindo com outras mulheres, porque Lorna Wishart, a primeira mulher por quem ele se apaixonou de verdade, foi quem lhe deu a zebra.

Aquele era um período de uma desinibição revigorante para os alunos na escola de Cedric Morris, na opinião de Felicity. "Na escola, todo mundo era homossexual ou lésbica; ou era o que parecia, com exceção de um cara chamado David Carr e sua namorada. Eu me lembro de Lucian ser muito amigo de outras pessoas mais velhas, como Peter Watson [o herdeiro da fortuna da margarina e mecenas das artes] e Stephen Spender."

Como Greta Garbo, que ele admirava e com quem saiu, Lucian queria estar só, controlando de modo impiedoso com quem ele se relacionava e quem se relacionava com ele. "Ela era a pessoa mais famosa do mundo naquela época. Eu costumava sair com ela, e ela era muito simpática, além de pagar a conta, o que na ocasião era uma ajuda. Lembro-me de ela dizer: 'Bem que eu gostaria que você fosse normal. Acho você muito atraente', numa sugestão de atividades eróticas, que eu suponho que ela não tivesse tido com um garoto tão jovem como eu era então. Eu não sabia o que responder: 'EU SOU às quintas!' era o tipo de coisa que me ocorria. Eu era muito criança. Ela estava beirando os 40. As pessoas nas boates não conseguiam acreditar. Cecil [Beaton] costumava dizer: 'Vamos, Garbo, minha velha, você vai gostar quando chegar lá.' Nunca me esqueci disso. As lésbicas nas boates de Soho todas se vestiam como Garbo ou Dietrich, e aqui estava eu levando a Garbo de verdade às boates onde se encontravam as mulheres que se vestiam como Garbo."

Lucian era atraído por círculos intelectuais e boêmios. Felicity lembra-se de tê-lo visto com Dylan Thomas num *pub* em Soho ("uma triste figura solitária, ele estava encostado no balcão do bar, mas foi bastante simpático"). "Lucian não se fixava num lugar. Ele usava diversos apartamentos, sendo um em Abercorn Place em St John's Wood, que ele dividia com John Craxton, um amigo dele que era pintor", disse ela.

A guerra foi um período estranho para Lucian, com seus pais como imigrantes, e seu recente país de adoção travando combate com sua antiga terra natal. Ele evitava ser recrutado, apresentando-se, quando solicitado, com roupas exageradas e pintando as botas de cor-de-rosa, ou foi o que contou a Victor Chandler mais de trinta anos depois. Assim, ele nunca foi convocado, tendo ido a Liverpool em abril de 1941, para trabalhar no navio mercante SS *Baltrover*. O navio fazia a travessia para a Nova Escócia numa viagem desconfortável num comboio pelo Atlântico Norte. Ele se lembrava de o navio atrás do seu ter sido atingido. "Dois botes salva-vidas escaparam e de repente o navio inteiro explodiu.

Fragmentos da embarcação e fragmentos de gente caíram como chuva por toda parte."

Depois de três meses, Lucian foi dispensado da marinha mercante por invalidez, em decorrência de tuberculose, trazendo de volta consigo uma calça jeans, o que na opinião de Felicity talvez o tenha colocado à frente da maior revolução da moda na Europa. "Até então ninguém tinha visto jeans. Ele foi a primeira pessoa a usar jeans aqui." Seu tempo como marinheiro nem de longe tratou da mera arte de navegar, mas segundo seu amigo, o duque de Beaufort, foi ali que ele aprendeu a se virar sozinho. "A pior coisa na viagem era ele na época ser jovem e supostamente ter uma bela aparência, a ponto de alguns dos marinheiros mais velhos no navio se interessarem bastante por ele, e foi aí que ele disse que aprendeu a se defender."[44]

Em 1943, Felicity alistou-se no serviço feminino da marinha real, e eles nunca mais se encontraram. "Tinha sido um período feliz. Nós éramos bastante ousados sob certos aspectos. Lembro-me de uísques duplos lá no *pub*, todo mundo fumando, até mesmo Lucian e eu. Lucian muitas vezes era bastante maldoso, mas também de uma doçura incrível. Era muito divertido andar com ele, mesmo com sua reputação de arruaceiro. Nós conseguíamos evitar que isso se manifestasse", disse ela.

No mesmo período em que estava com Felicity Hellaby, Lucian também se envolveu com Bettina Shaw-Lawrence, outra jovem estudante de belas-artes que ele conheceu em 1939 no Café Royal, em Regent Street. Ela era um ano mais velha que ele. "Minha mãe disse que conhecia alguns rapazes simpáticos aos quais eu gostaria de ser apresentada", disse-me ela. "Eu tinha voltado de Paris, onde estava estudando, e a guerra mal tinha começado quando ela me levou lá. Havia uns cinco rapazes de Bryanston, entre eles Lucian e alguém chamado David Kentish."[45]

Lucian ficou impressionado com o fato de ela ter estudado com Fernand Léger em Paris. O pai dela, Laurie, era um piloto da unidade aérea britânica na Primeira Guerra Mundial, tendo recebido uma Cruz Militar por sua bravura em combate. Sua mãe era ilustradora e trabalhava para a *Vogue* e para a Selfridges. Com ela e Kentish, outro estudante de belas-artes que mais tarde se tornou ator, Lucian envolveu-se numa rivalidade sexual.

A segurança descarada de Bettina agradava a Lucian, que às vezes gostava de fazer gato-sapato da verdade, rebaixando o status profissional do próprio pai, ao contar a Bettina que Ernst era um representante comercial de pasta de dente.

"Ele podia dizer qualquer coisa, e muitas vezes o fazia", recordou-se Bettina. O trio improvável de Bettina, David e Lucian tornou-se extremamente unido, sendo apelidado de "trio infernal" por Morris e Lett-Haines na escola de belas-artes. Ali ficou estabelecida sua predileção por relacionamentos complexos, em que ele jogava as pessoas umas contra as outras e agarrava o que queria. Oficialmente Bettina era namorada de David, mas Lucian a seduziu. "Ele tinha uma beleza excepcional e um sotaque ligeiramente estrangeiro que era bastante atraente", disse ela. Os dois rapazes acabaram trocando socos, por causa de Bettina. O estopim foi um pulôver azul que David dera a Bettina, mas que Lucian usava. "Eu disse para ele me devolver meu pulôver, e Lucian disse que não, que ia ficar com ele", recordou Bettina. David então interveio, o que resultou na briga. "David e eu fomos expulsos da escola, de algum modo deixando Lucian vitorioso, com o pulôver e ainda com a vaga." Foi ainda mais desagradável para Kentish, na opinião de Bettina, pois seu pai — membro do conselho diretor da escola e admirador do famoso avô de Lucian — subsidiava a anuidade escolar de Lucian em Bryanston.

A amizade entre eles sobreviveu a essa desavença; e em fins de 1939 os três viajaram juntos para Capel Curig no norte do País de Gales, para fugir aos bombardeios. Sua estada de algumas semanas num chalé pequeno foi um pouco tensa. Kentish escreveu a um amigo que tinha pavor "de ficar sozinho com Lucian mesmo que fosse por um período curtíssimo".[46] Ao seduzir Bettina, Lucian tinha feito com que ele se sentisse inseguro. Na escola de belas-artes, Lucian e ela tinham se tornado amantes em segredo. "Lucian atrevidinho", como ela o chamava, deixava bilhetes debaixo do travesseiro de Bettina, com instruções para os dois se encontrarem para "libidinagens secretas" na torre do silo em Benton End. "Eu posso ter sido a primeira namorada de verdade de Lucian. Era engraçado porque, depois do ciúme por conta do pulôver, ele não suportava se sentir excluído. Ele se colocava na posição em que ficava de fora, só para poder invadir e sair vitorioso. Era fascinante como ele às vezes lia poesia para mim, em parte em alemão. É muito possível que eu tenha sido a primeira namorada, porque os rapazes todos tinham acabado de vir para Londres de Bryanston. Foi muito curto e forte. Se houve qualquer outro relacionamento, foi com outro rapaz, e essa era uma das coisas, outros casos estavam acontecendo, como costumam acontecer", disse ela.

Stephen Spender juntou-se a eles nesse interlúdio no País de Gales, que se deu no período que sua segunda mulher, Natasha Litvin, chamou de sua "fase homossexual", que terminou com seu casamento com ela em 1941, como ela sempre insistiu com firmeza. No intervalo entre seu primeiro casamento, com Inez Maria Pearn, e o segundo, com Natasha, Spender tinha pensado em se tornar professor, uma ocupação "preservada", que o eximiria do serviço militar. Com isso em mente, ele tinha dado aulas eventuais em Bryanston e feito amizade com os rapazes do último ano, entre eles Lucian e David Kentish.

John Sutherland, biógrafo de Spender, sugeriu que os relacionamentos de Spender com rapazes jovens seguia um padrão. "Haveria algum 'interesse', seguido — depois de qualquer que tivesse sido o relacionamento — de uma campanha generosa para promover a carreira do jovem. Foi o que aconteceu com Tony Hyndman (sem sucesso), com Reynolds Price (com sucesso) e com seu último grande amor homossexual, Bryan Obst (com sucesso)." Em certo sentido, seu relacionamento com Lucian seguiu o mesmo caminho.

Para Matthew, filho de Spender, desde o momento em que o poeta mais velho e o jovem pintor se conheceram, houve uma vibração sexual entre eles. Stephen estava nitidamente encantado com Lucian — que, dizia ele, "era parecido com Harpo Marx" e era "a pessoa mais inteligente que encontrei desde que conheci Auden em Oxford".[47] Era espetacular seu jeito de ser "retraído", de um modo que fascinava o narcisista Spender. Antes de se desentenderem, Stephen foi muito útil para Lucian, como costumava ser para com rapazes talentosos. Ele, por exemplo, o apresentou a Peter Watson, o próspero *connaisseur* que financiava a revista *Horizon*, do tempo da guerra, e conseguiu "um lugar" para Lucian em suas páginas. Foi um extraordinário impulso para a carreira do precoce pintor de 17 anos, e se tornou a plataforma de lançamento para ele em termos tanto artísticos quanto intelectuais. O editor de *Horizon* era Cyril Connolly; e, embora se tratasse de uma iniciativa muito amadorística, sua administração indicava um discernimento brilhante. "A característica essencial da *Horizon* era o duplo controle", escreveu Connolly. "No papel de Hardy, eu imitava o desespero dele [de Watson]; no papel de Laurel, ele financiava meu otimismo."[48]

Matthew Spender confirmou que "papai sem dúvida o achava atraente [Lucian]. Ele era seu tipo físico: cabelos crespos, ágil, muito insinuante e um interlocutor brilhante. Lucian era muito atraído por homossexuais e tinha muito prazer em provocar os homens, se você me entende, porque você vai ter de lidar com o sadismo quando estiver lidando com alguém como Lucian...

a crueldade, como a de querer que o outro sofresse, mesmo que fosse só para fazer com que abrissem os olhos e ficassem mais atentos, enquanto estavam ali deitados, esperando que o quadro fosse terminado."

Quanto à questão de Lucian e Spender terem tido um relacionamento físico ou não, Matthew declarou: "Não faço a menor ideia. Alguns dos relacionamentos de meu pai com homens foram fortes, mas não físicos. Você vai se divertir tentando destrinchar essa parte da atitude de Lucian em relação ao sexo. Muitos dos quadros dele são bastante cruéis. Essa história de entrar por baixo da pele de alguém e ser destrutivo com ela é algo que você vai precisar pesquisar. Realmente nunca ficou claro o que eles estavam fazendo no País de Gales, além de Lucian desenhar e papai escrever. Eles fizeram juntos um caderno de anotações em que Lucian desenhou e papai escreveu."[49] Virginia Woolf deu sua opinião bastante ácida sobre a aliança Freud-Spender e sugeriu que, passado seu casamento, Spender teria sofrido uma recaída "na depravação" e que ele estaria sendo "sentimental" com Lucian.[50]

Não importa o que tenha acontecido, o mês que Lucian e Stephen passaram juntos no início da guerra consolidou uma amizade mutuamente benéfica. Embora o relacionamento com o tempo viesse a cair por terra, houve um ápice em 1957, quando Lucian pintou o retrato de Stephen, com a presença de Matthew em seu ateliê. "Assisti a várias sessões, junto de meu pai. Lucian fazia perguntas interessantes, bem penetrantes, a seus retratados. Ele tinha uma espécie de sagacidade para dirigir as perguntas mais aguçadas, e eu me lembro de meu pai ir ficando bastante empolgado com a conversa. A pintura demorou muito para deslanchar; e então, quando se aproximou o prazo de uma mostra, ele foi terminado de repente. Papai então quis comprá-lo por £500, um valor altíssimo na época. Dava para comprar uma casa com ele. Felizmente, Michael Astor interveio e o comprou em nome de papai. A ideia era que Michael acabasse por deixá-lo para papai", disse ele.

Tanto o retrato como o caderno de anotações haveriam de ter um papel no término da amizade entre eles. Após a morte de Michael Astor, sua viúva, Judy, levou o retrato para que Lucian atestasse sua autenticidade, mas, em vez disso, Lucian abruptamente acusou Astor de ter retocado a parte inferior do retrato, destruindo-o. Em consequência disso, Lucian não quis reconhecê-lo, mas disse que o compraria de Judy Astor, por uma fração do preço. "Naquela época, já era bem conhecida a reputação de Lucian de agir com uma dissimulação incrível quando se tratava de sua própria obra. Por isso, ninguém lhe deu atenção. Lucian devia ter ouvido uma antiga história de um quadro de outro pintor que Michael tinha retocado. Quando Lucian acusou Michael, a possibilidade era plausível, mas não era verdadeira, pois Michael jamais teria feito alterações na obra de Lucian. Foi um tipo de golpe baixo", sugeriu Matthew. No final, o quadro foi posto à venda, mas nunca chegou à propriedade de Stephen, que tinha sido a intenção original no oferecimento de Astor para financiar a compra. O caderno de anotações também desapareceu misteriosamente, e Stephen tinha a convicção de que o caderno fora roubado por Lucian depois de uma visita. Os desenhos foram recortados e mais tarde vendidos por Lucian.

Existe pouca documentação do relacionamento entre Freud e Spender, mas algumas cartas de natureza íntima, de Lucian para Stephen, foram preservadas, segundo duas fontes próximas a Lucian. "Elas incluem desenhos e texto, e permanecem guardadas. Stephen talvez tenha destruído todas as outras cartas, pois estava realmente furioso com Lucian", disse uma fonte. Quanto à correspondência secreta preservada, "elas poderiam ser cartas de amor, mas não do tipo que diz 'quando vamos nos ver de novo?' ou 'estou louco para estar com você'", disse uma pessoa que as tinha lido, mas preferiu se manter anônima.

Através de Lucian, Stephen entrou em contato com outros membros da família Freud, especificamente Ernst. Era às vezes uma amizade baseada numa atitude de divertimento leve bem como numa séria admiração pela arte e pela literatura. Por exemplo, Stephen e Lucian gostavam de fingir que eram "dois velhos judeus, Freud e Schuster [nome de solteira da mãe de Spender, que era meio judia]".[51]

Em janeiro de 1942, instigado por Lucian, Stephen — que àquela altura já estava casado com Natasha e trabalhando no Serviço Nacional contra Incêndios — fixou residência na casa de Sigmund em Maresfield Gardens, 20. Lucian usava como ateliê o maior aposento no apartamento de quatro cômodos ("cheio de aves mortas", como Stephen se recordou mais tarde). Na irresistível biografia de autoria de Sutherland, há uma fotografia de Stephen e Lucian no telhado, junto com Tony Hyndman (que na época trabalhava na *Horizon*, por indicação de Stephen).

Tudo o que posteriormente Natasha diria sobre Lucian a Sutherland foi que ele era "muito complicado". A atitude de Lucian foi de uma agressividade especial, ao me dizer que ele simplesmente a odiava. Por sua vez, Natasha não teve nenhum tipo de contato com ele durante os 12 anos em que John Sutherland a conheceu. Lucian foi veemente ao rejeitar qualquer sugestão por parte de Natasha de que, como o caderno continha material de autoria de Stephen, o espólio de Spender tinha uma participação nele. Natasha permaneceu indignada com a questão da propriedade do retrato de Stephen pintado por Lucian, agora na National Portrait Gallery, pelo fato de ele não ter sido passado para a família Spender quando da morte de Michael Astor.

A amizade entre Spender e Freud foi se extinguindo com o tempo, já que em seus últimos anos de vida Stephen evitava estar com Lucian a qualquer preço. Uma de suas desavenças surgiu a partir do desaparecimento de outro quadro de Lucian, que era da propriedade de Stephen. Ele tinha ficado pendurado, juntando poeira, na casa de Spender por muitos anos, e então, depois de uma noite em que Lucian foi jantar lá, o quadro sumiu. "Mais tarde foi vendido por um valor altíssimo", disse Matthew, descrente da defesa padrão de Lucian, de que qualquer coisa que dissesse ou fizesse era defensável porque sempre estava apenas sendo verdadeiro. "Dá para eu ouvir seu desdém, daquela sensação de estar dominado pela Sociedade, ou em servidão a ela; com ele sempre se saindo impune, enquanto todas as outras pessoas eram comuns e cúmplices. Essa era sua visão. Sua escala de valores era absolutamente implacável. Ele ansiava por ser independente de todos e não se sentir preso a nada — tudo supostamente em nome da verdade. Mas não se pode tratar os outros desse jeito. Não se pode mudar as regras no meio do jogo."

De volta à escola de belas-artes, depois das férias no País de Gales, Bettina, David e Lucian frequentavam aulas com modelo-vivo pela manhã, para as quais Lucian também posou. O desenho de Bettina de um Lucian aparentemente nervoso, quase nu, protegendo-se com recato, ainda existe. "Ele ficou tão constrangido com aquilo tudo que se recusou a tirar a cueca", disse ela. Bettina lembrou-se de um dia estar subindo a ladeira com ele e de ter encontrado a prostituta do lugar, de salto alto, numa bicicleta masculina, à procura de clientes.

Lucian dava a Bettina vales para a compra de roupas, que eram muito procurados por causa do racionamento dos tempos de guerra. "Comprei um bonito vestido de verão e sandálias. Usei-os para ir à casa dos Freud, onde fiquei e comi pêssegos em lata. Não havia ninguém lá; seus pais tinham saído. Não houve nada que não fosse agradável. Nós não estávamos apaixonados, mas fomos amantes, por um curto período. Não havia do que nos envergonharmos. Havia um celeiro simpático em Benton End, onde fazíamos amor e depois ficávamos assistindo aos combates aéreos no céu."

Ao romance de Bettina com Lucian somou-se uma complicação, quando ela se apaixonou por outro rapaz, Nigel MacDonald, um adolescente que tinha sido acolhido por Peter Watson. Nigel, Bettina e Lucian fizeram uma viagem à Escócia (com recursos dados por Watson), e nessa viagem Lucian produziu um dos seus desenhos mais memoráveis de paisagem, *Loch Ness Drumnadrochit*, "um bico de pena obsessivo", na opinião de Bettina. Ele apresenta um vasto panorama em detalhes primorosos; mas era um beco sem saída para seu desenvolvimento artístico. "Estou hospedado numa espelunca de luxo, da alta-roda, tudo arrumadinho, para senhoras de idade", escreveu ele para sua amiga Elsie Nicholson.[52] O trio era um perfeito espetáculo no Drumnadrochit Hotel. Bettina usava um *kilt* com a estampa escocesa Ross e um chapéu vermelho de tirolês com duas penas, o cabelo preso em marias-chiquinhas; Lucian usava calças de tecido escocês, que, como disse a Bettina, ele tinha obtido no bar do Ritz numa troca das suas próprias com as de um soldado de um regimento escocês; e Nigel também usava um *kilt*. Lucian estava fazendo experiências com as duas coisas que o obcecavam e definiram o resto de sua vida: a pintura e as mulheres. Era uma preparação para o caso mais tórrido de sua vida, que o deixou totalmente arrasado.

5. Obsessão

A primeira vez que Lucian se apaixonou foi por Lorna Wishart. Ela tinha cabelos escuros, era 11 anos mais velha que ele e vinha de uma família com uma reputação de libertinagem. Ela estava mais do que à altura dele, e o caso deixou cicatrizes. "Eu nunca tinha me apaixonado por ninguém — foi com ela que uma garota realmente significou algo para mim", recordou-se ele durante um café da manhã no Clarke's, quase setenta anos depois de conhecê-la. Ela era "muito, muito impetuosa, sem qualquer tipo de inibição ou respeito a convenções sociais, e eu realmente fiquei amarrado nela".

Em 1942, Lucian estava com 19 anos, sem dinheiro e em busca de seu caminho como artista, depois de uma educação cheia de altos e baixos. Ela estava com 31, era casada, rica, bonita, sofisticada, aventureira, dirigia um Bentley, lia T. S. Eliot e Rilke; e, com um marido tolerante, aparentava não se submeter a restrições morais. Ele ficou fascinado por essa sereia de olhos hipnóticos e a pintou duas vezes, como *Woman with a Tulip* [Mulher com uma tulipa] e *Woman with a Daffodil* [Mulher com um narciso], os dois terminados em 1945. São quadros significativos porque, com eles, uma noção de tormento, desconforto e inquietação psicológica foi introduzida em sua obra. Ele estava no limiar de seu período "perturbador" ou "alucinante", que levou Herbert Read, o crítico e cofundador do Institute of Contemporary Arts, a descrevê-lo como "o Ingres do existencialismo". Foi um elogio que agradou a Lucian, por ser Ingres um dos pintores que ele mais admirava. Os dois quadros são diretos e primitivos em termos desafiadores, mas a intensidade de seus sentimentos por Lorna está capturada de modo espantoso. *Woman with a Daffodil* é um quadro diminuto, quase apertado no tamanho, e é severo, até mesmo estranho, em sua reprodução de Lorna com seus olhos castanhos semicerrados, olhando de soslaio para a flor deixada numa superfície azul. A paleta é de cores bastante pálidas à exceção do amarelo vibrante da flor cortada. Lorna está ligeiramente abatida e muito diferente das fotografias que existem dela, em que aparece mais bonita. Um retrato mais favorecedor é *Woman with a Tulip*, com a modelo com os olhos mais abertos, numa composição idêntica. "Nós, mulheres da família Garman, todas temos esses olhos", disse Anna, sobrinha de Lorna. "Eles prendem a atenção das pessoas. São muito grandes. '*Ils dévorent sa figure*'[Eles devoram seu rosto], como uma francesa disse dos meus. Parecem deixar as pessoas (não só os homens) meio abobadas. Sei que isso acontecia com Lorna."[53] A presença de Lorna nesse quadro tem uma força assombrosa.

Na velhice, rememorando o passado, Lucian considerou esse seu tempo com Lorna de grande importância para sua vida interior bem como para sua pintura. "Eu me interessei mais pelo modelo do que me interessava antes", disse ele.[54] "Estava sempre querendo avançar e não me sentir preso pelo que estava fazendo. Eu nunca diria de modo consciente que esse era um novo estilo, mas percebia que o que estava fazendo precisava sempre me parecer novo." Nessas telas iniciais, sua arte parecia de origem germânica, com os críticos chamando a atenção para a influência de Otto Dix ou dos pintores da *Neue Sachlichkeit* [Nova Objetividade], como Christian Schad. Lucian minimizava qualquer coisa que fosse alemã; ele estava mergulhando rápido na vida inglesa, e Lorna representou uma etapa importante.

Nascida em 11 de janeiro de 1911, a mais nova de sete irmãs, Lorna tinha dois irmãos que eram igualmente dissolutos e indecentes. Sua data de nascimento, 11/1/11, era como uma sequência mágica para Lucian, e ela parecia ter poderes de encantamento. "Mágica" era a palavra usada repetidamente por seus contemporâneos.[55] As Garman foram descritas em termos evocativos por sua perspicaz biógrafa Cressida Connolly como "musas autorizadas". Elas não faziam parte do círculo de Bloomsbury* nem dos *Bright Young Things*;** estavam ao mesmo tempo dentro e fora da sociedade, afirmou ela, nunca permitindo uma definição fácil, mas demonstrando rebeldia contra a moralidade da classe média. A cruzada delas era em nome da arte pela arte.

As irmãs abriram um caminho através do mundo boêmio. Kathleen teve três filhos com o escultor Jacob Epstein; Mary casou-se com o poeta sul-africano Roy Campbell e se tornou amante de Vita Sackville-West; Sylvia era uma lésbica, magra como um palito, que usava um boné de piloto e talvez tenha sido a única amante do sexo feminino de T. E. Lawrence; Helen lutou na resistência na França durante a Segunda Guerra Mundial, e era lendária por sua devassidão. A mais bonita era Lorna. Na opinião de seus contemporâneos, havia um glamour hollywoodiano nessa sedutora de olhos castanhos, que mudou a vida de todos os que sucumbiram ao seu fascínio. As irmãs Garman "criavam uma magia que às vezes podia ser destrutiva", admitiu seu sobrinho Sebastian.[56]

Notavelmente precoce, aos 16 anos, Lorna tinha se casado com Ernest Wishart, um rico editor de esquerda, de 25 anos, que

---

* Influente círculo de escritores, artistas e intelectuais da primeira metade do século XX, associado ao bairro de Bloomsbury em Londres. [*N. da T.*]
** Nome dado ao grupo de jovens aristocratas e colunáveis que se dedicavam a festas e farras, no período posterior à Primeira Guerra Mundial. [*N. da T.*]

ela, com apenas 14 anos, seduzira num monte de feno, quando ele veio se hospedar com sua família. Ele era amigo de seu irmão Douglas, um filiado ao Partido Comunista, sendo secretário de Educação do partido. Ernest tornou-se seu passaporte para sair de Herefordshire e entrar no mundo dos ricos. Ele era proprietário da Lawrence & Wishart, a editora antifascista (da qual Douglas era um dos diretores) que imprimia a literatura do Partido Comunista.

O marido de Lorna, que era mais velho, a adorava, mas parecia aceitar que ela tivesse casos, por ela ter se casado com ele muito jovem. Lucian, porém, estava longe de ser seu primeiro amante. Cinco anos antes, em 23 de agosto de 1937, Lorna tinha avistado um rapaz em pé, sozinho, com um violino, na praia em Gunwalloe no litoral da Cornualha, e lhe dera uma ordem: "Garoto, venha tocar para mim." Foi o início de um caso de amor escandaloso com Laurie Lee, com quem ela então teve um filho que morava com ela e com o marido sempre generoso, extremamente tolerante.

Lorna era realmente extravagante: bebia Guinness no cabeleireiro, pintava paisagens ao luar e saía cavalgando pela madrugada, abafando o som dos cascos do cavalo com panos amarrados nas patas, para não acordar as pessoas no lugarejo. Seu cavalo preferido também ganhava cerveja preta. Ela apanhava vaga-lumes e os colocava em copos de vinho, tampados com folhas de parreira para fazer lanternas. Mergulhava nua em lagos, fazendo com que outros se juntassem a ela. Era uma musa que representava um desafio para qualquer tentativa de definição: amante do críquete, leitora voraz e figura de beleza etérea.

Sob certos aspectos, era improvável que ela viesse a ser uma sedutora. Seu pai, Walter Garman, tinha sido um médico devotadamente cristão, da mesma forma que seu avô. Walter estudara medicina em Edimburgo e Heidelberg, sendo respeitado em Wednesbury, Staffordshire, lembrado, entre outras coisas, por ter introduzido na região sanitários providos de descarga, que salvaram muitas pessoas do cólera-morbo e da febre tifoide. Ele caçava raposas com cães e morava em Oakeswell Hall, uma casa de campo em estilo jacobino, e se manteve fiel no casamento com Marjorie, que lhe deu seus nove filhos entre 1898 e 1911. Sua esperança era de que suas filhas se casassem com ministros da Igreja anglicana, mas elas preferiram dar trabalho. E isso interessava a Lucian.

A indiferença de Lorna pelos códigos de comportamento convencional o deixava enlevado. "Quando Lorna descobriu seus poderes, uma comporta se abriu. Ela era indomável; era desregrada", disse sua filha Yasmin, muitos anos depois.[57] *Woman with a Tulip* mostra os grandes olhos amendoados de Lorna. O sentimento de Lucian por ela tornou-se uma obsessão. "Sob todos os aspectos, fui conquistado. Era muito empolgante", lembrou-se ele. Mas ela não era nenhuma inocente, e os dois acabariam feridos. "Na realidade, ela era amoral, mas todos a perdoavam por ela dar tanta vida a tudo", lembrou-se sua filha Yasmin.[58]

Lucian conheceu Lorna em 1942 em Southwold, Suffolk, onde seus pais tinham uma casa de verão não longe de onde os Wishart alugavam uma casa de praia de madeira todos os anos. (É a ambientação do romance *Sea House* [Casa do mar] de Esther, filha de Lucian.) Mesmo naquela época era impossível deixar de percebê-lo. "Pessoas que conheceram Freud na adolescência reconheceram sua força: esperto, perspicaz, ágil, com um toque ameaçador", relembrou o crítico de arte Lawrence Gowing.[59]

David Carr, seu colega e "cúmplice" no incêndio da East Anglian School of Painting and Drawing, também tinha sido amante de Lorna. Ele levou Lucian numa visita de alguns dias a Suffolk. Quando começou seu caso com Lucian, em 1943, ela simplesmente trocou um amante pelo outro. John Craxton recordou com nitidez o caso dos dois:

Lucian era um verdadeiro astro, muito, muito bonito, espirituoso, engraçado, inteligente, uma companhia divertida. Não era nem inglês, nem alemão. Considerava o inglês muito exótico. Era um desenraizado; não se sentia preso pelas convenções. Era muito livre. E ela também. Lorna era uma companhia das mais fantásticas, incrivelmente divertida e de uma beleza arrebatadora: ela podia deixá-lo petrificado com um olhar. E tinha qualidades profundas. Não era volúvel; não era superficial de modo algum. Lorna tinha uma espécie de mistério, uma qualidade interior mística. Qualquer rapaz a teria desejado.[60]

Durante seu caso, Lucian estava alugando um apartamento em Delamere Terrace, em Paddington, muito perto do Regent's Canal. Ele ficava "ao norte do parque", expressão da qual Lucian se lembrava, com sua insinuação esnobe de que qualquer lugar ao norte de Hyde Park era uma Sibéria em termos sociais. Tratava-se de uma vizinhança pobre e abandonada, mas com belas casas em estilo georgiano. Ela combinava com Lucian. Havia disposição de ânimo para agarrar a felicidade que surgisse, já que a guerra interrompia cedo tantas vidas. "Delamere era um exagero, e eu tinha consciência disso. Havia uma espécie de elemento anárquico, de ninguém trabalhar para ninguém", disse ele.[61]

Uma feroz rivalidade em relação a Lorna surgiu entre Laurie Lee e Lucian, que terminou em violentas recriminações e ciúme por parte dos dois homens. Lee descreveu como Lorna sempre deixava uma marca, "uma marca sombria, sua pegada de pantera, a voz cheia de segredos almiscarados, seus membros se desenroscando em leitos de luar".[62] Os dois estavam presos numa armadilha, indefesos. Lee odiava seu rival mais jovem, descrevendo-o como "sinistro e com aparência decadente". Ele demonizava Freud e escreveu em seu diário: "Esse garoto louco e desagradável atende a uma espécie de desejo mórbido que ela tem pela depravação. Ela não sabe quanto tempo vai durar. Gostaria de se livrar disso, mas não consegue. Nesse meio-tempo, diz que me ama. Ai, não consigo pôr em palavras as profundezas absolutas às quais isso me levou. (...) Rezo para que ela supere essa fase, mas não sei. Não sei. Ela é bastante carinhosa comigo, mas é devastadora com suas ternas confissões. Ela o procura, quando eu anseio por ela, e o encontra na cama com um amigo. Fica enojada, mas ainda assim volta a estar com ele."[63] Esse registro foi mostrado a Lucian quando foi publicado, e ele se "deliciou com ele". Valerie Grove, biógrafa de Lee, disse que estava claro que "ele gostava de ser visto como um rapaz de má reputação, um verdadeiro boêmio".[64]

O apaixonado caso de amor entre Lucian e Lorna praticamente empurrou Lee para a ideia do suicídio. No dia 12 de setembro de 1943, ele escreveu: "Toquei meu pescoço com uma navalha. Houve uma explosão de luz ofuscante, uma sensação de que o lado bom da vida me chamava. Larguei a navalha, pus a cabeça entre as mãos e chorei convulsivamente como não fazia desde criança."[65]

A rivalidade culminou numa briga diante de Lorna num ponto de ônibus em Piccadilly. Lucian ganhou a briga, mas foi Lee que levou Lorna para casa naquela noite. Ela pediu a um soldado que passava por ali que separasse os amantes engalfinhados, mas ele deu uma olhada para ela e declarou, "Calculo que você seja o problema", e seguiu seu caminho. Lorna mais tarde disse a um Lee transtornado, sentado na cama com ela: "O problema é que ele está se apaixonando por mim. Não é justo de minha parte, eu sei."[66] Lucian tinha conquistado seu coração. O caso de seis anos com Lee estava terminado.

O fim foi doloroso para Lee, que recebia por conta-gotas mensagens conflitantes de esperança e desesperança. "Ela não sabe quanto tempo vai durar. Gostaria de se ver livre, mas não consegue. Nesse meio-tempo diz que me ama", escreveu ele. Lee se angustiava diante de como Lorna tinha mudado e agora estava "aérea, distante e impiedosa". Ele tinha dedicado a ela seu primeiro livro de poemas *The Sun My Monument* [O sol meu monumento], e sua paixão por ela nunca acabou, tendo usado o anel dela com sinete em seu leito de morte.

Lorna agora passava a semana com Lucian no apartamento em Delamere Terrace, e voltava para Ernest nos fins de semana.

Seu filho, Michael, que nasceu em 1928, um ano após o casamento dela, costumava acompanhá-la, dormindo no assoalho do apartamento de Lucian. Ela alimentou a imaginação de Lucian, comprando para ele uma cabeça empalhada de zebra de um taxidermista em Piccadilly, que ele então pintou como um objeto um tanto surreal, com listras vermelhas e creme em *The Painter's Room* [A sala do pintor] (1944). A cabeça olha a partir de uma janela para dentro de uma sala em que uma cartola e uma toalha vermelha foram largadas em um carpete marrom diante de um sofá que parece ter apenas dois pés. Há uma sensação de Magritte, que se infiltra nessa sala londrina, mas também certo ar de artificialidade. Lorna comprou o quadro por £50 na primeira mostra individual de Lucian, na Lefevre Gallery, em 1944. Ela também lhe deu uma garça morta que ele transformou num de seus quadros iniciais mais extraordinários, *Dead Heron* [Garça morta] (1945). Nesse quadro, ele demonstrou uma nova segurança e noção de aventura e experimentação. Ele usou a cabeça empalhada de zebra outra vez em *Quince on a Blue Table* [Marmelo numa mesa azul] (1943-4), em que a cabeça da zebra se projeta da parede, um objeto singular e estranho numa Londres submetida a racionamentos pela guerra, onde a impressão era a de que não existia quase nada exótico ou mesmo colorido.

Seu caso terminou como tinha começado, com uma infidelidade — só que dessa vez por parte de Lucian. Lorna descobriu cartas de amor no ateliê dele e reagiu com histeria. Em suas memórias,

High Diver [Mergulho em altura], Michael Wishart descreveu a mulher que roubou o lugar de sua mãe, uma atriz que Lucian avistou quando ela descia a escada no Gargoyle Club, aonde ele gostava de levar Lorna. (Michael adorava essa boate de má fama. "Uma noite vi Dylan Thomas medindo o pau com uma régua de bolso, enquanto era observado atentamente por algumas senhoras amantes de poesia.") A respeito da atriz, ele escreveu que ela era "tão bonita quanto seria possível alguém ser (...) num irresistível vestido vermelho, com as madeixas louras esvoaçantes". Ele não mencionou seu nome. Até mesmo em 1977, mais de trinta anos depois, Lucian impedia com fanatismo que qualquer informação sobre esse caso se tornasse pública. Ele detestou o livro de Michael Wishart, descartando-o, furioso, como ficção. Em seus últimos anos de vida, porém, ele confirmou que a mulher do vestido vermelho era Pauline Tennant, uma das atrizes de maior glamour de sua geração. Nascida em 1927, ela era cinco anos mais nova que Lucian, e o conheceu por intermédio de seu pai, David Tennant, dono da boate Gargoyle.

A gota d'água foi quando Lorna ligou para o ateliê de Lucian. Terminada a chamada, ele não pôs o fone direito no gancho, e ela ouviu Pauline lhe perguntar quem tinha ligado. "Ninguém", respondeu ele. Ao ouvir isso, Lorna abruptamente terminou com ele. Lucian ficou fora de si e se determinou a reconquistá-la, dirigindo-se para Sussex, onde se hospedou com seu amigo e benfeitor Peter Watson. De lá, Lucian, com uma arma, foi a Binsted, lugarejo onde Lorna morava. Ele ameaçou matá-la ou a si mesmo, se ela não voltasse para ele. Ficou parado entre os repolhos da horta e atirou para o alto. Mais tarde, montado em pelo num grande cavalo branco, entrou no campo acima do gramado e, como um ídolo de Hollywood da década de 1930, empinou o cavalo diante da casa, onde ela pudesse vê-lo. Foi dramático, mas era tarde demais. Lorna ficou ferida pelo comportamento de Lucian, mas, como boa garota Garman, deu a perfeita última palavra: "Eu achei que me absteria de você por um tempo, mas vai ser para sempre."

Pouco depois, Pauline Tennant, com apenas 19 anos, casou-se com o antropólogo Julian Pitt-Rivers, encerrando precocemente sua carreira de atriz quando ele se tornou tesoureiro do rei do Iraque. Seu papel de maior projeção foi o da jovem condessa no filme *The Queen of Spades* [A rainha de espadas] de 1949. Os recém-casados escandalizaram Bagdá por um curto período quando compareceram a uma festa à fantasia caracterizados como Oscar Wilde e seu amante lorde Alfred Douglas. O casamento terminou em 1953. Lucian posteriormente admitiu lamentar ter se envolvido com ela — "era atriz demais" — por ter sido isso que provocou o fim de seu relacionamento com Lorna.

Todos os três do triângulo amoroso original foram gravemente atingidos pelas consequências da infidelidade. "Não me faça querê-la tanto, que eu não possa ter paz, sempre pensando tanto em você — Quero conseguir voltar a viver em paz", escreveu Laurie Lee, a quem ocorreram pensamentos de matá-la tanto quanto de matar a si mesmo. Lorna tinha contaminado a vida dos dois amantes. "Lucian estava realmente apaixonado por ela, mas ela nunca voltou para ele", lembrou-se John Craxton. "Ele me disse que nunca, nunca ia amar uma mulher mais do que ela o amasse, e acho que nunca amou outra vez. De fato, ele jamais se esqueceu dela. Escrevia cartas dizendo: 'Ainda amo Lornie e sinto falta dela.' Ela era uma musa, uma verdadeira musa no melhor sentido possível."[67]

Anos mais tarde, Lorna encontrou-se com Pauline e não demonstrou raiva nem ressentimento. Elas conversaram sobre quem tinha escrito na parede abaixo da cama elevada em Delamere Terrace alguns versos de Shakespeare sobre estar impotente e escravizado a quem se ama. Lorna admitiu que tinha sido ela. Quando Pauline perguntou a Lorna por que ela estava sendo tão gentil, Lorna respondeu: "Porque você me salvou de uma terrível obsessão."

E salvou mesmo. Lucian parecia ser incapaz de se dedicar a qualquer mulher. Ele adorava mulheres, mas nunca o suficiente para ficar com apenas uma. O presente dominava tudo, de modo que quem quer que estivesse com ele ou qualquer coisa que ele estivesse pintando no momento era tudo o que importava. Entretanto, apesar de viver no presente, ele nunca assumia a responsabilidade de relacionar o presente ao futuro.

Ele insistia em que ninguém questionasse ou soubesse o que ele fazia, e nunca se arrependeu de seu egoísmo. "Eu jamais quis que outros soubessem onde eu estava ou o que estava fazendo com qualquer pessoa", disse ele. Uma amante abandonada disse: "Ele já tinha saído em disparada e deixado a cena quando todos ainda comentavam o que ele tinha feito. Lucian já estava antenado no próximo passo. Nunca se detinha para ver as consequências, nem para se desviar delas se pudesse."

Houve quem aventasse a hipótese de que ele teria cicatrizes decorrentes da fuga da família de um regime opressor e assustador. Tanto Lucian como seu colega exilado Frank Auerbach decidiram resolutamente sempre olhar para o futuro, não se dispondo a refletir sobre sua escapada do Holocausto. ("É claro que estou em negação", admitia Auerbach prontamente.) Também Lucian precisava lidar com o legado de ter se livrado do extermínio principalmente graças à genialidade e fama de seu avô. A sensação de ser um forasteiro à força, um estrangeiro, para quem o fato de ser judeu já bastava para lhe garantir uma pena de morte na Alemanha, fazia com que ele sentisse haver uma diferença fundamental entre ele e a maioria das pessoas que conhecia em seu país de adoção. Ela reforçava seu desejo de fazer parte da Inglaterra, mas também de permanecer separado, embora em geral hostil à grande parte do que se relacionasse com a Alemanha. Mais uma explicação para o egoísmo que impregnou muitas áreas de seu modo de vida peculiar foi a simples necessidade que ele tinha de escapar da curiosidade sufocante da mãe. Qualquer que tenha sido a causa psicológica, ele continuou a sentir uma obsessão pela independência e pela privacidade.

6. Legado de Lorna

Grande parte da vida de Lucian deriva de seu relacionamento com a fascinante Lorna Wishart. Ele deflagrou um modelo de casos imbricados, que se repetiu ao longo de toda a sua vida. Como numa farsa, amantes, modelos, desconhecidos e seus próprios filhos passavam por suas portas giratórias em constante movimento, muitas vezes sem se dar conta uns dos outros, mas gerando repercussões prejudiciais quando isso acontecia. Ele era a única pessoa que conhecia o elenco completo dos personagens que entravam e saíam de seu ateliê ou de seu quarto. Quando o enredo engrossava demais, o menor conhecimento entre eles se revelava algo perigoso, causando rivalidades, ciúme, competição e brigas violentas.

Pouco depois do rompimento, ele começou um caso com a sobrinha de Lorna, Kitty Garman. Eles foram apresentados por Lorna em 1946 e se casaram dois anos depois. Kitty era filha ilegítima da irmã de Lorna, Kathleen, e de Jacob Epstein, o escultor nascido nos Estados Unidos. Kathleen era amante de Epstein desde 1921 e foi mãe de três dos filhos dele. A mulher de Epstein, Margaret, tolerava a maioria de suas infidelidades, mas explodiu de raiva e ciúme por causa de Kathleen, tendo lhe dado um tiro no ombro com uma pistola de cabo de madrepérola em 1923. O incidente ocorreu depois de ela ter incentivado Epstein a ter múltiplos casos, na esperança de que ele se cansasse de Kathleen e voltasse para ela. Em 1955, oito anos depois da morte de Margaret, em 1947, Kathleen tornou-se Lady Epstein e sua única herdeira, o que finalmente a salvou da penúria.

Kitty nasceu Kathleen Eleonora Garman no dia 27 de agosto de 1926. Sua infância foi caótica e turbulenta. Em vez de morar no precário ateliê de sua mãe em Bloomsbury, ela foi despachada para morar com sua avó materna, Margaret, em Hertfordshire, e posteriormente em South Harting, Sussex. Margaret e sua companheira, a ex-governanta Toni Thomas, instilaram na criança um amor permanente pelos livros e pela natureza, enquanto Lorna e Ruth, as tias mais velhas de Kitty, se tornaram suas mentoras.[68] Na década de 1940, ela estudou pintura na Central School of Arts and Crafts em Londres, que Lucian também tinha frequentado, mas abandonou temporariamente suas ambições artísticas quando o conheceu.

Até então, Lucian era conhecido principalmente por seus desenhos e queria modificar essa percepção. "As pessoas achavam, diziam e escreviam que eu desenhava muito bem, mas meus quadros eram lineares e definidos por meu desenho", ressaltou ele mais tarde. "[Diziam que] dava para se ver como eu era bom desenhista a partir de minha pintura. Nunca fui de me deixar influenciar pelo que escreviam, mas achei que, se houvesse alguma verdade naquilo, eu precisava parar." Em consequência disso, ele alegou ter abandonado em grande parte o hábito de desenhar.[69]

Kitty aparece em *Girl with a Fig Leaf* [Garota com uma folha de figueira], *Girl in a Dark Jacket* [Garota de casaco escuro] e *Girl with a Kitten* [Garota com um gatinho], todos executados em 1947. Ela também é o modelo de *Girl with Roses* [Garota com rosas] (1947-8) e *Girl with a White Dog* [Garota com um cachorro branco] (1951-2). Neste último, Kitty está sentada, com um bull terrier branco, descansando sobre sua perna; um roupão escorrega de seus ombros, revelando seu seio direito. Esse é um quadro significativo, pois assinala uma mudança no estilo, tão diferente das pinturas ingênuas e chapadas de Lorna. Esse é o início de Freud como pintor de retratos nus, muito embora Kitty esteja quase totalmente vestida, e é também um passo na direção do realismo. O seio de Kitty é notável por ser reproduzido de uma forma tão convincente, fazendo com que o observador sinta que invadiu um espaço muito pessoal. Ela parece tranquila e contente, com a aliança visível, assim como seu sinal de nascença na mão direita. Esse sinal era algo que no passado a embaraçava, mas que com o tempo ela aprendeu a valorizar como marca de sua identidade. É um retrato de uma mulher adulta, não da garotinha assustada por quem Lucian tinha se apaixonado. Não há nenhum esforço de retocar qualquer de suas feições: seu rosto está mais largo, e rugas estão começando a surgir, enquanto em seu seio nu um sinal escuro é mostrado desafiadoramente. Há uma noção de amadurecimento nesse quadro da mãe de suas duas filhas, como se ele por fim estivesse começando a entender como pintar a beleza e a sensualidade de uma mulher. A mecha solta na testa dela confere um realismo informal à sua aparência, enquanto o cachorro, feliz, descansa a cabeça em sua perna. Ele é também significativo como o primeiro quadro de um cachorro com um ser humano, um *leitmotiv* que haveria de pontuar sua obra até sua última tela.

Lucian estava se revelando bastante promissor como retratista em suas pinturas de Kitty, depois de abandonar o elemento de caricatura à espreita em seus quadros de Lorna. Estava também desenvolvendo um interessante vocabulário surrealista, criando seu próprio estilo, e começava a ganhar acesso aos níveis superiores dos mundos artístico e social. Como era atraente e carismático, aonde quer que ele fosse, alguém queria conhecê-lo. Ele se valia de seu charme e aparência, mas era muito mais seu talento que parecia de certo modo mágico. Spender, Cyril Connolly e Lady Rothermere foram apenas alguns dos muitos personagens poderosos da elite cultural que o procuraram. Ao mesmo tempo, Lucian mantinha suas ligações com as camadas inferiores, mais criminosas, da sociedade. Nessa vida dividida entre as classes alta e baixa que ele apreciava, um elemento conferia sentido ao outro para aquele britânico de origem estrangeira que gostava de evitar ser definido. No entanto, a atenção que ele atraía nem sempre era favorável. O jornalista Quentin Crewe descreveu-o nessa época como "um homem nervoso cujos olhos saltam de um lado para outro como pulgas numa caixa de rapé".[70]

Lucian e Kitty moravam principalmente em Maida Vale, onde se encontravam muito com Cyril Connolly e Francis Bacon, e a complexidade de sua vida pessoal continuou a ser extraordinária. Em 1948, ano em que se casou com Kitty e também em que sua primeira filha, Annie, nasceu, ele conheceu Anne Dunn, a filha do industrial e financista canadense, sir James Dunn. Ela era uma pintora carismática e deslumbrante, de 18 anos, com quem ele viria a ter um caso intermitente ao longo dos 25 anos seguintes. Uma vez, no ateliê de Lucian, Anne ficou impressionada com alguns quadros que viu empilhados por lá, pintados pelo filho de Lorna, Michael. Dois anos depois que Lucian começou o caso com Anne, ela se casou com Michael, e Michael então lhe confessou que tinha tido um relacionamento sexual passageiro com Lucian. Para fechar o círculo, Kitty mais tarde revelou a sua filha Annie que tinha tido um caso com Laurie Lee, rival de Lucian e ex-amante de sua tia Lorna. (Em 1950, Lee casou-se com a sobrinha de Lorna, Catherine Polge, filha de Helen Garman.)

De Lucian, Anne Dunn disse: "Ele era totalmente irreprimível. Atacava qualquer um e qualquer coisa." Mas ela nunca se arrependeu. "Ele era tão cheio de vida. Era como a própria vida, vibrando com energia. Era o que eu sempre tinha procurado e nunca voltei a encontrar."[71] Quando perguntei a Lucian o que ele fazia nesse período, quando não estava pintando, ele respondeu com ironia, atenuando os fatos: "Bem, havia as garotas."

Para Anne, sua apresentação a ele começou, como era tão frequente naquela época, com uma dança, quando ele a abordou e a convidou para dançar na Antilles, mais uma boate do Soho. "Ele se movimentava de uma forma louca, de repente abaixando-se de joelhos e deixando a parceira sem saber para onde se virar", recordou-se ela, rindo, mais de sessenta anos depois que os dois se conheceram. A própria Anne, que morava com a mãe em Belgravia, estava então noiva "quase por acidente, de Jasper Sayer. Fiquei tão surpresa ao ser pedida em casamento que respondi sim e depois tive uma dificuldade enorme para me livrar do compromisso".[72] A irmã de Jasper, Honor, tinha sido a primeira a mencionar um pintor chamado Lucian, plantando a primeira semente de interesse. "Eu já o tinha percebido no Gargoyle Club, apreciado suas manobras, e tinha ouvido falar nessa tigresa com quem ele estava envolvido, chamada Lorna."

"Vamos nos encontrar amanhã no Café Royal", disse-lhe Lucian na Antilles. Depois do almoço no dia seguinte, eles foram direto para Delamere Terrace e consumaram o caso.

A extensão do desejo de Lucian por privacidade logo se tornou aparente. "Quando o conheci, eu não fazia a menor ideia de que Kitty era a mulher dele, nem sabia que Lucian era pai, até uma noite em que estávamos jantando e alguém se aproximou e perguntou pelo bebê. Fiquei absolutamente pasma. 'Que bebê?', pensei."

O caso deixou estarrecida a mãe de Anne, que achava que esse pintor casado, com suas calças de tecido escocês, proveniente da Alemanha (a guerra tinha acabado somente três anos antes) nem de longe era adequado para o belo partido que era sua filha adolescente. "Ele às vezes me visitava, e minha mãe dizia: 'Trate de tirar esse rato daqui'", relembrou Anne. Também havia pigarros de censura no White's, o clube masculino em St James's. "Meu padrasto, Morrow Brown, ouviu falar sobre meu caso no White's e disse que realmente não podia mais frequentar o clube por causa de minha péssima reputação", disse ela. Lucian não se importava. A culpa não era uma emoção que o afetasse ou restringisse seu comportamento. (Mais de cinquenta anos depois, ele de vez em quando almoçava no White's com o secretário particular da rainha, Robert Fellowes, cunhado de Diana, princesa de Gales, que participou da negociação para a rainha posar para Lucian. Ele foi o único homem a nunca usar gravata lá, e nunca foi questionado por desconsiderar o rigoroso código de vestimenta do clube.)

Apesar da opinião da família, Anne estava fascinada e convidou Lucian para ficar com ela na Irlanda, o que teve como resultado o *Interior Scene* [Cena interior] (1950). (Anne acredita que o quadro tenha sido datado incorretamente, sendo, de fato, de 1948 ou 1949.) O retrato sugere uma identidade oculta, já que um rosto parcialmente revelado espia por trás de cortinas escuras, enquanto um galho espinhento de uma amoreira-preta se agiganta no primeiro plano, mais proeminente que os olhos azuis de Anne.

A visita à Irlanda, entretanto, foi obscurecida pelo horrendo estupro que ela sofreu e que jamais mencionou para Lucian. Anne foi à estação de Galway para recebê-lo, mas de algum modo acabou por desencontrar-se dele. "Achei que Lucian não tinha vindo e fiquei magoada. Na realidade, ele tinha sido tão rápido, o que era típico de Lucian, que conseguiu um táxi para ir ao Zetland Arms em Roundstone, perto de onde estávamos morando em Cashel Bay, Connemara, antes que eu o visse. Eu me embebedei na estação de Galway e fui estuprada por um carregador. Fiquei devastada. Só no dia seguinte consegui voltar para Cashel Bay. Passei a noite num banco, bêbada e decepcionada. Nunca disse nada a Lucian sobre o carregador. Acho que ele não teria sentido nenhuma compaixão. Naquela época, era necessário ser discreta", disse ela.

Quando por fim se encontraram, eles ficaram quase um mês juntos, pagando o hotel com algum dinheiro que Lucian mais uma vez tinha apanhado emprestado com seu sempre generoso benfeitor Peter Watson (pintado por Lucian em 1941), que sempre soube apreciar rapazes bonitos. "Ele disse a Peter que precisava de dinheiro para comprar tintas", disse Anne. Os dois partiram então para Dublin, onde conheceram Helena Hughes, mulher de um proeminente ator irlandês, por quem Lucian sentiu uma atração instantânea. "Foi um período movimentado. Nós também conhecemos uma *marchand* chamada Deirdre McDonagh, que tinha se interessado pelo trabalho de Lucian, e eu levei o meu junto. Ela comentou a respeito do meu trabalho: 'Puxa, você está progredindo, Lucian.' Ele ficou uma fera." O trabalho de Anne tinha sido confundido com o dele, e Lucian jamais gostou de rivais.

A atração óbvia de Lucian por Helena Hughes foi a primeira conscientização para Anne — muito embora fosse sua amante e Lucian fosse casado — de que ela estava longe de não ser afetada por suas infidelidades. "Era apavorante. Não se podia tirar o olho de cima dele por um segundo", disse ela. (Para complicar mais a situação, Helena tinha sido a primeira namorada de Michael Wishart e tinha se hospedado com Lorna em Marsh Farm, em Binsted. Posteriormente, em 1951, Lucian teve um caso com ela e a pintou.)

Anne estava desnorteada e ficou ainda mais quando engravidou. "Era estranho como eu era inocente sobre os fatos da vida sexual. Minha mãe nunca tinha me ensinado, e eu engravidei com muita facilidade. Lucian considerava qualquer método anticoncepcional 'terrivelmente sórdido'. E ele não foi de muita ajuda quando precisei fazer alguma coisa. Um amigo chamado Derek Jackson conseguiu £100, porque minha mãe se recusou e era claro que Lucian não tinha condições. Tudo foi resolvido em Harley Street. Eu estava com 18 anos. Lucian no fundo não queria saber do assunto; mas, veja bem, eu também não queria falar muito. Na realidade, foi tipo 'Fica por sua conta!'"

As complicadas relações no mundo de Lucian continuaram a girar em mais um vertiginoso carrossel de ligações, com ele no centro. Derek Jackson, amigo de Anne, era um físico de renome que tinha herdado uma participação no News of the World. Ele era casado com uma pintora bonita e talentosa chamada Janetta Woolley. Janetta teve um caso muito curto com Lucian, bem como um relacionamento longo com Cyril Connolly, que, por sua vez, se apaixonou pela segunda mulher de Lucian, Caroline Blackwood (com quem Lucian se casou em 1953). Janetta mais tarde teve um caso com o duque de Devonshire, grande mecenas de Lucian (que pintou seis membros da família Devonshire), enquanto Lucian insinuava a amigos que tinha tido um caso com a mulher do duque, Deborah "Debo" Mitford, cuja irmã Pamela tinha sido mulher de Derek Jackson antes que ele se casasse com Janetta. Quarenta anos depois do rápido relacionamento de Lucian com Janetta, Rose, filha de Janetta, teve um caso com Lucian e posou para ele.

Em 2008, Debo apresentou uma lembrança afetuosa de seu velho amigo Lucian. "Muito atraente, uma pessoa original. Além do talento prodigioso, ele é uma excelente companhia, conseguindo ser muito engraçado, sempre inesperado. Ele era como uma miragem, aparecendo e desaparecendo de um modo desconcertante. O dia e a noite eram a mesma coisa para ele. Crítico fulminante daqueles de quem não gosta, ele é um amigo verdadeiro das pessoas que ama. Reconheço que de vez em quando ele dispense amigos, mas Andrew [seu marido] e eu tivemos sorte, pois continuamos seus amigos há mais de cinquenta anos."[73]

Depois do aborto, Anne ficou morando na Irlanda por alguns meses, sozinha, para tentar estabelecer algum sentido de separação, mas Lucian voltou para seu aniversário de 19 anos. No dia em que ele deveria chegar, ela foi avisada de que havia um homem esperando por ela no andar inferior, mas ficou estarrecida ao ver outro amigo, Philip Toynbee, com quem ela já tinha tido um caso, e o despachou rapidamente. Pouco depois, foi chamada outra vez, mas dessa vez era Cyril Connolly. "Eu disse para ele que aquilo era terrível, que Lucian estava chegando, que ele tinha de ir embora. Cyril queria ter um caso comigo, mas eu não estava interessada." Lucian acabou aparecendo quatro dias depois.

Àquela altura, segundo Anne, a mulher de Lucian, Kitty, já tinha percebido que de fato o tinha perdido e começou um caso com o romancista Henry Green. Anne continuou atraída por Lucian e se mudou de volta para Londres, para um apartamento próximo ao dele, em Alma Square, em St John's Wood. Foi então que ela conheceu Michael, filho de Lorna, e decidiu que, se não podia ter Lucian em termos permanentes, a segunda opção era Michael. O fato de Michael ser gay não foi empecilho.

Anne revelou um plano mais maquiavélico. "Quando meu caso com Lucian estava desmoronando, vi no ateliê dele uns quadros de Michael. Pedi a Francis Bacon que me apresentasse a ele, o que Francis fez no Colony Room. Achei que minha melhor vingança, para quando Lucian estivesse com alguma outra pessoa, seria eu estar com Michael, e foi o que fiz." Michael afirmava ter se dado conta de que Anne era uma alma gêmea, quando viu um morcego frugívoro australiano, vivo, suspenso no teto do apartamento dela. "Ela abriu a porta como uma solteirona preparada para um estuprador. Havia uma corrente trancando a porta. Vi um pulso com um curativo bem apertado. Apaixonei-me de cara pelo curativo e muito pouco tempo depois, quando estávamos dançando no Gargoyle, por quem o usava", escreveu ele em suas memórias.

É claro que uma coisa que eles tinham em comum era sua paixão por Lucian. Embora Michael tivesse contado a Anne que ele e Lucian tinham tido algum tipo de relacionamento físico, Lucian não teria atribuído a menor importância ao caso. "Temos

LEGADO DE LORNA • 121

de supor que alguma coisa aconteceu. Eu no fundo acredito que Lucian tinha um caso com quem quer que estivesse disponível", disse Anne. O decorador de interiores e cronista social Nicky Haslam, que mais tarde teve um longo caso com Michael, confirmou que seu amante tinha tido uma breve aventura com Lucian.[74] Mas Lucian nunca se considerou gay; e, aos olhos dos que lhe eram mais próximos, tinha a má fama de perseguir sem trégua as mulheres, a qualquer oportunidade. (Francis Bacon disse a John Richardson num jantar oferecido por Lady Dufferin que o motivo pelo qual Lucian não era gay residia no fato de ele não ser bem-dotado — comentário leviano e babaca, mas que demonstra que Lucian e sua atração não questionada estavam no centro da conversa.) Tratava-se mais de ele tirar proveito de qualquer oportunidade sexual e de ter consciência de que uma grande proporção de seus amigos do sexo masculino era gay. Lucian admirava a coragem deles, especialmente nos anos em que ser homossexual ainda era crime, e considerava o homossexualismo apenas mais um sabor na vida. Como Bruce Bernard escreveu, num perspicaz ensaio biográfico sobre seu amigo: "É provável que sempre tenha sido do seu agrado saber que os homossexuais não ofereciam nenhuma rivalidade no seu próprio campo de manobras eróticas; mas essas são águas profundas que não podem ser sondadas com nenhum grau de certeza."[75] Estava claro nessa época que Lucian, em termos sexuais, era oportunista e onívoro.

A teoria de que Michael estava apaixonado por Lucian é por demais simplista, na opinião de Anne. Michael sabia a que ponto o relacionamento entre Lucian e sua mãe, Lorna, tinha sido apaixonado; e, ao ficar com Lucian, ele estava roubando algo que era dela. Era inevitável que Anne compartilhasse Michael com Lorna. "Em parte eu a adorava, e em parte não a adorava, mas éramos muito amigas. Sempre tive a sensação de que ela não podia acreditar que meu filho Francis pudesse ser de outra pessoa que não de Lucian. Creio que ela achava que Michael não poderia ter um filho, e acho que não queria que ele tivesse um. Ela era meio apaixonada por Michael; e ele, por ela."

Lucian não compareceu ao casamento no prédio da sede administrativa do bairro de Marylebone, apesar de Kitty ter ido. "Ela foi vista grudada ao telefone, contando a Lucian quem estava lá e o que estava acontecendo", lembrou-se Anne. Seguiu-se um almoço constrangedor. "Todo mundo detestou todo mundo, menos meu irmão, que se apaixonou por Lorna. Minha mãe recusou-se a comer, e só bebeu *brandy* e leite. Meu sogro, um comunista devoto, não gostou nem um pouco do que estava acontecendo", disse Anne. O fato de ter sido um casamento incomum ficou demonstrado por quem foi parar na cama com quem naquela noite. Não foi um desafio apenas às convenções, mas também a explicações lógicas. "Acabei com Lorna no Royal Court Hotel, e Michael ficou com Peter Watson", disse Anne. "Minha sogra e eu dormimos na mesma cama, mas acho que não aconteceu nada. Foi estranho acordar com ela, em vez de com meu marido." Essa foi uma dança das camas, numa escala grandiosa e anárquica.

O desassossego boêmio continuou depois da lua de mel. "Voltamos de Paris no início de outubro de 1950 e conseguimos um quarto em algum lugar perto de Knightsbridge, mas foi aí que Michael desapareceu. Ele tinha se mandado com Francis Bacon, que eu acho que também tinha um caso com Michael." E assim como um pombo-correio desgarrado, Anne voltou para Lucian, embora realmente amasse Michael também. "Eu gostava muito, muito de Michael. Ele era mais como um irmão, quase como um parentesco de sangue, mas muito forte. Ele e Lucian foram mentores incríveis", disse ela.

Francis, filho de Michael e Anne, teve um início de vida pouco ortodoxo, em 1951, na maternidade particular situada em Welbeck Street, 27 em Marylebone. "Michael me deixou lá, e eu não sabia o que me aguardava, não tendo nenhum conhecimento de bebês ou de partos. Michael então bebeu demais e foi parar na cadeia sob a acusação de estar embriagado e perturbando a ordem pública. Por isso, as primeiras pessoas que vieram me ver foram Francis Bacon e Lucian. Era tudo tão improvável, e eles até trouxeram flores. Acho que Lucian em parte veio investigar se o bebê era dele", disse Anne. Ele leu para ela *Memoirs of a Midget* [Memórias de uma anã] de Walter de la Mare e *Voyage in the Dark* [Viagem no escuro] de Jean Rhys.

A responsabilidade dos pais pela criança costumava ficar em segundo plano. Durante o Festival da Grã-Bretanha, enquanto Michael estava fora na Irlanda, Lucian saiu com Anne à noite, levando junto o bebê Francis. Eles foram extremamente irresponsáveis para os nossos padrões atuais. "Deixei-o num moisés no banheiro feminino em Northolt, enquanto Lucian e eu dávamos uma volta na montanha-russa. Dei-lhe uma mamadeira e simplesmente o deixei com a atendente. Ele ainda estava dormindo quando voltei", recordou-se ela.

Eles continuaram a se ver, e Anne mais uma vez se descobriu grávida de Lucian. Ela não tinha como lidar com outro filho, sem dúvida não com um que não fosse de Michael. "Precisei fazer um daqueles abortos clandestinos. Acho que foi o *barman* do Montana que organizou para mim", disse. Ela fingiu que permaneceu na Itália, mandando um cartão-postal para Lucian e Caroline, e outro para seu marido, antes de voltar discretamente para Paris, onde ficou no Hôtel Saint-Pierre até se recuperar.

Mesmo depois de 1957, quando Anne deixou Michael para viver com o pintor espanhol Rodrigo Moynihan, com quem se casou em 1960, ela e Lucian continuaram a ser amantes intermitentes. Lucian nem sempre terminava relacionamentos com clareza e de modo definitivo. Algumas mulheres — e na realidade alguns homens, como Francis Wyndham e Francis Bacon — permaneceram em sua vida por décadas. No caso de Anne, foi por um quarto de século. Na sua opinião, isso ocorreu porque, embora gostasse dele profundamente, ela também via seus defeitos, e o lado físico da vida com Lucian era às vezes sombrio. Com Anne ele parecia ser de vez em quando um amante implacável, até certo ponto cruel.

AD: Era preciso ter muito cuidado para não demonstrar que se queria que ele parasse. Ouvi de alguém com quem ele tinha tido um caso que ele se tornava totalmente perverso, realmente ferindo seios e outras partes, causando dor e se mostrando sádico.

GG: E isso aconteceu com você?

AD: Em nossa última vez, eu não quis mais estar com ele daquela forma. Foi horrível. Ele machucou meus seios, batendo e apertando, doeu de verdade.

De modo incomum entre suas amantes, Anne raramente posou para Lucian. "Era muito chato; e, se você for uma pessoa ansiosa, como eu sou, todas as suas ansiedades se acumulam, e você não consegue respirar. Eu me lembro de ter entrado em hiperventilação", disse ela. Quando Anne de fato posou para um nu alguns anos depois, o quadro foi abandonado, porque ela não conseguia encarar a enxurrada de explosões e interrupções apaixonadas de mais uma das amantes de Lucian, Jacquetta Eliot.

Jacquetta era uma adversária, como namorada e musa, de temperamento esquentado, linda e provavelmente a mais apta de suas modelos, conseguindo contorcer-se em posições cansativas e perturbadoras. Ela era também a mãe de Freddy, filho de Lucian. "Eu estava posando numa sessão noturna", disse Anne, "e ouvia Jacquetta gritando do lado de fora. Realmente era insuportável. Eu estava apenas sendo uma modelo. Mesmo assim, ele ficou muito zangado comigo por deixá-lo na mão no meio de um quadro, e eu entendo isso perfeitamente." Tudo o que resta desse quadro incompleto são seus seios nus.

Lucian era egocêntrico mas não se intimidava ao defender sua posição de precisar da dedicação total de todos os que faziam parte de sua vida. Seus caprichos e estratagemas eram às vezes cômicos, e às vezes furiosamente impulsivos. Depois de uma briga com uma amante, ele lhe enviou um cartão-postal com um desenho grosseiro dela defecando. Ela chegou a pensar em processá-lo, até um amigo lhe dizer para preservar o cartão, pois seu valor um dia seria superior ao de qualquer indenização. Ele mandava esboços a lápis para Jacquetta, um deles, uma caricatura cômica, mostrando-o nu, com uma ereção e a palavra "*moan*" [gemido], o apelido dele para ela, escrita em todas as partes do corpo.

Ele conheceu Jacquetta, uma mulher sedutora e de beleza estonteante, em 1968; e começou a usá-la como modelo um ano mais tarde. Foi um dos relacionamentos mais apaixonados e duradouros de sua vida. Ela nascera Jacquetta Lampson, a terceira filha de lorde Killearn, e era uma famosa beldade da sociedade, independente e com uma inteligência aguçada. Nascida em 1943, ela se casara em 1964 com Peregrine Eliot, o 10º conde de St Germans. Seu casamento durou 26 anos, e seu pesado relacionamento com Lucian correu em paralelo. Mesmo nos anos finais da vida, Lucian lhe dava desenhos e quadros, além de lhe enviar centenas de cartas íntimas, às vezes furiosas, bem como esboços.

Jacquetta era divertida, original, criativa e de uma franqueza brusca para com Lucian. Ela reconhecia que ele era tão malcomportado quanto totalmente fascinante. "Quando ele não estava presente, era como se a luz estivesse mais fraca. Da mesma forma, ele fazia todos os que estavam com ele se sentirem mais iluminados e de algum modo mais vivos e interessantes. Nenhuma outra pessoa tinha essa capacidade de iluminar tudo e todos", disse ela.[76]

A pintura sempre teve precedência sobre todos os outros aspectos em sua vida. Nas palavras de Anne: "Ele se dedicava totalmente à sua arte, além de incluir em sua vida um monte de outras coisas. Ele não era antissocial. Tinha uma energia incrível que permitia que trabalhasse até altas horas da noite, saísse para almoçar e ainda administrasse sua vida amorosa. Dissimulado é uma boa palavra para usar a seu respeito. Ele parecia se esgueirar pelas portas."

Cada namorada tinha de aceitar que ela era uma entre muitas. Anne recorda-se de ser despachada para o banheiro em Delamere Terrace, com a banheira cheia de carvão, enquanto ele pintava outras mulheres, entre elas, Henrietta Moraes e Zoe, filha de Augustus John.

GG: Devia ter sido estranho, já que com toda probabilidade Lucian estava fazendo amor com elas no andar de cima enquanto você estava no "depósito de carvão".

AD: Exatamente... Não dava para acreditar no que estava acontecendo, mas em retrospectiva foi o que fiz. Muitas vezes eu penso em como pude ser tão boba.

As ligações amorosas continuaram. A primeira mulher de Rodrigo Moynihan, Elinor Bellingham-Smith, também posou para Lucian. "John Moynihan, seu filho, costumava ir apanhá-la e, às vezes, pelo que ele dizia, parecia que ela também provavelmente tivesse um caso com Lucian. Imagino que sim. Era mais uma dessas coisas que ocorreram depois que fui embora com Rodrigo, mais uma vingança. Eram vinganças, mas sem violência."

■ ■ ■

A ligação com Lorna através de seu filho Michael e do neto Francis continuou até o início da década de 1970, quando Anne fez uma mostra na Redfern Gallery em Cork Street. A namorada de

Francis na época era Tanya Harrod, e Lucian sentiu atração imediata por ela. Tanya tinha só 22 anos; e ele, 50. Ela posou para ele, mas os dois não tiveram um caso, não que Lucian deixasse de tentar. "Ele era como um falcão que se abatia sobre ela. Começava a andar para lá e para cá, gesticulando enquanto desafivelava o cinto." Era uma atitude irracional, desajeitada e estranha, pouco faltando para ele abrir a braguilha, segundo Francis. A namorada seguinte de Francis, Liz Kneen, foi seduzida por Lucian. Ela era uma ilustradora que tinha morado com Francis, mas, quando eles terminaram e se separaram, Lucian convidou-a para posar para ele. "Foi ela quem me falou de como ele era cruel na cama", disse Anne. "Liz se recusara a posar para ele porque ele não quis lhe dar o número de seu telefone; e, como feminista ardorosa, ela achava isso injusto." Morreu de câncer em 2007. Uma terceira namorada de Francis, Rose Jackson, também se tornou modelo e musa de Lucian, por cerca de um ano. Ele parou de vê-la depois que ela teve um filho.

Da mesma forma que os casos, as disputas também estavam sempre presentes. Quando Michael estava morrendo de câncer e sem dinheiro, ele tentou vender um desenho que Lucian tinha feito de Lorna num casaco de peles. Lucian prejudicou a venda. "Lucian não negou que tivesse feito o desenho, mas alegou que Lorna tinha mexido no nariz e a Christie's deveria retirar o quadro de leilão. Para mim, o que ele disse não era verdade, mas bastou para impedir a venda", disse Anne. No final, ele foi vendido por £60.000, valor inferior ao preço inicial do leilão, através do *marchand* Thomas Dane.

Durante seus últimos anos de vida, na França, na década de 1990, muito depois de ter se divorciado e quando estava hospedado na casa de Anne, Michael um dia pediu para ir de carro visitar o romancista Edward St Aubyn, que haveria de se apaixonar por outra musa de Lucian, Janey Longman. Nascida em 1955, ela era inteligente e de uma beleza translúcida, com uma cultura e elegância aristocráticas para as quais não chamava atenção, e tinha posado para alguns retratos em meados da década de 1980. Ela também se encaixava na trama bem amarrada de Freud. Seu namorado anterior tinha sido Tim Behrens, modelo de um retrato de 1962, *Red Haired Man on a Chair* [Homem ruivo numa cadeira]. Lucian apaixonou-se por ela quando os dois se conheceram numa festa dada pelo duque de Beaufort para sua filha Anne. Ele fez dois retratos nus de Janey sozinha e então um retrato duplo dela com India-Jane Birley, a filha do dono da boate Mark Birley, também nuas. O quadro das duas mulheres, disse-lhe Lucian, foi inspirado em *Le Sommeil* [O sono] de Gustave Courbet, outro retrato de duas mulheres nuas enlaçadas de modo voluptuoso, que causou sensação quando foi exibido em 1866. Quando conheceu Lucian, Janey trabalhava para Lady Arabella Boxer, editora de culinária da *Vogue*. Depois dos três retratos, Lucian, com discrição e sem alarde, terminou o caso.

Quando Michael apareceu na casa de Teddy St Aubyn na Provence, as ligações amorosas de Lucian quase fecharam um círculo. St Aubyn era um protegido de Francis Wyndham, que era um dos amigos mais antigos de Anne, e tinha sido em sua homenagem que ela escolhera o nome do filho. Michael tinha concordado com o nome porque era o mesmo de *seu* amigo mais íntimo, Francis Bacon. Quando Edward e Janey acabaram tendo um filho em 2000, eles lhe deram o nome de Lucian. Sempre foi um mundo entrelaçado, e continuaria a sê-lo: em 2011, Marina Hanbury, sobrinha de Janey, casou-se com Ned Lambton, filho de Lady Lambton, ex-amante de Lucian.

Como Anne disse: "Lucian foi o detonador dessa reação em cadeia entre todos nós."

7. CAROLINE

A recordação de Lucian de como se apaixonou por Lady Caroline Blackwood, a voluntariosa herdeira da Guinness, estava nítida e viva mesmo depois de mais de cinquenta anos. Em 1952, no início de seu caso, ele a pintara num hotel em Paris, no quadro *Girl in Bed* [Garota na cama]. Caroline está luminosa, aparentemente nua entre os lençóis, com seus cabelos louros da cor de mel e os olhos enormes, azuis como miosótis. Não há o menor sinal do drama perturbador que acabaria por se desenrolar. Ela estava com 21 anos; era rica, tímida e sedutora. Ele estava com quase 30, mal conseguindo sobreviver, divorciado e alugando uma casa decrépita em Paddington.

Uma noção da dor e ansiedade de sua separação que estava por vir foi captada mais tarde em seu quadro de 1954, *Hotel Bedroom* [Quarto de hotel], no qual sua aristocrática mulher anglo-irlandesa está deitada, vestida de modo estranho, entre os lençóis, parecendo vulnerável e aflita, num minúsculo quarto de hotel em Paris. Lucian tinha pintado a si mesmo, em pé, separado dela, apreensivo, furtivo, ansioso e perturbador, as mãos enfiadas nos bolsos da calça. Caroline está trêmula e pálida, com os dedos tocando o rosto, como que em choque. A imagem sugere uma cama de doente em vez de um leito conjugal e é uma marca do fim estressante do impulsivo caso de amor que Lucian manteve com a filha mais velha do 4º marquês de Dufferin e Ava e de Maureen, sua mulher e herdeira da cervejaria Guinness. Os retratos de 1952 e 1954 marcam o início e o fim de seu relacionamento; e, mais de meio século depois, deflagraram lembranças agridoces do caso e de seu breve casamento, que terminou num divórcio cáustico.

Virando as páginas de um livro de seus quadros que eu um dia tinha levado para mostrar a Lucian, enquanto tomávamos café no Clarke's, ele olhou com certo distanciamento para o retrato mais tardio de sua segunda mulher. Suas lembranças entraram em foco. "Eu tinha quebrado a janela para conseguir mais espaço para pintar. Ela parece angustiada porque estava com frio", recordou ele. Como costuma ser o caso, a pintura revela verdades para além da mera aparência externa. Enquanto ele falava sobre como tinha se apaixonado e por que motivo ela o deixara, era quase como se estivesse descrevendo a narrativa desconexa de um filme que tinha visto tempos atrás.

Lucian conheceu Caroline por intermédio da mulher de Ian Fleming, Ann, que ele tinha pintado em 1950, com os lábios vermelhos, duros e crispados, uma tiara cravejada de brilhantes na cabeça, uma única pérola no lóbulo da orelha direita, o queixo projetado para a frente, determinado e autoritário, a dama de sociedade toda imponente. "Ela me convidou para uma daquelas festas maravilhosas, mais ou menos para membros da realeza, dos quais muitos estavam lá, e disse que esperava que eu encontrasse alguém de quem gostasse para dançar, esse tipo de coisa. E então de repente havia uma única pessoa, e era Caroline", relatou ele. "E então Freud, de meias amarelas, tira a princesa Margaret para dançar", escreveu Evelyn Waugh em maiúsculas num cartão-postal enviado para Lady Diana Cooper em outubro de 1951.[77]

De modo muito ostensivo, Ann tinha tomado Lucian sob sua proteção, exibindo o garoto prodígio em suas *soirées*. Posteriormente, eles passaram algum tempo juntos na Jamaica, onde os Fleming tinham sua casa Goldeneye. Ian se casara com Ann em

1952, e começou a escrever seu primeiro livro de James Bond, *Casino Royale*, durante a lua de mel com ela. Ele jamais gostou de Freud e sempre desconfiou dele, suspeitando que tivesse tido um caso com Ann. "Simplesmente não era verdade. Era só o tipo de absurdo em que ele acreditava. Eu o achava medonho", disse Lucian. No entanto, apesar do desagrado de seu marido para com Lucian, Ann o manteve em seu círculo. A antipatia entre os dois homens não era nenhum segredo. Noël Coward visitou Ian e Ann, pouco depois de seu noivado, em 16 de fevereiro de 1952, para jantar com eles, junto com Cecil Beaton. Coward sugeriu ideias do que eles deveriam e não deveriam fazer para não agravar as tensões entre Freud e Fleming:

> *Don't Ian, if Annie should cook you*
> *A dish that you haven't enjoyed*
> *Use that as an excuse*
> *For a storm of abuse*
> *At Cecil and Lucian Freud.*[78]*

A lembrança de Lucian da primeira visão que teve de Caroline caoticamente vestida é quase visceral: "Eu me lembro de que ela estava usando uma espécie de roupa suja, pelo avesso", disse ele.

— O que mais atraiu sua atenção? — perguntei.

— Acho que no fundo foi ela mesma — respondeu ele de imediato. — Ela era simplesmente empolgante, sob todos os aspectos, e era alguém que não tinha tido absolutamente nenhum trabalho consigo mesma, dando a impressão de que nem tinha se lavado. E a verdade é que alguém disse que ela não tinha mesmo. Eu a convidei e dancei, dancei sem parar.

---

* Em tradução livre: "Ian, se Annie lhe preparar / Um prato que não o agradar / Não o use como pretexto / Para uma saraivada de insultos / Contra Cecil e Lucian Freud." [N. da T.]

Ela e Lucian eram considerados rebeldes por seus contemporâneos. Na década muito conformista de 1950, eles se destacavam do espírito puritano do pós-guerra, não em termos conscientes, com alguma atitude política deliberada, mas de modo instintivo. Desprezando a opinião de todos, como quase sempre fazia, Lucian estava totalmente fascinado por Caroline. "Realmente não me vejo de um jeito romântico, dramático. Eu só pensava no que queria, sabe, levá-la sozinha para minha casa, esse tipo de coisa. Naquela noite, fui para casa e comecei a pintá-la", disse ele.

Era uma época de mudanças sociais, com o encolhimento da sombra escura da Segunda Guerra Mundial. Sob certos aspectos, os quadros de Lucian captaram o ponto de origem de uma sociedade mais permissiva na Grã-Bretanha. Eles pareciam modernos, perigosos, repletos de drama psicológico e sem restrições em seu comportamento, tão diferentes de outros retratos pintados naquela época. A tensão em seu casamento foi congelada no tempo em *Hotel Bedroom*. Para a família dela e seu círculo social imediato, era revoltante que alguém com sua origem (por ser filha de um marquês, ela podia usar o título de Lady Caroline) se expusesse na cama, com tanto atrevimento, para o público. É claro que, para Caroline, isso era metade do prazer.

A mãe de Caroline, Maureen, Lady Dufferin, ficou especialmente horrorizada com o envolvimento da filha com Lucian e tinha um único objetivo: separar os dois. Seu antissemitismo alimentava sua raiva. Aos olhos dela, ele era perigoso e subversivo; mas, acima de tudo, ele estava fora de seu controle. Na visão repressora das matriarcas da sociedade, Caroline era considerada rebelde, até mesmo leviana. ("Uma sereia que devora os ossos de seus amantes sem fôlego", foi a opinião arrasadora de seu terceiro marido, Robert Lowell, embora muito mais tarde.) Seus contemporâneos reconheciam que ela era alegre e desligada.

Lucian adorava o abandono descuidado de Caroline, que se fundia com seu egocentrismo. Como pintor, ele compreendia o egoísmo. Sob certos aspectos, em Caroline ele tinha encontrado alguém à sua altura. Simplesmente por estar com Lucian, ela se rebelava contra as afetações empoladas, mas estritamente codificadas, de Maureen, com suas elegantes recepções, sua grandiosidade e ambição social esnobe. Caroline sempre considerou sua infância, problemática e restritiva, dolorosa demais para ser comentada, e Lucian deu-lhe uma válvula de escape.

Eu disse a Lucian que, quando vi *Hotel Bedroom* pela primeira vez, ele me fez lembrar do poema "My Last Duchess" [Minha última duquesa] de Robert Browning, um monólogo dramático sobre um marido psicoticamente controlador que destrói de modo impiedoso suas mulheres, em circunstâncias aparentemente civilizadas. "Mas ele não acaba por matá-la?", perguntou Lucian, sorrindo. "Nem mesmo eu cheguei a fazer isso."

Eu, porém, vejo em *Hotel Bedroom* uma vítima voluntária, usando e sendo usada, esperando e suportando a tempestade de um caso de amor irreprimível, à medida que ele se desenrola rumo a seu final difícil. Nesse quadro, Lucian desbravou novo terreno ao permitir que o drama de sua vida pessoal atingisse de modo mais efetivo os sentidos do observador e demonstrasse uma intensificação da realidade, ao mesmo tempo que adquiria vida própria como obra de arte. Seu estilo seco e tensão narrativa exibem um progresso acentuado em relação a seus quadros anteriores de Lorna e Kitty. A pintura de Lucian parece mais segura. Há drama e conflito reprimidos, e o silêncio entre Lucian e Caroline é palpável. Os olhos dela estão injetados, por lágrimas ou pelo cansaço. Seu cabelo louro é de um brilho radiante, enquanto Lucian está na sombra, numa silhueta escura em contraste com as janelas e pedras dos prédios no outro lado da rua em Paris. Em *Girl in Bed*, mais uma vez Caroline é alvo de observação obsessiva, e duradoura, presa ali como uma borboleta exótica. Ela olha fixamente para fora do quadro com uma expressão vazia e indefinida. A tonalidade é atenuada, quase desbotada. Sua vulnerabilidade e sensualidade são sugeridas pelos olhos azuis nublados, do tamanho de ovos de gaivota.

O rompimento deixou Lucian ferido e abalado depois que ela rejeitou seu extraordinário carisma, que no passado tinha sido tão irresistível. Caroline tinha amado o jeito marginal de Lucian, uma rota para fugir de seus pais sufocantemente inibidos e inibidores, mas sentiu que seria ferida por ele se ficasse. Ela não podia tolerar ser traída por ele e sabia que ele não seria fiel. As lembranças de Lucian eram em parte nostálgicas por conta da beleza e originalidade de Caroline, mas também eram prejudicadas por pensamentos de sua sogra detestada, que tinha empreendido uma campanha virulenta contra ele, o que acabou levando Lucian a fugir com Caroline para a França.

"Caroline estava em Paris comigo por causa da mãe dela, que tentou sequestrá-la em Londres e mandou que eu fosse vigiado. Bem, como eu tinha morado entre criminosos em Paddington, dá para imaginar que eu não seria intimidado por esse tipo de coisa. Eu estava alerta, é claro, mas nada daquilo poderia me incomodar. Só que Caroline estava nervosíssima, e isso fazia com que eu me sentisse péssimo. Ela roía as unhas ainda mais. E tudo isso foi em parte o motivo para sairmos de Londres."

Ele sentia um desdém cáustico por Maureen Dufferin: "Veja só, ela se intitulava Lady Dufferin, quando não tinha mais direito ao título. Na realidade, ela era a sra. Maude, por ter se casado de novo. Era simplesmente um esnobismo odioso. Não me incomodo com o esnobismo normal, mas ela era mesmo desprezível."

Parte dos atrativos de Caroline estava no fato de ela ser divertida e inteligente, com um jeito original de falar: uma garota com mais espirituosidade do que charme. Mas ela era também de uma timidez incontrolável e, para compensar, bebia demais. (Como um contemporâneo que presenciou seu comportamento desregrado disse, embora de modo grosseiro: "Ela era simplesmente uma cachaceira; e conseguiu ampliar o significado da palavra 'dissoluta'.") Junto com a irmã Perdita e o irmão Sheridan, ela se destacava em bailes de sociedade, repletos de debutantes com pérolas e de rapazes bem-comportados de boas escolas particulares inglesas. Caroline era picante, depravada, sonsa e gostava de novas experiências.

Naquela época, ainda havia uma corrente oculta de antissemitismo constante entre os membros do *establishment*. Em 1951, Evelyn Waugh escreveu para Nancy Mitford: "Fui a Londres para as eleições gerais — tudo igual à última vez, mesmos partidos (...). [Duff] Cooper ficou 'venoso' [um termo usado pela mulher de Waugh para descrevê-lo de modo zombeteiro quando ficava tão furioso que suas veias apareciam] com um parasita judeu de Ann [Rothermere] chamado 'Freud'. Eu nunca o tinha visto agredir um judeu. Talvez o tenha confundido com um espanhol. Ele tem costeletas pretas muito longas e um nariz fino."[79] Mais tarde, ela escreveu em resposta: "Sim. Não gosto de Freud. Eu o conheci antes que entrasse para a sociedade e não gostei dele naquela época. Mas Boots [Cyril Connolly] gosta."[80]

Havia ressentimento entre os elementos mais rígidos e conservadores do mundo artístico, pois Lucian inevitavelmente chamava atenção. Contudo, quer gostassem dele, quer não, todos percebiam sua presença, em especial com Caroline a reboque. Ned Rorem, o jornalista e compositor americano, conheceu Lucian no apartamento de Paris da viscondessa Marie-Laure de Noailles, a anfitriã da sociedade e mecenas. Picasso tinha pintado seu retrato, e ela organizou a primeira exibição do filme de Salvador Dalí e Luis Buñuel, *Um cão andaluz*, em sua residência em Paris na Place des États-Unis. O casal tinha atraído sua atenção. Rorem escreveu:

> Lucian levou sua noiva para o almoço. Lady Caroline Blackwood era de uma beleza estonteante, mas indefinida. Ali estava ela, sentada na sala de estar octogonal de Marie-Laure, bem na beirada do sofá, com as pernas cruzadas, um joelho sustentando

um cotovelo que se estendia até uma mão que fumava e distraída deixava cair cinzas no tapete persa azul. Caroline, muito loura, com os olhos do tom do tapete persa, grandes como ovos de águia, não disse uma palavra, nem concordou nem discordou de nada, simplesmente fumou. Marie-Laure ficou desconfiada dela, como de todas as mulheres bonitas.[81]

Eles logo se tornaram o jovem casal mais comentado de Londres, com a sociedade tacanha ansiosa à medida que o pintor judeu, nascido na Alemanha, neto do famoso psiquiatra, conquistava a herdeira da Guinness. "Eu corria atrás dela e por fim consegui alcançá-la. Então partimos para Paris. Voltamos para a Inglaterra para nos casarmos", recordou-se ele acerca do romance vertiginoso. Tornaram-se Lady Caroline e sr. Lucian Freud, no cartório de registro civil de Chelsea, em 9 de dezembro de 1953, um dia depois do aniversário de 31 anos de Lucian.

Mas por que ele tinha se casado com ela, perguntei mais de cinquenta anos depois, enquanto estávamos sentados no Clarke's, com o sol entrando generoso pela janela que dava para o jardim dos fundos. Era tão óbvio que ele não era do tipo doméstico e detestava a prisão da vida em família. "Ah, nós nos casamos porque Caroline disse que se sentiria menos perseguida. E havia uma razão técnica. Ela tinha herdado um pouco de dinheiro do pai e não teria acesso a ele se estivesse vivendo em pecado. Lembre-se de que isso foi no início da década de 1950."

Era claro que o casamento estava fadado ao fracasso, já que Lucian nunca se amarraria a uma única mulher, como ele admitiu com franqueza: "Quando eu finalmente a apanhei, festejei de uma forma que não era realmente adequada à situação de estar com alguém. Antes de estarmos juntos, meus sentimentos por ela eram muito mais fortes do que quando estávamos juntos."

"Quer dizer que você foi procurar outras garotas?", perguntei.

"Fui", respondeu Lucian, fazendo que sim. Ele nunca se sentiu constrangido pela verdade acerca de sua conduta. Nunca fingiu que iria se comportar segundo as convenções. Ele deixava claras suas regras, ou a falta delas, para a pessoa com quem estivesse, e era fiel a elas. Eram as expectativas e suposições dos outros que acabavam por feri-los.

Mesmo assim, ele ainda ficou muito irritado quando ela o abandonou. Esse era um período importante em termos profissionais para Lucian, à medida que ele procurava descobrir uma nova forma de avançar com sua pintura, afastando-se dos detalhes diminutos e das pinceladas minúsculas, abandonando a elegância de suas obras iniciais em busca de uma exploração maior do uso da tinta. Foi também uma hora em que ele alterou fisicamente seu modo de pintar. Parou de ficar sentado preso a uma cadeira e começou a pintar em pé. Lucian estava progredindo.

Uma influência importante foi a de Francis Bacon, com seu modo dramático e generoso de aplicar a tinta. Eles se viam muito nessa época, e Lucian posou para 18 retratos diferentes. Eles bebiam no Soho, conversavam sem parar e eram discretamente competitivos. Lucian admirava as formidáveis aspirações dos quadros de Bacon, com seus temas ambiciosos, imaginação extraordinária e genialidade incomparável no uso da tinta. Queria tornar suas próprias pinceladas menos plácidas e controladas. Estava impressionado pela despreocupação com que Bacon encarava a vida, e pelo fato de ele não se importar com o que qualquer outra pessoa pensasse.

Para ajudar Bacon, Lucian às vezes valeu-se do fato de ser casado com uma herdeira.

GG: Será que parte da empolgação não estava na rebeldia e riqueza de Caroline?
LF: É claro que sim, o fato de ela ser independente e rica. Sei que pedi algum dinheiro a ela para dar a Francis para ele ir a

Tânger. Expliquei que eu tinha um amigo que estava sempre me dando dinheiro quando eu precisava e que agora eu gostaria de fazer o mesmo por ele, já que ele tinha conhecido alguém especial por lá.

GG: E ela deu o dinheiro?

LF: Deu e ainda perguntou se eu queria mais alguma coisa.

Caroline e Lucian procuravam superar as surpresas que faziam um ao outro. Por exemplo, quando Lucian levou Caroline para conhecer Picasso, alguma coisa aconteceu entre os dois. Lucian percebeu que eles desapareceram juntos, mas no fundo não quis saber o que tinha acontecido. De modo contraditório, ele ao mesmo tempo se gabava e a culpava, enquanto descrevia como Picasso podia ter tido uma relação sexual com ela bem debaixo do nariz dele.

GG: Você achou que aconteceu alguma coisa entre Caroline e Picasso?

LF: Bem, eles voltaram mais ou menos três horas depois que saíram. O tempo foi suficiente, para não dizer coisa pior! Mas a verdade é que minhas próprias lembranças de Caroline não são totalmente físicas. Em termos físicos, eu era muito mais motivado por ela do que ela por mim. Nunca se pode falar dessas coisas com muita certeza, não é mesmo?

GG: Creio que o instinto nesses assuntos geralmente acerta.

LF: É o que acho também.

GG: Você se importou com a ideia de que ela pudesse ter tido uma transa com Picasso?

LF: Não.

GG: Não se importou porque não é possessivo?

LF: Eu me lembro de voltar para casa um dia em St John's Wood, e de que tinha alguém na cama com ela. Os dois estavam dormindo. Lembro de ter tido o maior cuidado para fechar a porta sem acordá-los. Eu quase não costumava voltar para dormir em casa.

Caroline disse-lhe que não queria continuar casada e fugiu para a Espanha. Ela achava que ele era sinistro demais, controlador e de uma infidelidade incorrigível. A mãe dela ficou felicíssima. "Foi maravilhoso. Caroline fugiu, fugiu, fugiu", disse Lady Dufferin, cantando vitória.[82] Mas, apesar da hostilidade da sogra, Lucian não estava pronto para desistir de Caroline.

Lady Dufferin estava disposta a recorrer às táticas mais baixas possíveis para livrar Caroline das garras de Lucian. "Ela era absolutamente medonha, o que eu chamaria de realmente podre", disse ele. "Maureen disse que tinha tentado fazer com que meu pai Ernst fosse deportado de volta para a Alemanha, para dar um fim ao meu relacionamento com sua filha. Era repugnante. Ela era abjeta, pior do que as sogras cruéis das caricaturas."

Lucian não desistiu, nem mesmo quando sua mulher desapareceu na Espanha sem deixar endereço. "Não consegui pensar em mais nada por muito tempo. Maureen achava que, se Caroline ficasse fora do país, estaria a salvo. Caroline tornou-se professora particular, ensinando inglês a algumas crianças em Madri." Lucian começou uma busca um pouco quixotesca, já que não tinha qualquer pista dela. "Quando ela me deixou, eu simplesmente soube que tinha de encontrá-la. Tudo o que sabia era que ela estava na Espanha e o número da casa, mas não o nome da rua. Eu tinha certeza que a encontraria", disse Freud. "Enquanto isso, sua mãe contratava pessoas para dizer a todo mundo como eu era apavorante, perguntando se eu tinha antecedentes criminais. Eu tinha uma multa ou duas, por excesso de velocidade."

GG: Foi uma época de muita tensão?
LF: Muita. Vou lhe dar um exemplo. *Maureen diz a Caroline*: "Não me importo que Lucian seja seu marido, mas desde que ele seja agradável." *Eu digo a Caroline*: "O que ela quer dizer com agradável?", *Caroline*: "Bem, que tenha um título de nobreza,

é claro." Eu não podia fazer nada a respeito disso, o que dá uma ideia de como ela era. Depois, ela mandou seguirem meus pais. Foi realmente horrível porque ela conhecia tanta gente importante — parlamentares e assim por diante — que acreditou poder exilar minha família da Inglaterra. Bem, por acaso, nós éramos súditos britânicos naturalizados.

GG: Tudo isso era um disfarce para o antissemitismo por parte de Maureen?

LF: Talvez ele tenha alguma participação. Mas eu realmente nunca me vi como um judeu, sob qualquer aspecto de identificação absoluta, muito embora eu fosse judeu e ainda seja, é claro.

Caroline estava igualmente determinada; para ela, a necessidade de deixá-lo era uma questão de sobrevivência, tanto mental quanto física. E muito mais tarde ela confessou à filha Evgenia, e também à sua amiga mais antiga, Lady Anne Glenconner, que seu corpo de algum modo misterioso e intuitivo tinha se alterado para impedir que ela tivesse filhos dele, muito antes que sua mente consciente concluísse que Lucian não era bom para sua saúde mental. Ela era um tema ao qual ele recorria com frequência em nossas conversas, pois era um relacionamento crucial em sua vida, e foi a última pessoa com quem se casou.

GG: Você já sentiu uma obsessão por alguém?

LF: Senti, faz muito tempo. Lembro-me mais da obsessão do que da pessoa.

GG: Até que ponto essa obsessão era violenta?

LF: Eu não conseguia pensar em mais nada.

GG: No final, você conseguiu ficar com ela?

LF: Àquela altura, eu estava casado com ela.

GG: Ah, então foi Caroline.

LF: Foi.

GG: Você sentia uma grande obsessão por ela. Atravessou continentes para encontrá-la.
LF: Sentia, o tempo todo; mas, por outro lado, não posso fingir que, se tivesse topado com alguém interessante no trem, eu não teria me desviado do caminho.
GG: Como a obsessão fazia com que você se sentisse?
LF: Desmoralizado. Porque eu sempre achei que, não importava o que acontecesse com a obsessão, eu poderia trabalhar; e, quando a obsessão ficou terrível demais, eu realmente não conseguia fazer mais nada.
GG: Interessante. Isso nos traz de volta para o impulso sexual.
LF: É, mas se fosse somente um impulso sexual, bastava uma descarga sexual e a vida seguiria em frente. Mas, quando se trata da pessoa, se você preferisse viver muito mal com alguém por quem tem obsessão, em vez de viver muito bem com alguém que acabou de conhecer, isso faz com que você perceba como se sente diferente, não faz?
GG: Imagino que isso seja estar apaixonado.
LF: Isso mesmo.
GG: Caroline era incrivelmente sedutora?
LF: Se é que existe alguma coisa desse tipo, acho que era, sim. A escolha do momento sempre foi péssima. Quando Caroline estava procurando por mim, eu tinha sumido, viajado ou estava doente; quando eu procurava por ela, ela tinha desaparecido. E a mãe dela era um monstro, que pagou a algumas pessoas para me matarem.
GG: Como você descobriu?
LF: Porque eu conhecia as pessoas. Você sabe onde eu morava, em Paddington. O lugar era cheio de marginais. Ela falou com um pessoal que estava ligado ao pessoal que me conhecia. E disse: "Não quero saber especificamente como vocês vão fazer isso. Só quero ler a notícia de que foi feito."

GG: Você algum dia a questionou quanto a isso?

LF: Era muito difícil porque ela tinha guarda-costas e criados safados. Quer dizer, tudo isso parece um livro muito mal escrito.

GG: Você nunca teve filhos com Caroline.

LF: Não.

GG: Não teria gostado de ter?

LF: Acho que com qualquer pessoa de quem você goste muito, você vai querer algum tipo de laço com essa pessoa, e de certo modo um filho é um vínculo óbvio, não é? Nunca me interessei por bebês ou por qualquer coisa semelhante.

GG: Por que isso?

LF: Deve ser minha formação. Você sabe que um monte de gente fica encantada com um bebê, e eu estou pensando: "Não dá para deitar o bebê um pouco, para a gente poder dançar?"

GG: E assim tudo terminou.

LF: Se existir alguma coisa que possa ser chamada de culpa, no mínimo, foi totalmente por culpa minha.

Eles se divorciaram em 1959 e se viam muito raramente. No início da separação, Lucian ficou arrasado. Seu jovem vizinho em Paddington, Charlie Lumley, recordou-se de como Francis Bacon estava preocupado com a possibilidade de Lucian tentar o suicídio, depois de ter sido abandonado por Caroline. "Ele estava péssimo, e Francis me disse para me certificar de que ele não acabasse com a própria vida", lembrou-se Lumley.[83]

O relacionamento deixou para trás outras dificuldades. Anne Glenconner, que tinha frequentado a mesma escola que Caroline, lembra-se de conversas aterradoras de Lucian com a amiga. "Ele se comportava muito mal com ela e dizia coisas cruéis, o que a afetava fisicamente. Era um sofrimento mental. Era muito desagradável seu jeito de falar com ela. Resultado, decidi que não queria saber dele", disse ela.[84]

Nascida Lady Anne Coke, filha do conde de Leicester, ela tinha sido dama de honra na coroação da rainha, junto de Jane Willoughby. O marido de Anne, Colin Tennant, que se tornou barão Glenconner e posteriormente ficou famoso por ter comprado a ilha de Mustique nas Antilhas e tê-la transformado num *resort* para os ricos, era totalmente fascinado pelo charme de Lucian, posou para ele e comprou muitos de seus quadros. (Mais tarde os dois se desentenderam quando Colin os vendeu.) Uma consequência dessa amizade foi Colin ter conhecido mais uma das amantes e musas de Lucian, Henrietta Moraes, que ele pintou três vezes, de modo mais notável em *Girl in a Blanket* [Garota num cobertor] (1953). Ela também foi modelo famosa para Francis Bacon, que a pintou no mínimo 16 vezes e cujo *Portrait of Henrietta Moraes* [Retrato de Henrietta Moraes] de 1963 foi vendido por £21,3 milhões em fevereiro de 2012. Colin e ela começaram um caso; e mais de quarenta anos depois ele teve de confessar à mulher que ele era o pai do filho de Henrietta. "Não era exatamente o que eu tinha esperança de que a amizade de Colin com Lucian produzisse", disse Anne Glenconner.

Estar com Lucian no início da década de 1950 era uma experiência de uma sensualidade palpável, na opinião de Vassilakis Takis, o escultor cinético grego, que o conheceu no Hotel Louisiana em Paris em 1954, quando Lucian estava pintando o retrato de Caroline. "Ele tinha me convidado para tomar um chá cedo de manhã, mas ficou tremendamente desconcertado e deixou cair os pincéis no chão. Depois, apanhou-os depressa num movimento cortante. Eu tinha chegado antes da hora, o que o surpreendeu. Toda a atmosfera estava com uma carga sensual e elétrica. Nós não falamos por alguns momentos. O choque para mim, para ele e para Caroline demorou a passar. Houve um longo silêncio. Pensando em Epicuro, só posso descrever o encontro como intensamente sensual", disse ele.[85]

Takis era três anos mais novo que Lucian e também estava empenhado em ascender no mundo da arte. Tinha sido membro da resistência grega e passou seis meses na prisão. Carismático, bonito e vigoroso, ele estava em Paris procurando promover sua carreira artística. Mais tarde morou em Londres, onde ele e Lucian mantinham amizade com Francis Bacon, mas, o que era mais importante, segundo Takis, os dois compartilharam algumas namoradas. Como Lucian, Takis era um sedutor em série. "Tive no mínimo quinhentas mulheres como amantes. Isso não seria um exagero, provavelmente a mesma quantidade que Lucian", disse-me ele de sua suíte no nono andar do Hilton de Atenas, quase sessenta anos depois que ele conheceu Lucian. Com a barba branca, usando jeans largos, de um vermelho rosado, sandálias Prada, fumando cigarros Rocket "24" e bebendo Johnnie Walker com gelo, sua memória estava afiada, ainda impressionada pela potência física de Lucian. Além de ser um mulherengo lendário, Takis também teve várias experiências homossexuais. Sua escultura de São Sebastião, feita em 1974, mostra um homem nu, com uma ereção muito proeminente, obtida, como ele explicou, com a aplicação de um molde de gesso num camponês bem-dotado da ilha de Samos, onde Pitágoras tinha vivido. "Um de meus assistentes virava páginas de revistas pornográficas para mantê-lo disposto. É a escultura mais erótica do século XX", afirmou Takis. O bailarino russo Rudolph Nureyev, amigo de Takis, apaixonou-se pelo modelo de 22 anos.

Totalmente franco sobre sua própria sexualidade, ele descreve uma vibração tangível entre ele mesmo e Lucian.

> Quando ele me recebeu, senti muita atração. Ele compreende os homens. Foi muito erótico comigo, de um modo ou de outro. Tratava-se de uma ligação epicurista, sensual, mas não física. Pode-se ser muito erótico sem fazer sexo. Já me senti atraído por homens e por mulheres. Tudo é muito semelhante, uma única sexualidade.

Lucian tinha esse dinamismo invasivo, de uma forma erótica. Eu era o contrário. Ele era rapidíssimo; e eu mais calado. Ele possuía um belo físico e rosto, numa compleição pequena. Por que não tivemos um caso? Não sei. Não tenho nenhum motivo para contar mentiras, mas não tivemos. Fomos muito amigos. Mesmas boates, mesmas garotas, mas em seu comportamento ele era mais expressivo do que eu. Tive experiências sexuais com homens, então por que não com ele, já que era tão excitante? Ele não tinha como se desfazer desse seu lado. Lucian me examinava atentamente, enquanto Caroline parecia estar num mundo só dela. Lucian lançou sobre mim um olhar penetrante, com aqueles seus olhos cinzentos, antes de os dois me convidarem para ir com eles a uma boate gay para mulheres, chamada Feneo. Caroline elogiou meu paletó antes de sairmos, e eu lhe disse que ele tinha sido emprestado por um amigo. Os dois então voltaram a permanecer em silêncio. Esperei pelo meu uísque, apreciando alguns de seus quadros.

O retrato de Caroline pareceu a Takis estar "em algum ponto entre o agradável e o sinistro, ao mesmo tempo".

Bacon foi da maior importância para seu relacionamento em Londres, do mesmo modo que a pintora cumberlandiana Sheila Fell, que teve um filho com Takis, e que na opinião de Takis também teve um caso com Lucian. Ela tinha sido protegida de L. S. Lowry e era também muito amiga de Frank Auerbach, que a admirava imensamente, assim como seus quadros de paisagens.

"Eu me lembro de que Francis sempre queria descobrir o que Lucian estava fazendo. Lembro também que Lucian se alegrou ao saber que eu gostava de Lucas Cranach. Ficou sorridente e todo feliz. Nós nunca falávamos de garotas com quem estivéssemos saindo. David Sylvester [crítico de arte e amigo de Francis Bacon] também estava apaixonado por Sheila. Ela era linda. Ele me detestava."[86]

■ ■ ■

Em 1992, quarenta anos depois que Lucian pintou *Girl in Bed*, eu me descobri em pé, com Caroline, olhando para o quadro que ainda lhe pertencia, na sala de jantar de sua casa em Sag Harbor, Long Island, a leste de Nova York. Eu estava lá porque sua filha Ivana, de 26 anos, era minha namorada. Ela era de uma beleza estonteante, exatamente como Caroline tinha sido, com os mesmos olhos luminosos, espirituosidade aguçada e timidez hesitante. Caroline estava então com 61 anos, magra e grisalha, com o rosto devastado por falta de cuidados e excesso de bebida. A pele tinha deixado de ser clara, perfeita e lisa como mármore.

Eu tinha conhecido Ivana num jantar no Upper East Side em Nova York, em 1989, depois de ter sido dispensado por uma namorada em Londres e de ter viajado para os Estados Unidos por dez dias para esquecê-la. Em minha última noite em Manhattan, sentei-me ao lado de Ivana e fiquei encantado. Ela era divertida e muito bonita, mas eu também percebia alguma coisa frágil. Não me dei conta de que ela era vulnerável e até certo ponto tinha sido prejudicada por sua própria vida familiar problemática. Ela contou sua história com enorme franqueza em suas próprias memórias, *Why Not Say What Happened?* [Por que não contar o que aconteceu?]. Como Caroline, ela era tímida, e a bebida a deixava falante e espirituosa, às vezes de um modo corrosivo. Sua criação tinha sido caótica e instável, sendo sua maior tragédia a morte da irmã mais velha, Natalya, de uma overdose de drogas aos 17 anos.

Ela não sabia ao certo se seu pai biológico era de fato Israel Citkowitz, um compositor polonês com quem Caroline tinha se casado depois de se divorciar de Lucian. Para complicar as coisas, sua mãe sugeria que talvez seu pai fosse Robert Silvers, o editor da *New York Review of Books*, com quem ela tinha tido um caso. Somava-se à confusão o fato de Ivana então ter trocado seu sobrenome para Lowell, o do terceiro e último marido de Caroline, o poeta americano Robert Lowell. Quando Lowell morreu em 1977, no banco do passageiro de um táxi em Nova York, ele estava segurando o retrato de Caroline, pintado por Lucian, que tinha comprado por £28.000 de lorde Gowrie, um grande amigo dele e *marchand*, que posteriormente se tornou ministro das Artes no governo Thatcher.

Somente depois da morte de sua mãe, Ivana descobriu, com a ajuda de exames de DNA, que de fato seu pai era Ivan Moffat, um produtor cinematográfico inglês (*Assim caminha a humanidade* com James Dean estava entre seus trabalhos), que por coincidência tinha frequentado a escola de Dartington Hall em Devon com Lucian. "Era tão óbvio que Ivan era o pai. Basta olhar para o nome dele e o nome dela", disse-me Lucian, pasmo com o fato de Caroline jamais ter revelado à filha a identidade de seu verdadeiro pai.

Quando nos conhecemos naquele jantar em 1989, Ivana e eu não paramos de bater papo e rir; e, no final da noite, peguei seu número de telefone antes de viajar de volta para Londres no dia seguinte. Guardei o pedaço de papel com seu nome e número na carteira por dois anos, até 1991, quando me mudei para Nova York, como correspondente do *Sunday Times* nos Estados Unidos, e então liguei para ela. Começamos um relacionamento que haveria de durar dois anos. E com Ivana veio Caroline, com quem passávamos a maioria dos fins de semana em sua casa em Sag Harbor.

E assim, em seus anos de declínio, Caroline tornou-se parte de minha vida. A bebida acentuou sua irritabilidade pervertida, suas conclusões de observadora maliciosa. O quadro *Girl in Bed* de Lucian estava acima da cornija da lareira. Bem, era como se estivesse ali, porque era uma cópia. O original era considerado valioso demais para ser deixado numa casa de praia, praticamente sem nenhuma segurança. Muitos bajuladores comentavam com Caroline as pinceladas minúsculas e sutis de um gênio, que mal eram visíveis. Ela ria de como estavam iludidos.

Caroline tinha um lado sombrio, reforçado pela tragédia em sua vida. Seu irmão, Sheridan Dufferin, o 5º marquês, morreu vítima de AIDS em maio de 1988, dez anos depois da morte de Natalya, filha adolescente de Caroline. Ela entrou na justiça contra a própria mãe por dinheiro; seus três casamentos fracassaram; e, pessoalmente, como mãe, seu sucesso foi mediano. A atividade em que se saiu vitoriosa foi a de escritora. Caroline produziu alguns livros brilhantes e sagazes como, por exemplo, *Great Granny Webster* [Bisavó Webster], indicado para o Booker Prize em 1977. Tratava-se de uma comédia gótica, vista pela perspectiva de uma menina órfã e seu relacionamento com sua bisavó. Houve quem a interpretasse como um romance *à clef,* sobre sua mãe monstruosamente intimidante e sua própria filha morta.

Jamais insípida, ela de fato podia ser perturbadora. Lembro-me de ter ouvido que uma vez ela encontrou uns filhotes de melro em suas botas impermeáveis e os esmagou com o pé. "Foi horrível, horrível de verdade, mas foi o que fiz", disse ela à biógrafa Victoria Glendinning.

Caroline usava as palavras de modo peculiar. "Vamos ao *'cunt'*?", perguntava ela a Ivana ou a mim, quando queria sair de Manhattan, abreviando a palavra "country" e curtindo a obscenidade.* Ou: "Vamos tomar um pouco de *'shamp'*?", enquanto olhava para uma garrafa de Bollinger, num estilo semelhante ao da famosa frase de Francis Bacon: "Champanhe para meus verdadeiros amigos; dor verdadeira para meus falsos amigos." (Embora, como Lucian salientaria, a dor verdadeira fizesse parte dos prazeres sexuais de Francis; e, portanto, seria também para seus verdadeiros amigos.) Em seus últimos anos, a voz esfumaçada e gutural de Caroline podia ser ouvida em muitos bares de Manhattan, pedindo uma vodca "com água tônica, acompanhando", a ênfase era na palavra "acompanhando" já que era assim que a tônica ficava, geralmente sem ser tocada. Armada com seu cacoete de conversar observando

---

* Uso da palavra *"cunt"* [boceta] como forma abreviada para *"country"* [campo]. [N. da T.]

cada detalhe, isolando-o, repetindo-o, exagerando-o e depois brincando com ele inúmeras vezes, ela era ocasionalmente grosseira e ofensiva. Alguém seria tão, mas *tão* gordo; ou alguém teria *tanta* falta de senso de humor; ou escreveria *tão* mal. A isso se seguiria uma risada marcada pelo fumo, o lado claro que acompanhava o sombrio. Era a maledicência no estilo de *Escola do escândalo,* proveniente de uma mente inflexível, sem formação. Como Lucian, ela era principalmente uma autodidata. Sabia instintivamente que sua jogada mais forte era a franqueza, e de modo impiedoso buscou sua versão da verdade em sua obra escrita. Seu último livro, inacabado, era sobre travestis; e ela realizou sua pesquisa em bares e boates diferentes no centro da cidade.

Sua filha Natalya também cruzou a vida de Lucian. Como se estivesse tentando resgatar algum estranho eco de seu relacionamento com Caroline, ele a conheceu depois que ela saiu de Dartington, escola que ela também frequentara, e ele tinha pedido para vê-la. Caroline ficou alarmada, mas era negligente demais como mãe para fazer grande diferença. Natalya tinha seu próprio apartamento e estava mergulhando rápido no caminho da dependência de drogas. Era uma tragédia à espera de se desdobrar em muitos níveis. Em certa ocasião, quando Lucian estava se encontrando com sua irmã, Evgenia queixou-se com ele de estar receosa de que Natalya estivesse com um grave problema com drogas. Lucian descartou sua preocupação como tolice. Evgenia jamais conseguiu entender por que uma garota de 17 anos teria permissão para ter seu próprio apartamento e morar separada da família, quando era obviamente tão incapaz de cuidar de si mesma.

Nem Caroline nem Lucian demonstraram sabedoria, generosidade, responsabilidade ou mesmo respeitabilidade. Foi um episódio vergonhoso. Natalya confessou à irmã que tinha dormido com Lucian. Ela estava com 17; ele, com 55. Na essência, foi quase um incesto, dormir com a filha da ex-mulher. Pouco tempo depois, ela foi encontrada morta. Sua morte acrescentou um desfecho inusitado e perturbador à história de Caroline e Lucian, que causou grande desconforto a todos.

Lucian passou a nutrir uma aversão instintiva e não justificada pelas filhas sobreviventes de Caroline. Foi algo que Evgenia aceitou com generosidade. "Eu o conheci quando tinha 15 anos. Jantei com ele e sua filha Bella; e o vi de vez em quando ao longo dos anos. Ele nunca olhava para você diretamente, mas de esguelha; e desviava o olhar depressa quando você se voltava para encará-lo. Isso lhe dava a aparência de estar sendo ligeiramente furtivo, mas acredito que fosse porque ele só estava interessado na verdade daquele momento desprotegido, em que a pessoa ainda não teve a oportunidade de preparar uma fachada ou de ajeitar a expressão. Nada disso lhe interessava tanto quanto a franqueza emocional e física."

Caroline costumava manifestar uma opinião ríspida acerca do ex-marido e, em tom de provocação, dizia a amigos que Lucian deveria ter previsto que ela o abandonaria. Expôs sua hipótese de que todos os quadros dele eram, sob certo aspecto, proféticos, delineando suas opiniões num artigo intitulado "Portraits by Freud" [Retratos pintados por Freud], encomendado por Robert Silvers para a *New York Review of Books*. Ostensivamente, tratava-se de uma resenha de "Recent Works" [Obras recentes], uma mostra no Metropolitan Museum of Art em Nova York, mas foi também uma retaliação psicológica. Ela pareceu estranhamente perplexa e magoada com o motivo pelo qual ele a envelhecera desnecessariamente em seus retratos. O envolvimento dele com sua filha a deixou revoltada, mas estava claro que essa era apenas a camada superficial de seu ressentimento.

Caroline escreveu: "Seus retratos sempre foram profecias, mais do que instantâneos do modelo captados fisicamente num momento histórico preciso. No passado, isso não era tão óbvio, porque suas profecias ainda não tinham se tornado tão medonhas e sinistras. Quando posei para ele, quase quarenta anos atrás, os retratos que ele fez de mim foram recebidos com uma admiração que tinha toques de perplexidade. Eu mesma fiquei consternada; outros ficaram aturdidos com a razão pela qual ele precisava pintar uma garota, que àquela altura ainda parecia infantil, com um ar infelizmente tão mais velho."

Ela pegou pesado quando virou a mesa contra o ex-marido, criticando com severidade seu autorretrato nu, aos 70 anos, com uma análise arrasadora, descrevendo-o como um "Mefistófeles nu e paranoico, destruindo feito louco o que está em volta, brandindo com perversidade sua espátula, como se ele a considerasse uma varinha de condão, uma espada ou um cetro. Nessa vigorosa autodissecação, Lucian Freud permite-se ser visto sem nada além de um embaraçoso par de botas desamarradas."

Naquela época, segundo Caroline, em sua atitude mais devastadora para com Lucian, muitas pessoas consideravam cruéis os quadros que ele pintava de homens e mulheres. "Enquanto olham cá para fora a partir de suas telas, os olhos dos modelos de Lucian Freud sugerem que, como o cego Tirésias, 'eles já sofreram de tudo'. Como espécimes selecionados da humanidade, ampliados pela nitidez cruel de um microscópio, eles também já foram vistos por todos."[87]

Jornais referiam-se a Caroline e a Ivana como herdeiras; e, embora a segurança financeira lhes proporcionasse a liberdade de não precisar depender de homens, bem como a capacidade de fugir em tempos difíceis, ela também as forçou a lutar para encontrar a felicidade. Um desejo de se acomodar entrava em conflito com uma irresponsabilidade. Como Caroline abandonou Lucian, Ivana me deixou de modo igualmente abrupto, pelo produtor de cinema Bob Weinstein (pouco depois que ele e seu irmão Harvey venderam sua empresa Miramax para a Disney), embora nós tenhamos continuado bons amigos.

O contato final entre Lucian e Caroline ocorreu quando ela estava morrendo de câncer em Nova York em 1996. Ele ligou de Londres para seu leito de morte, e os dois conversaram ternamente por uma hora, com ela ali deitada, tranquila, comovida com o afeto e o charme dele. Num estado induzido pela morfina, Caroline viu um mosaico de cores, enquanto Lucian falava. Ela estava mais uma vez num quarto de hotel, não no quarto apertado em Paris, como meio século antes, mas numa suíte majestosa no Mayfair na esquina da rua 65 e da Park Avenue, com uma lareira acesa no quarto. Foi a última conversa entre os dois.

Lorde Gowrie estava lá para se despedir, mas deixou Caroline trocar suas últimas palavras com o homem que a tornou imortal com a pintura. "Pela porta do quarto, dava para ouvi-la rindo, e de repente ela pareceu jovem, como uma menina", disse Gowrie. Caroline manteve seu humor negro até o final, contando a Lucian que uma amiga tinha vindo visitá-la, trazendo um pouco de água benta de Lourdes, que tinha deixado derramar sem querer. "Eu podia ter apanhado uma pneumonia", disse ela.

Como seu filho Sheridan estava em pé no quarto do hotel, com a luz da rua de Manhattan entrando pela janela, embora estivesse confusa pela morfina, de algum modo Caroline voltou mentalmente ao retrato dela, *Hotel Bedroom*, em que Lucian tinha ficado parado junto da janela em Paris todos aqueles anos atrás; e por alguns segundos ela confundiu Sheridan com Lucian, dizendo então que ele estava muito parecido com Lucian, à medida que a arte, a verdade e as pessoas que tinha amado se fundiam todas nesses seus momentos finais.

8. Tinta

Lucian sempre teve vários quadros em andamento ao mesmo tempo. O trabalho ditava cada minuto do seu tempo, e nada o interrompia. Ele era ditatorial com seus modelos quanto à pontualidade e costumava fazer alguns deles se submeter a provas de resistência tântricas, pedindo-lhes que assumissem posições por horas seguidas e por semanas e muitas vezes meses a fio. O trabalho definia sua vida e era o único assunto sobre o qual ele chegou a escrever para o público.

"Meu Deus, como parece insignificante agora", disse Lucian, ao pegar meu exemplar amarelado e desbotado da *Encounter*, a revista literária publicada por Stephen Spender. Ela custava apenas 2 xelins e 6 *pence* (12 1/2 *pence*) e a edição de julho de 1954 tinha incluído seu ensaio "Algumas reflexões sobre a pintura". Nas chamadas de capa, seu nome aparecia acima de W. H. Auden, mas abaixo de Dylan Thomas e Bertrand Russell. Foi seu único artigo publicado, e em 2004 eu estava incumbido da tarefa de obter uma continuação, cinquenta anos depois que Spender o contratara para escrever sobre como e por que pintava.

Era minha segunda tentativa de convencer Lucian a fazer alguma coisa para a revista *Tatler*, já tendo tirado sua fotografia no café com Frank Auerbach. Lucian gostava do inesperado, e a

Tatler, a revista mais antiga do mundo, fundada em 1709, com Jonathan Swift como seu primeiro correspondente, o atraía por seu sentido de história e de peculiaridade. Ele se disporia a escrever mais algumas ideias sobre a pintura? Disse que pensaria no assunto, enquanto folheava meu exemplar da *Encounter*, explicando com autoridade o enfoque de Auden para a história do Antigo Testamento de Balaão e sua jumenta, que tinha poderes divinos, o que significava que ela podia ouvir a voz de um anjo. Ele momentaneamente amaldiçoou Spender, que, Lucian insistia, teria roubado alguns desenhos seus.

Lucian não via um exemplar da *Encounter* havia décadas e gostou de ver reproduções de seus quadros de Christian Bérard, Caroline Blackwood, John Minton e Francis Bacon, impressas em quatro páginas, com seu texto ocupando mais duas páginas. Agradou-lhe a ideia de uma continuação, desde que ele conseguisse pensar em alguma coisa nova para escrever. Enquanto estávamos ali sentados no Clarke's, li em voz alta para ele e David Dawson parte de seu ensaio de 1954: "Meu objetivo ao pintar quadros é tentar estimular os sentidos, por meio de uma intensificação da realidade. Alcançar esse objetivo depende da intensidade com que o pintor entende e sente a pessoa ou o objeto de sua escolha."

Ele disse que sua opinião praticamente não mudara. Tratava-se da poderosa associação do intelecto com a emoção — como o pintor "entende" e "sente". "Não mudei de opinião quanto a isso. Ainda penso do mesmo jeito. Não é mesmo, David?", disse ele. Em seus últimos anos, era quase um cacoete ele procurar uma confirmação por parte de David, que tinha observado o desenvolvimento de seus quadros todos os dias havia vinte anos. As palavras originais, disse Lucian, exigiram muito trabalho, tendo sido escolhidas com a mesma dedicação perfeccionista com que ele aplicava a tinta, quase esculpidas a partir de sua mente. Ele tinha manifestado desdém pela arte abstrata, apresentando argumentos vigorosos em defesa da superioridade da arte figurativa: "Pintores que se negam a representação da vida e limitam sua linguagem a formas meramente abstratas estão se privando da possibilidade de provocar mais do que uma emoção estética."

Ele acreditava que o corpo humano era o assunto mais profundo e seguia um processo implacável de observação, recorrendo à exatidão de um cientista que disseca um animal num laboratório. Seus quadros eram sempre mais analíticos do que psicanalíticos. Ele nunca pretendeu que eles tivessem um roteiro narrativo. Eles apenas mostravam o que ele via; e, se a estranheza de uma zebra, um rato ou de uma perna saliente dava origem a alguma interpretação psicológica, ele insistia que tinha pintado simplesmente o que estava diante dele.

Continuei a ler: "O tema deve ser mantido sob uma observação rigorosíssima: se isso for feito, noite e dia, o tema — ele, ela ou alguma criatura ou objeto — acabará por revelar o tudo, sem o qual a própria seleção não é possível; eles o revelarão, através de alguma ou de cada faceta de sua vida ou de falta de vida, através de movimentos e atitudes, através de cada variação de um momento para outro."

O ensaio era uma justificação do modo de vida dele. "O pintor deve pensar em tudo o que vê como algo que está ali totalmente para seu próprio uso e prazer. O pintor que tentar servir à natureza não passa de um artista burocrata."[88]

Lucian ouviu e concordou. "É muito fácil de compreender por que, em termos muito simples, tudo o que eu sempre quis realmente foi pintar. Quanto a isso, sou muito egoísta. Não estou dizendo isso para me gabar, mas como um fato. Nunca tentei esconder isso", disse ele.

Sua ambição, escrevera ele na *Encounter*, era dar à "arte uma total independência em relação à vida, uma independência que é necessária, porque o quadro, para nos comover, não deve jamais nos lembrar a vida, mas deve adquirir uma vida própria, exatamente para refletir a vida".

Uma semana depois, eu estava de novo no Clarke's, e Lucian trouxe uma folha de papel com vários trechos riscados, em sua caligrafia de criança prodígio, junto com algumas frases claras. Seu processo de pensamento parecia irregular, como que relutante para ser liberado para o mundo. Ele tinha compartilhado sua ansiedade quanto ao uso das palavras exatas com o crítico de arte Martin Gayford, seu amigo, que ele pintou em *Man with a Blue Scarf* [Homem com cachecol azul] (2004). "Escrevi três frases novas. Pensei em mais uma hoje, no táxi. Escrever é de uma dificuldade tão enorme que não consigo entender como alguém pode ser escritor", disse ele.[89] "Não consigo acreditar direito, mas deixei de fora do artigo original a coisa mais importante."

Seu novo manifesto, muito breve, conteve suas últimas palavras publicadas. "Ao reler ['Algumas reflexões sobre a pintura'] concluo que deixei de mencionar o ingrediente essencial sem o qual a pintura não pode existir: a TINTA. A tinta em relação à natureza de um pintor. Uma coisa mais importante que a pessoa no quadro é o quadro."

Em julho de 2004, o texto foi publicado na *Tatler* junto com o ensaio original de 1954. Ele considerou perfeito o intervalo de cinquenta anos entre os dois textos. "Sem pressa alguma", disse ele. Lucian tinha salientado que pintar era tudo para ele e era uma obsessão para ele a forma pela qual a arte era criada. Nas paredes de seu ateliê estavam rabiscadas as palavras: "urgente", "sutil" e "conciso". Ele explicou de que modo essas palavras definiam seus objetivos:

LF: Com "urgente", não estou querendo dizer urgente como numa atividade de socorro. É como se fosse um lembrete; eu estava tentando pôr em palavras as qualidades que me esforçava por alcançar. Creio que a arte não é chamada de arte por nada. Ela é uma coisa deliberadamente trabalhada. O que está no seu papel ou na sua tela é o que você vai deixar mesmo.

GG: É importante tentar alcançar sensualidade num quadro?

LF: É, sensação e tato. A pintura de um cavalo pode ser bastante parecida com escrever uma carta de amor. Tudo está ligado ao fato de as formas em si causarem uma sensação que afeta o pintor. Fazer isso é algo pessoal e particular.

GG: Como os quadros se desenvolvem?

LF: Se uma pintura estiver evoluindo bem, você trabalha nela por inteiro. Você não diz: "Ah, não vou tocar mais nessa parte." De repente, você descobre que alguma coisa que fez afeta outra parte. Esse é o elemento da arte. É assim que você se sente, ou não se dedicaria a pintar. O quadro como que acaba por se pintar sozinho. Ele não quer que você faça mais nada; o que fez já bastou. Mas às vezes você prossegue, equivocadamente, e pensa: "Fiz isso aqui e agora vou fazer mais um pouco logo ali", e então chega à conclusão: "Que erro!"

GG: Dá para consertar?

LF: Dá. Dá para fazer qualquer coisa. Às vezes, por urgência, decisões fortes resultam em coisas serem feitas na tela de um modo que, se você repetisse, não causaria a mesma impressão. O acaso entra no que acontece. A sorte pode estar ligada ao ritmo ou à velocidade, mas também ao tempo. A escala afeta tudo. Fazer tudo em escalas diferentes é uma coisa que ajuda a manter a pessoa viva. Faz com que se preste atenção. Meu *Self-Portrait with a Black Eye* [Autorretrato com olho roxo], que foi vendido recentemente, é muito pequeno. Sei que pareço presunçoso e bastante egoísta, mas o quadro não me parece muito pequeno.

GG: Então o que o faz pintar?

LF: É o que mais gosto de fazer, e sou totalmente egoísta.

GG: Pode haver algum componente de raiva?
LF: É mais como uma agitação ou um desespero.
GG: E do que você gosta na pintura?
LF: De tudo. Sempre tenho três ou quatro quadros em andamento. É o projeto em si. No meu caso, é sempre totalmente autobiográfico. Sempre trabalho com pessoas com quem gosto de estar e que me interessam.
GG: A ambição é um instigador importante para você?
LF: A única coisa que eu não quero fazer é simplesmente mais um quadro.
GG: E o modelo é essencial a qualquer momento, mesmo quando você está pintando as tábuas do assoalho?
LF: Para atingir meu objetivo, preciso da pessoa diante de mim, porque se trata de um retrato, não de uma natureza-morta de uma pessoa nua no chão.
GG: E nos retratos de Caroline [Blackwood], eram os seus enormes olhos luminosos o que era importante?
LF: Nunca penso nas feições em si. É mais a presença.
GG: Existem alguns pintores que você me disse não admirar, como Rafael.
LF: Não estou dizendo que ele não é bom. É só que ele não evoca nada. É impossível não admirá-lo.
GG: Então, quem você admira?
LF: Ingres mais do que qualquer outro.
GG: Você pensa sobre o tempo?
LF: Sim, quanto mais velho se fica, mais se pensa.
GG: E você continua ambicioso?
LF: Continuo, muito. É a única coisa que faz sentido. Se não for isso, qual é a motivação? Não pode haver um jeito mais difícil de ganhar dinheiro. Trabalho todos os dias. Não faço mais nada. Eu costumava me envolver em atividades frenéticas, como ficar num cassino oito horas seguidas. Esse tempo passou.

A casa de Notting Hill onde ele pintou em seus últimos anos de vida era um híbrido de oficina improvisada de carpinteiro e salão do século XVIII. Quando se entrava, havia dois quadros grandes, do início da carreira, com aplicação espessa da tinta, de Frank Auerbach. Na cozinha, havia uma escultura, de autoria de Rodin, de Balzac, barrigudo, corpulento e imponente. "O rosto era dele, mas o corpo era o do açougueiro da vizinhança", disse Lucian, enquanto punha a chaleira no velho fogão a gás para fazer uma xícara de chá.

Centenas de pincéis estavam enfiadas em latas grandes, cestas, jarros, muitos deles endurecidos, velhos e cobertos de poeira, com o cabo borrado de tinta.

Em algumas partes, as paredes apresentavam uma grossa crosta da tinta que ele tinha salpicado do pincel ou da espátula, tendo se acumulado e se solidificado ao longo dos anos, como quadros de Jackson Pollock em três dimensões. (Lucian autorizou que apenas três trechos fossem recortados da parede do ateliê abandonado de Holland Park para serem preservados: um para Jane Willoughby, um para David Dawson e um para mim. Seis meses após sua morte, seu ateliê foi desmontado.)

Pedaços rasgados de lençóis brancos em que ele limpava os pincéis estavam descartados no assoalho como gigantescos lenços de papel. Nomes e números de telefone estavam garatujados na parede. Uma velha cama de ferro, poltronas de couro com o estofamento saindo em espirais, um banco alto de bar, cavaletes e mesas com tintas e pincéis, todos estavam ali, dispostos como se o tempo tivesse parado. No ateliê, uma mesa de cavalete estava arqueada sob o peso de tubos de tinta ainda fechados ou já pela metade. A mobília e as capas de colchões estavam desbotando devagar, desintegrando-se, com o aposento livre de todo e qualquer aparelho eletrônico. Era como o cenário para a peça *Breath* [Fôlego] de Samuel Beckett, juncado de modo caótico com lixo de origens diversas, mas de certo modo apresentando uma elegância maltrapilha. Michael Saunders, um *bookmaker* que trabalhava para Victor Chandler, lembra-se de ir lá para tentar recuperar dinheiro de Lucian para saldar dívidas de jogo. Ele se deparou com uma cena de decadência: "Lucian tinha uma lata de Beluga com uma colher de prata numa das mãos, e o pincel na outra. Estava em pé diante do cavalete, usando o que parecia ser uma calça de pijama", recordou-se ele. Na mesa de madeira havia uma garrafa de champanhe Salon, aberta, pela metade, quente e choca. Um bloco de patê de fígado de vitela da delicatéssen de Sally Clarke tinha sido meio consumido, com suas bordas escuras por ele ter sido deixado exposto, fora da embalagem. Ouvia-se uma torneira pingando na cozinha. Ele adorava boas toalhas de mesa. Sentia prazer em espanar com cuidado as migalhas. Tinha belas facas e garfos, bem como copos de vinho do século XVIII. Ficou muito feliz, por exemplo, quando ganhou da filha Annie quatro tacinhas simples para ovos quentes. No entanto, junto da toalha de mesa de linho irlandês, era fácil encontrar pêssegos estragados, cinzentos com o apodrecimento. Lucian gostava da vida doméstica, segundo seus próprios termos.

Embora o material físico da tinta estivesse tão presente na vida de Lucian — era frequente que suas roupas exibissem salpicos de tinta —, ele era escrupuloso com a limpeza de suas mãos. "Às vezes, tomo três banhos num dia. O banho me acalma", disse-me. Ele foi fotografado nu no banho por Harry Diamond, fotógrafo do East End, em 1966; e mais tarde por Jacquetta Eliot na casa dela em Notting Hill, com seu filho pequeno. Era como se fosse um vício o tempo que passava na banheira. Lucian estava sempre elegante, uma silhueta em roupas surradas sentada nos fundos do Clarke's, o cabelo grisalho cortado curto por sua filha Bella, muitas vezes com a barba de um dia ou dois por fazer. Ele deslizava pelo linóleo da cozinha, só de meias, como se estivesse de patins. Neil MacGregor lembrou-se de que "ele estava sempre sem sapatos, subindo e descendo a escada apressado com seus passos longos, atléticos. A velocidade do movimento era espantosa para um homem de sua idade, bem como sua agilidade e destreza. Havia algo de élfico em seus traços, na nitidez e no brilho de seus olhos, e em seu movimento constante."[90]

Lucian precisava estar em forma, já que ficava em pé horas a fio quando trabalhava, a qualquer hora do dia ou da noite. Se três da madrugada fosse um horário conveniente para ele e para seu modelo, ele pintaria a essa hora. Embora seus horários se tornassem menos antissociais à medida que envelhecia, e ele considerasse mais difícil acordar muito cedo, a intensidade de seu relacionamento com a pintura não se reduziu. Ela se entremeava em sua vida de todas as formas: ele usava um pincel até mesmo como pincel de barba. "Descansar carregando pedra" foi a manchete na *Tatler* ao lado de uma fotografia tirada por David Dawson de Lucian espalhando espuma no rosto com um pincel de pintura numa das mãos e um barbeador na outra.

"Não era simplesmente a necessidade de pintar. Era a necessidade da perfeição", disse Victor Chandler. "Às vezes ele comprava de volta quadros que achava que não eram bons o suficiente e que não deveriam ter saído do ateliê. Era a raiva, raiva de verdade contra si mesmo, quando cometia um erro. E era bastante assustador porque ele dava um pulo para trás e praguejava. E você ouvia: 'Puta que pariu!'"[91]

Uma linha tênue separava o sucesso do fracasso. "Penso na atenção de Lucian a seu assunto. Se o interesse concentrado falhasse, ele despencaria da corda esticada. E não dispunha de nenhuma rede de proteção", disse Frank Auerbach.[92]

Ele pintava quem quer que estivesse em sua vida, às vezes os que tinham ligação mais íntima com ele, como seus filhos ou amantes, às vezes desconhecidos de quem ele se tornava íntimo por intermédio do próprio processo de pintá-los. Mark Fisch, o incorporador nova-iorquino e colecionador de Antigos Mestres, cujo retrato Lucian pintou, disse-me: "Lembro-me de ele ter me contado como uma vez uma garota que ele não conhecia bateu à sua porta e ele a abriu. Ela entra, ele transa com ela encostada na parede e depois a pinta." Essa história foi relatada a Fisch, quando Lucian estava com 84 anos. "Um sem-número de maridos e namorados poderia tê-lo esfaqueado. Por muitos motivos, não se esperava que ele vivesse até os 88 anos", disse Fisch.[93]

Às vezes suas amizades se esfacelavam, como ocorreu com Tim Behrens, que durante nove anos esteve com Lucian quase todos os dias. Eles se conheceram em 1955 quando Tim era um aluno de 17 anos da Slade School of Art, e Lucian era seu professor uma manhã por semana, aos 33 anos, quase o dobro da idade do aluno. Por um tempo, eles foram inseparáveis. "Todos supunham que estivéssemos tendo um relacionamento homossexual, o que estava muito longe da verdade. Moramos juntos por um tempo, dividindo uma casa no nº 357 de Liverpool Road, Islington", lembrou-se Behrens, cinquenta anos depois de ter posado para Lucian pela primeira vez.

O pintor mais velho e o mais jovem tornaram-se muito amigos; e, como um sinal de seu afeto, Lucian deu ao protegido um dos seus primeiros autorretratos e um desenho de Caroline Blackwood. Contudo, embora sua amizade tivesse começado bem, ela haveria de terminar com azedume.

Uma razão era o troca-troca de mulheres na vida dos dois, notável, até mesmo para os padrões fálicos de Lucian. Três namoradas de Tim tornaram-se amantes de Lucian: Suzy Boyt, Susanna Chancellor e Janey Longman. Lucian também teve um caso com Kate, filha de Tim.

Quando eles se conheceram em 1955, Tim era o filho rebelde de um banqueiro próspero. Tinha saído cedo de Eton para frequentar a escola de belas-artes, onde conheceu Lucian, que de imediato o convidou para posar para um retrato (ele o pintou quatro vezes). Lucian também incentivou Tim com sua própria pintura e comprou alguns de seus quadros. Era tanto uma amizade entre pares como um relacionamento quase entre pai e filho. Eles frequentavam muitas festas, quase sempre até tarde, além de circular pelos *pubs* em torno de Paddington, não que Lucian bebesse muito. "Nós jogávamos muito fliperama; Lucian não ganhava nunca", lembrou-se Tim.

Dívidas de jogo às vezes causavam um ou outro constrangimento social. "Lembro-me de quando um cara se aproximou e disse: 'Oi, Lou, engraçado encontrar você.' Lucian deu-lhe uma cabeçada e disse 'Foge'. Nós escapamos e então perguntei: 'Afinal o que foi aquilo?', Lucian respondeu: 'Acho que devo 14 ao cara.' 'Quatorze libras?', pergunto eu. 'Não é muito.' 'Não', disse ele. 'Quatorze mil libras.' Era um gângster tentando pegar de volta o dinheiro que ele lhe devia." Lucian e Tim estavam na famosa fotografia de John Deakin, no restaurante Wheeler's, à mesa com Francis Bacon, Frank Auerbach e Michael Andrews.

"Quando morávamos em Liverpool Road, Lucian estava com Suzy Boyt; e eu, com Anne Montague", explicou Tim, que tinha apresentado Lucian a Suzy Boyt. Ela viria a ser a mãe de quatro dos filhos de Lucian. "Vi Suzy pela primeira vez numa festa, grudada com um cara que achei não estar à altura dela. Eu no mínimo tinha uma aparência tão boa quanto a dele. Eles estavam se beijando na boca e com as coxas coladas. Esperei por uma oportunidade", lembrou-se ele. "Mais tarde Lucian pediu que eu o apresentasse a Suzy, descrevendo-a como 'aquela garota maravilhosa de cabelo verde'. Eu já tinha saído com ela, com resultados não muito satisfatórios, e me dispus a passá-la adiante para Lucian", lembrou-se ele.

Em seguida, Tim Behrens conheceu Susanna Chancellor, ou Debenham, como se chamava na época, quando ela era namorada de outro Tim, irmão de Jane Willoughby. Como Behrens o considerava muito libertino, acreditava ser preciso salvá-la das mãos dele. E, segundo o relato de Behrens, ele acompanhou Lucian numa viagem a Nice para tentar afastar Susanna do namorado. No entanto, depois de trocar Tim Willoughby por Tim Behrens, Susanna subsequentemente se voltou para Lucian. Uma repercussão positiva para Tim Behrens foi ele ter conhecido sua segunda mulher, em consequência de Lucian ter seduzido Susanna. Ao encontrar a porta da frente do seu apartamento trancada, Tim foi dormir num pequeno quarto no mezanino, tirando toda a roupa, só para ter a surpresa de encontrar outra garota naquela cama. Ela se tornou sua segunda mulher.

A desavença com Lucian ocorreu pouco depois que a primeira mulher de Tim morreu de modo inesperado. Ela era alérgica a picadas de abelhas e vespas; e, depois da separação, tinha saído de férias com seu namorado turco, sem levar o soro, tendo sido picada e morrido. Alguns meses depois, Lucian ficou furioso com Tim, por Tim ter se apaixonado de imediato e, na opinião de Lucian, de modo inadequado, por uma garota que era extremamente parecida com sua falecida mulher. Lucian achou isso de enorme mau gosto, tão cedo depois da morte, e eles tiveram uma briga acirrada. Quando Tim voltou para tentar conversar, Lucian disse que estava muito ocupado pintando e bateu a porta com violência. Foi uma das últimas vezes que eles chegaram a se falar. Sua forte amizade de nove anos estava terminada. "Fiquei arrasado. Não pude acreditar que alguém pudesse ser tão frio. Eu o via como um substituto do meu pai, que tinha sido um perfeito canalha. Eu realmente o amava, e foi isso o que foi mais difícil quando a gente se desentendeu", disse ele, de sua casa na Espanha, onde, aos 75 anos, com uma venda preta sobre o olho direito, o cabelo ainda de um louro avermelhado, ele é um pintor e poeta admirado.

Uma apresentação mais convencional ocorreu em 2002, quando Bella, filha de Lucian, atraiu a atenção do pai para Kate Moss. Ia contra todos os seus instintos usar uma modelo profissional, mas ele se interessou por ela. Era rebelde e imprevisível, além de ter causado furor na imprensa internacional, quando foi apanhada num flagrante com drogas armado por um tabloide. Lucian sempre gostou de rebeldes.

LF: Eu soube de uma entrevista numa revista em que Kate disse que queria ser pintada por mim. Perguntei a Bella se era verdade. Eu tinha dançado uma vez com ela, e por isso, quando soube que ela queria ser pintada por mim, disse a Bella para mandá-la vir.

GG: Os atrasos causaram problema?

LF: Eu às vezes me irritava muito. Fico tenso quando estou trabalhando, e a pior coisa é alguém se atrasar. Ela se atrasava só como é costume das garotas, tipo uns 18 minutos. Eu me chateava, mas procurava não dar importância. Recorri a outros meios para fazer com que chegasse na hora, como mandar alguém apanhá-la.

GG: Você gostou de tê-la pintado?

LF: Eu gostava da companhia dela. Ela era interessante e cheia de comportamentos surpreendentes. O que me incomodava era alguém estar esperando do lado de fora, enquanto ela estava comigo. Acho que era alguém que estava com ela desde que era muito nova. Sempre detestei ser vigiado. Não que aconteça tanto assim.

GG: E o resultado final?

LF: O quadro não saiu grande coisa.

GG: Por que não?

LF: Isso é como perguntar a um jogador de futebol, depois de uma partida, por que ele não fez nenhum gol. O quadro agora está com um colecionador sul-americano.

GG: E é estranho quando um quadro está terminado e não se tem vontade de ver a pessoa novamente?

LF: Não foi esse o caso com Kate, mas na realidade não. Nunca fui de dizer mentiras, a não ser as mentiras ridículas. Gosto demais do ditado de William Blake: "A verdade que é dita com má intenção supera todas as mentiras que você possa inventar." Acho incrível, mas nunca me envolvi com isso.

GG: Quando jantei com ela, ela me disse que você lhe deu uma tatuagem.

LF: Acho que foi feita num táxi. Ela disse que não parava de ouvir dizer que eu fazia tatuagens nas pessoas. Como você faz? Eu respondi "vamos em frente", e fiz sua tatuagem no táxi.

GG: Ela disse que você usou uma espécie de buril. Pedi-lhe que me mostrasse sua tatuagem, mas ela respondeu que não no restaurante onde estávamos.

LF: Foi um pequeno pássaro.

GG: Em que outras pessoas você fez tatuagens?

LF: Não muitas.

GG: Como você faz?

LF: Desenho e esfrego com tinta nanquim até o sangue brotar. Depois, vem o que se chama de casca, na qual você injeta um pouco de tinta. E quando a casca cair, fica o desenho, a tatuagem. É muito primitivo. Faziam isso no navio mercante em que estive durante a guerra.

GG: Eles lhe fizeram uma tatuagem?

LF: Não, eu é que fiz neles. "Ah", diziam eles, "quer dizer que você é uma droga de pintor. Faz uma tatuagem na gente." E diziam: "Minha namorada diz que, se há um pintor no navio, faça com que ele tatue meu nome." Às vezes, eu fazia animais, principalmente cavalos.

GG: Algumas de suas obras mais antigas!

LF: Eu mesmo não gostaria de ter uma tatuagem. Acho que poderia suportar a dor; mas, quando a polícia prende alguém, eles despem a pessoa para ver qualquer marca que a identifique. Eu não ia querer ter uma identificação tão clara. Prefiro poder escapar sem ser percebido.

Outra pessoa que ele tatuou foi Jacquetta Eliot, que permitiu que ele marcasse seu traseiro. "Quando se está apaixonada, a gente faz coisas malucas. Simplesmente aconteceu", explicou ela.[94] Durante o caso tempestuoso de Lucian com ela, o senhorio dele pôs um aviso na porta da frente do prédio em Paddington, onde ele tinha seu ateliê, pedindo a todos que a mantivessem fechada para impedir a entrada de ratos provenientes do porão. Pensando no amante, Jacquetta escreveu uma resposta no aviso: "Tarde demais. Já tem um morando no segundo andar."

■ ■ ■

A pintura e o ato sexual não estavam desligados um do outro. Na opinião de John Richardson, para Lucian eles eram intercambiáveis. "Ele transforma o sexo em arte e a arte em sexo, a manifestação física de sua vida expressada através da tinta. Sua criatividade era muito assemelhada à transa. O ato sexual e o ato intelectual — ou criatividade, ou como se queira chamá-lo — da pintura eram intercambiáveis sob certos aspectos. Ele não tinha nenhuma dificuldade para transformar ideias sexuais em pintura e pintura em ideias sexuais. Não havia uma diferenciação: os dois aspectos de seus sentidos se reuniam no ato de pintar."[95]

Mas a nudez não representa necessariamente a franqueza. A identidade dos modelos costumava permanecer em segredo, o que contrastava com a forma com a qual eles eram revelados em poses verdadeiramente explícitas. Por exemplo, Penny Cuthbertson, que se casou com Desmond Guinness (primo de Caroline Blackwood e filho de Diana Mitford, cuja irmã Debo se tornou duquesa de Devonshire e uma das amigas mais antigas de Lucian) foi uma obsessão para Lucian durante anos na década de 1960. Em *Naked Girl* [Garota nua], pintado em 1966, sua genitália parece crua e cor-de-rosa. Ela está deitada de costas, dando a impressão de aceitação de estar dominada, não só pelo ângulo da imagem, quando olhamos para ela do alto, mas também por sua doce expressão de aquiescência e adoração. O fato de seus pés estarem cortados pela borda inferior da tela faz com que ela pareça estar ainda mais perto, como se não pudesse escapar ao exame.

Apesar de todo o seu impacto dramático como grande pintor de nus e apesar do assunto explícito, seus quadros em si não eram desprovidos de certa cautela, na opinião de Richardson. Havia um rígido controle e formalidade em sua composição, por mais estranha que ela pudesse ser, com garotas contorcidas no chão ou em armários, ou Leigh Bowery com as pernas sobre o sofá. "Há essas pessoas deitadas, homens e mulheres, com os órgãos sexuais expostos, pintadas com enorme amor e carinho, mas ao mesmo tempo existia uma reticência", disse Richardson. "Com Picasso, você sabe que ele trepou com essa garota, que está pensando em outra e por isso põe o cabelo louro na morena. É o inverso da reticência. Picasso está pensando no que mais ele pode acrescentar. Talvez ele tenha visto um livro de fotografias de submissão de Man Ray, e por isso um pouquinho de sadomasoquismo é incluído. Tudo isso resulta nesse dinamismo heterossexual que você nunca vê na obra de Lucian. O que você vê é essa reação tardia, um tema muito sexual, mas de certa forma apresentado num estilo muito reticente. Existe esse duplo aspecto de reticência e franqueza."[96]

Um trabalho enigmático e ambivalente mostra a pintora Celia Paul, que foi aluna de Freud na Slade e mãe de seu filho Frank, nascido em 1984. Em *Painter and Model* [Pintora e modelo] (1986-7), ela está em pé totalmente vestida, enquanto um homem nu chamado Angus Cook, sem relação com ela, está deitado num sofá de couro marrom arrebentado. É mais uma cena de tensão palpável. Lucian pinta o pé descalço de Celia, espremendo tinta verde de um tubo. Tendo sido pintada anteriormente como a amante nua de Lucian, indefesa diante de seu olhar, Celia agora se vê com uma força recém-surgida nesse quadro: "Estou segurando um pincel num ângulo bem definido e estou em pé num tubo de tinta que está se esvaziando. O pincel e o tubo de tinta espremido são para mim algum tipo de símbolo sexual; e eu acho que de repente o fato de eu me tornar mãe e pintora com ambições sérias me deixou numa posição diferente, na qual eu já não era aquele tipo de figura voluptuosa deitada na cama. Lembro-me de que a certa altura nós tivemos uma briga e eu disse que ia embora. E ele me pediu para não ir, porque estávamos apenas no meio, o que fez com que eu me conscientizasse de que haveria um fim e de que aquele não ia ser um relacionamento para toda a vida." Não era algo que Lucian tivesse chegado a negar.

A vida com Lucian era muito difícil para as mães de seus filhos; e para Celia, havia o dilema sempre presente de como lidar com os constantes rivais por sua atenção — o trabalho e as mulheres. Lucian sempre queria que elas posassem para ele. "Para mim, era uma experiência excruciante ser examinada de modo tão impiedoso", disse Celia. "Eu chorava a maior parte do tempo. Depois disso, acho que as pinturas feitas de mim se tornaram mais ternas. Ele começou o quadro intitulado *Girl in a Striped Night-Shirt* [Garota de camisola listrada] em 1983 e o terminou em 1985. Posei regularmente de 1980 a 1987. O primeiro quadro foi *Naked Girl with Egg* [Garota nua com ovo]. O último foi *Painter and Model*, que mostra minha independência, pois estou literalmente em pé, por mim mesma, como a pintora forte e vestida, em comparação com o homem nu [Cook], cansado e vulnerável, no sofá diante de mim."

Para jovens pintores como Celia Paul, era envolvente ver Lucian trabalhar. Num quadro, *Double Portrait* [Retrato duplo] (1985-6), ela é retratada, além de estar em posição de observar o outro modelo. "Quando ele pintava, ficava muito perto, e sempre era possível ver o lento progresso do quadro. Ele começaria de um ponto e a partir dali desenvolveria a pintura. Em *Painter and Model*, ele começou com os testículos de Angus Cook e, por muito tempo, foi nisso que se concentrou."

Desejar alguém significava querer mostrar na pintura como a pessoa era, quem ela era quando estava sob exame meticuloso e como ela interagia com ele. A experiência afetou a psique de todas as suas modelos mais íntimas, como Celia. "Ele só foi começar a me pintar depois de dois anos, só depois que comecei a sair com ele. Eu era uma moça muito, muito envergonhada, e me sentia exposta demais, deitada ali, com ele em pé muito perto, como que me examinando de um jeito que fazia com que eu me sentisse pouco desejável. Parecia quase uma inspeção médica, quase como se eu estivesse num leito cirúrgico."[97]

Encontrar o próprio Lucian nu no ateliê não era incomum. Seu *marchand* Anthony d'Offay costumava ter conversas com Lucian na banheira, enquanto os dois trocavam informações, pondo-se em dia. "Ele saía da banheira, mantendo-se perfeitamente à vontade, quase com determinação; estava claro que não se sentia intimidado quanto a seu corpo", disse ele.

Lucian era totalmente indiferente quanto ao modo pelo qual novos modelos e amantes entravam em sua vida, fosse por encontros casuais em restaurantes, fosse por meio de cartas de admiradores; e ele estava sempre de prontidão. Até mesmo no Palácio de St James, onde ele convidou para posar uma jovem que trabalhava para o curador da pinacoteca da rainha. Henrietta Edwards tinha posado no lugar da rainha, usando o diadema para algumas sessões a mais, quando Lucian estava pintando a monarca no Palácio de St

James.[98] Ele estava sempre alerta. Quando o pessoal da empresa de mudanças especializada em obras de arte foi a uma reunião em sua casa de Notting Hill em 2006, ele convidou Verity Brown, uma cativante executiva de 29 anos, para ver seus quadros no andar superior. Ela acabou nua como modelo, algumas semanas depois; e, embora não fosse uma amante, ela se apegou muito a ele. Sempre que encontrava alguém de quem gostasse, ele encaixava a pessoa em sua programação extraordinária, pintando noite e dia. "Meu tema é totalmente autobiográfico: uso as pessoas de quem gosto e que me interessam para fazer meus quadros", explicou-me ele.

A etapa final na criação de seus quadros costumava ser a aparição de Frank Auerbach. "Eu temia a chegada de Frank já que era muito provável que sua presença significasse que o quadro estava terminado", disse Verity Brown.[99]

"Eu sempre perguntava a Frank o que ele achava. Mais do que qualquer outra pessoa, ele teria uma opinião que eu ia querer ouvir e que poderia ser útil", disse Lucian.

Nunca foi fácil. Para Lucian, pintar envolvia principalmente dor,* como salientou um de seus modelos, opinião compartilhada por seu filho Alex Boyt (conhecido como Ali), que também posou para alguns quadros: "Para mim, parecia que o processo da pintura tinha um elemento de masoquismo. Quando uma série de pinceladas ia bem, costumava haver um silêncio; mas, quando a tinta não fazia o que ele queria, era espantoso como ele pulava, gritava e se agredia ou agredia o cavalete com um pincel." O avanço podia ser lento. "Às vezes ele trabalhava num trecho de um quadro por uma semana, só para decidir que não estava bom o suficiente, molhar um trapo com terebintina e delicadamente limpar tudo aquilo. Quando eu era jovem, depois de ter me esforçado tanto para posar sem me mexer, eu ficava desanimado quando parecia

---

* O verbo *paint* [pintar] seria "composto" do termo *pain* [dor] com um *t* no final. [N. da T.]

que o esforço não tinha sido para nada", disse Ali. "Papai me disse uma vez que, se vivesse até os 300 anos, talvez conseguisse se tornar um bom pintor."[100]

Posar para Lucian sempre era muito mais do que ficar imóvel num lugar, já que ele também envolvia modelos em sua vida social. Lucian também gostava de escapar do confinamento do ateliê. "Durante minha adolescência, posar começou a adquirir um toque de glamour. Depois do trabalho, havia as visitas ao Playboy Club, onde papai aumentava as apostas à mesa de 21 até todos os outros jogadores desistirem, com exceção às vezes de um árabe teimoso do qual ele não conseguisse se livrar. Havia cartas do Vaticano, procurando convencê-lo a pintar o papa." Lucian não se abalava com nada.

Entretanto, encontrar modelos ou musas nem sempre era simples. Quando Lucian lançou seu olhar na direção de Hannah Rothschild, os instintos protetores de sua mãe, Lady Rothschild, se apresentaram. "Parece que minha mãe disse, se você tocar em minha filha, quebro suas duas rótulas. Ele ficou tão indignado que foi embora imediatamente", lembrou-se Hannah, que nunca posou para ele. No dia seguinte de manhã, chegou a sua porta um cartão-postal venenoso de Lucian para Lady Rothschild.

Os retratos nus, brutais, são os quadros mais reconhecíveis de Lucian, mas ele também incluiu alguma trama narrativa em seu trabalho. *Sunny Morning — Eight Legs* [Manhã ensolarada — oito pernas] é um quadro em que David Dawson está jogado nu de um lado a outro de uma cama, com um braço em torno do lebréu de Lucian, Pluto. O quarto parece abandonado; suas paredes de reboco sujo, mais sugestivas de uma cela de delegacia do que de um quarto onde se mora. O quadro parece estar inclinado, fazendo com que David e o lebréu em seus braços deem a impressão de estar escorregando, de modo amedrontador, na direção do observador. Duas das pernas a que se refere o título pertencem a David, quatro a Pluto, e ainda há mais duas pernas masculinas anônimas, que saem de baixo da cama. Elas pertencem a um cadáver? A alguém que está se escondendo?

No Clarke's, David explicou-me que todas as pernas humanas na tela são dele; e que durante as sessões, além de ficar deitado na cama, ele também ficou por baixo dela por semanas, só com as pernas aparecendo, o resto do corpo enrolado num edredom, num leito de almofadas. "Não sou um naturista! Tive permissão de usar calças debaixo da cama", disse ele, rindo.

"Nem mesmo eu seria tão exigente", comentou Lucian.

As pernas a mais foram acrescentadas para dar uma sensação de espaço escondido por baixo da cama; mas também se trata simplesmente do que estava ali: seu leal assistente e seu cão, sem roupa no ateliê despojado. Lucian era avesso à ideia de que se visse qualquer simbolismo em seus quadros. Aceitava, porém, a ideia de interpretação narrativa. "A razão para eu usar as pernas de David, em vez das de qualquer outra pessoa, foi precisamente porque eu não quis mistificação. Pensei que, ao usar as pernas de David, aquilo seria como um soluço, uma sílaba gaguejada ou uma repetição nervosa, e assim as pernas seriam uma referência de volta a David."[101]

Outro quadro de composição peculiar, *After Cézanne* [À maneira de Cézanne] (1999-2000), é em parte uma homenagem às duas versões diferentes de *L'Après-midi à Naples* [Tarde em Nápoles] (1872-5 e 1876-7), com a variação de Lucian incluindo uma mulher nua, desajeitada, de compleição corpulenta, trazendo xícaras de chá numa bandeja redonda para as outras duas figuras nuas. Lucian usou seu filho Freddy e uma mulher loura que lhe tinha sido apresentada por Sue Tilley, para se sentarem numa cama branca improvisada no chão do quarto. Uma cadeira ali perto está de pernas para o ar. A parte superior direita da tela está faltando, como se o pintor a tivesse cortado do quadro, brincando com a expectativa do observador. Ou será que foi acrescentado um painel ao quadro, no lado esquerdo, para dar mais espaço à mulher com a bandeja? É divertido, mas, como tanto do que ele pintou, traz certo desconforto ao observador. O homem está recostado, meio desajeitado, numa escada de madeira. A mulher com a bandeja parece estar conseguindo se equilibrar para evitar um tropeção. A loura dá a impressão de ter sido rejeitada de alguma forma pelo homem. A cadeira caída soma-se ao nervosismo, à trêmula falta de calma. Uma das mulheres tinha se preocupado com o fato de não sair bem, pintada sem sua camisola. Freud discordou e disse que sempre fazia com que seus modelos parecessem feios. Para que ela se sentisse melhor, ele lhe disse que o que o preocupava era ele ter-lhe dado uma bela aparência. Era típica de Lucian a presunção de se preocupar com um possível fracasso, por ter embelezado o modelo.

Large Interior, W9 (1973) é um de seus retratos mais notáveis, com sua mãe idosa, toda abotoada num *tweed* e sapatos confortáveis, sentada numa poltrona de couro, enquanto a amante nua de Lucian, Jacquetta Eliot, está deitada numa cama baixa de ferro, parcialmente coberta por um cobertor marrom, com os seios nus expostos, os braços cruzados atrás da cabeça. Uma mulher não interage com a outra. Elas parecem estar em mundos separados, e esse é realmente o aspecto essencial. É como se ele tivesse criado uma cena entre uma psicanalista e uma paciente. Durante anos, Lucian tinha se sentido atormentado pelo fato de sua mãe procurar obter informações pessoais sobre ele. Os detalhes íntimos que ela tanto teria desejado eram agora atirados no seu rosto, com a imagem de Jacquetta jogada no colchão, exposta.

Há uma impressão de hospital ou asilo nesse quadro. Um pilão e um almofariz estão no assoalho, sugerindo um urinol abaixo da poltrona da idosa; mas também um lembrete de que as duas estão na sala de um pintor (ou de um paciente), onde pigmentos são moídos. As duas clamam por uma interpretação psicológica. Mas a imagem também não é exatamente o que parece ser. As duas mulheres nunca posaram juntas. Lucian manteve-as separadas, reunindo-as somente na tela, o que conferiu um toque psicológico bizarro à estranha dinâmica tripolar do pintor, sua mãe viúva e sua amante. Mais uma vez, esse é um marco na obra de Freud, com seu uso mais arriscado do espaço e da composição experimental. Talvez, no final das contas, aprenda-se com ele mais sobre o próprio Freud do que sobre a amante e a mãe desamparada. A mulher com os braços cruzados por trás da cabeça, na cama, expondo os pelos das axilas, com os joelhos dobrados por baixo do cobertor de lã, e o colchão nu repercutem um retrato anterior, de Kitty. A mãe de Lucian está segurando os braços da poltrona com as mãos nodosas, sua aliança de casamento em contraste com o caso ilícito entre Lucian e sua amante casada. As cores são amarronzadas e sujas, com apenas o rosa dos mamilos e a aliança dourada mostrando tons claros; e o espaço vazio entre as duas figuras, bem como o fato de as duas estarem olhando em direções diametralmente opostas, aumenta a sensação de alheamento. A simplicidade tosca é violenta; e o fato de no título não ser dada nenhuma pista quanto à relação entre as duas mulheres confere ao quadro um ar de tensão.

Toda a sua vida, Lucian captou momentos aos quais ele trouxe uma noção de drama: Kitty parecendo estar prestes a estrangular um gatinho ou segurando, toda tensa, uma rosa; a masculinidade de gângster em *Guy and Speck*, no qual a sólida mão direita de Guy, o *bookmaker,* é tudo o que impede seu terrier Speck de cair de seu colo para o chão. Com grande frequência ele faz com que o observador sinta algum desconforto. Muitas vezes era simplesmente um reflexo de aspectos surreais de sua vida, ou de como se percebia que ele vivesse. Por exemplo, quando ele e Kitty montaram sua casa, dizia-se que a residência incluía um condor com uma envergadura de mais de 1,80m. (Não era verdade, mas ele tinha, sim, um francelho grande e feroz, sobre o qual Kitty lhe fez um ultimato, "ou ele ou eu". Numa rara capitulação, Lucian levou-o de volta para a Palmer's, loja de animais de estimação.)

Uma ligação mística com animais era parte integrante de sua arte e de sua vida. Lucian tinha uma paixão especial por aves de rapina e, em fins da década de 1940, ele mantinha um par de gaviões em sua casa. Para alimentá-los, ele matava ratos a tiros na margem do canal em Regent's Park. Uma vez ele levou para casa um par de busardos. Seus lebréus, Eli e Pluto, faziam parte de seu *entourage*; e ele os desenhou e pintou, além de fazer gravuras deles. Num leilão em 2012, uma água-forte de Eli atingiu um preço recorde para uma gravura de Freud: £147.000.

"Sou uma espécie de biólogo. Meu interesse pelos seres humanos como tema é o de um observador, examinador e apreciador de pessoas. Trabalhei muito com cavalos desse modo", disse-me ele.

"Não sei se ele conseguiria domar um cavalo; mas, se alguém podia fazê-lo, seria ele", disse John Richardson. "Ele adorava os animais, e isso era recíproco. Era como algum poder paranormal. Exatamente como Picasso podia enfiar a mão numa gaiola cheia de aves selvagens e uma tranquilamente se permitiria ser levada, Lucian também tinha um dom." Mais para o final de sua carreira, ele pintou *Grey Gelding* [Capão cinzento] (2003) e *Skewbald Mare* [Égua malhada] (2004), retratos de cavalos que ele montava nas proximidades do presídio de Wormwood Scrubs, onde tinha transformado a estrebaria, dirigida por uma freira chamada irmã Mary-Joy, num ateliê temporário. Ele gostava da justaposição de uma freira com uma cadeia. Às vezes Lucian aparecia no Clarke's para um café da manhã meio tardio, depois de montar Sioux, a égua malhada, robusta e de pernas curtas. Ele sabia levar os cavalos a fazer exatamente o que ele queria (menos ganhar uma corrida). "Era como um xamã com os cavalos. Eles o conheciam,

Freud voltando a pé para casa com David Dawson (2011).
(© Geordie Greig)

David Dawson e Freud no Clarke's. (© Geordie Greig)

Com Jasper Greig, setembro de 2010.

Conversando com Jasper Greig, setembro de 2010.

Lucian com Monica e Octavia (filhas de Greig). (© Geordie Greig)

Eli descansando no ateliê do pintor, em Notting Hill. (© Geordie Greig)

Anotação feita por Lucian para se lembrar do café da manhã.

Cavalo rabiscado por Freud num iPad
(© The Lucian Freud Archive)

Lucian, aos 87 anos, num momento de descontração. (© Geordie Greig)

Lucian, abril de 2010. (© Geordie Greig)

Naked Man with Rat [Homem nu com rato], 1977–78.
(© The Lucian Freud Archive/The Bridgeman Art Library)

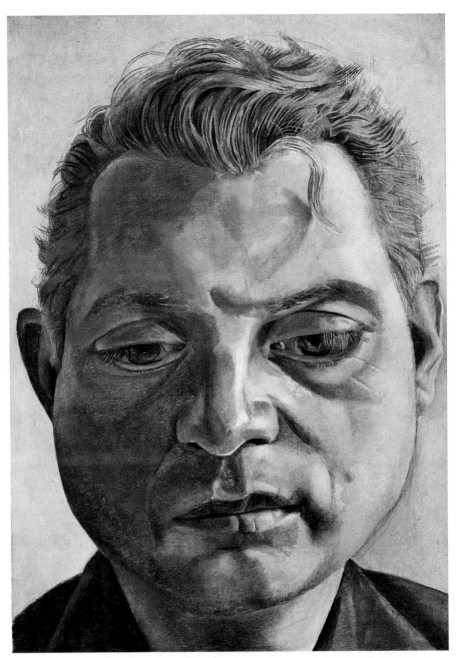

Francis Bacon, 1952. (© Tate, Londres 2013)

Em sua sala de estar, raramente usada, em Notting Hill, setembro de 2009.
(© Geordie Greig)

Frank Auerbach e Lucian no café da manhã na Cock Tavern, Smithfield, 2002.
(© Kevin Davies 2013)

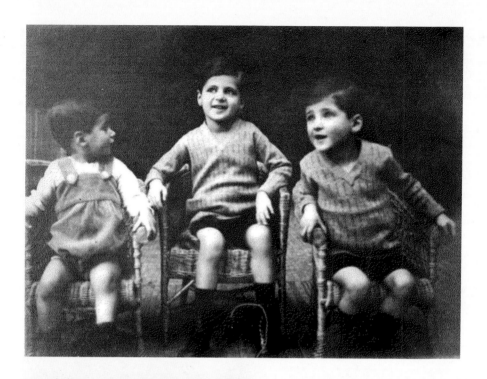

Retrato de família dos três irmãos, Clement, Stephen e Lucian, c. 1927.
(© Stephen Freud)

Os três irmãos Freud: Clement, Lucian e Stephen, c. 1932.
(© Stephen Freud)

THE PAINTER'S MOTHER RESTING I [A MÃE DO PINTOR REPOUSANDO I], 1975-76.
(© The Lucian Freud Archive/The Bridgeman Art Library)

Lucian segurando um francelho, em Delamere Terrace, fotografia de Clifford Coffin para *Vogue*, 1948 (© Condé Nast Publications Ltd)

Girl on the Quay [Garota no cais], 1941. (© Coleção particular/The Bridgeman Art Library)

Felicity Hellaby, 1940. (© Clare Ellen)

Lucian em seu ateliê, em Delamere Terrace.
(© Condé Nast Publications Ltd)

Bettina Shaw-Lawrence, 1939.
(© Bettina Shaw-Lawrence)

Lorna Wishart, fotografada por Francis Goodman, c. 1943.
(© National Portrait Gallery, Londres)

WOMAN WITH A DAFFODIL [Mulher com um narciso], 1945.
(© The Lucian Freud Archive/The Bridgeman Art Library)

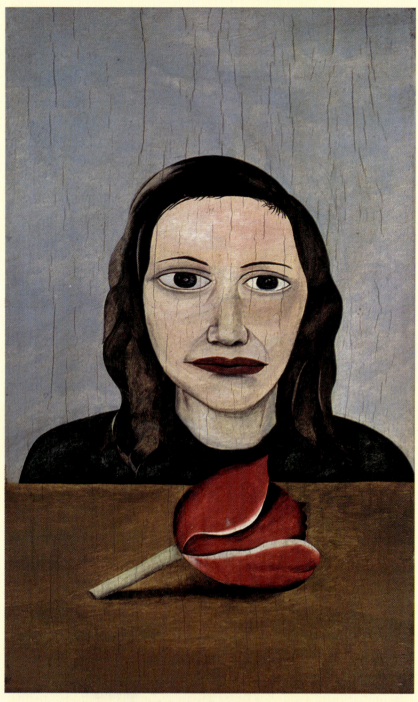

Woman with a Tulip [Mulher com uma tulipa], 1945.
(© The Lucian Freud Archive/The Bridgeman Art Library)

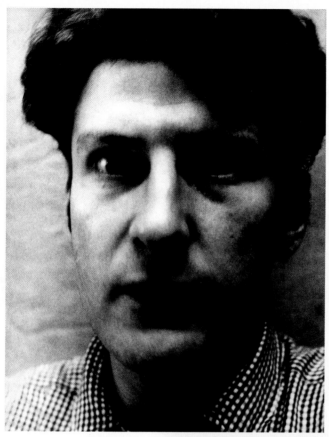

Lucian Freud, fotografado por John Deakin, para Vogue (não publicada), 1952. (© Condé Nast Publications Ltd)

Lorna Wishart e Freud, fotografados por Francis Goodman, c. 1945. (© National Portrait Gallery, Londres)

Girl with a Kitten [Garota com um gatinho], 1947.
(© The Lucian Freud Archive/The Bridgeman Art Library)

Girl with a White Dog [Garota com um cachorro branco], 1950-51.
(© Tate, Londres 2013)

ANNE DUNN COM O MARIDO, MICHAEL WISHART.
(© Daily Mail)

LUCIAN E CAROLINE BLACKWOOD NO DIA DE SEU CASAMENTO, 1953.
(© Popperfoto/Getty Images Ltd)

Girl in Bed [Garota na cama], 1952.
(© The Lucian Freud Archive/The Bridgeman Art Library)

Lucian, Lady Rothermere e o coreógrafo Frederick Ashton, em Warwick House, Green Park, Londres, década de 1950.

Lucian (ao centro) com Simon Hornby (à esquerda) e Cara, filha de Osbert Lancaster, em Warwick House, Green Park, Londres, década de 1950.

Diante de sua casa, em Delamere Terrace, Paddington, zona oeste de Londres, 1963. Fotografado por conde de Snowdon.
(© Camerapress)

Hotel Bedroom [Quarto de hotel], 1954.
(© The Lucian Freud Archive/The Bridgeman Art Library)

Paredes borradas de tinta em seu ateliê, em Notting Hill.
(© Geordie Greig)

Pincéis empilhados.
(© Geordie Greig)

Lucian trabalhando em seu último quadro, Portrait of the Hound [Retrato do cão], março de 2011. (© Geordie Greig)

Painter and Model [Pintora e modelo], 1986-87.
(© The Lucian Freud Archive/The Bridgeman Art Library)

Large Interior w9 [Grande interior w9], 1973.
(© The Lucian Freud Archive/Reproduzido com autorização de Chatsworth Settlement Trustees/The Bridgeman Art Library)

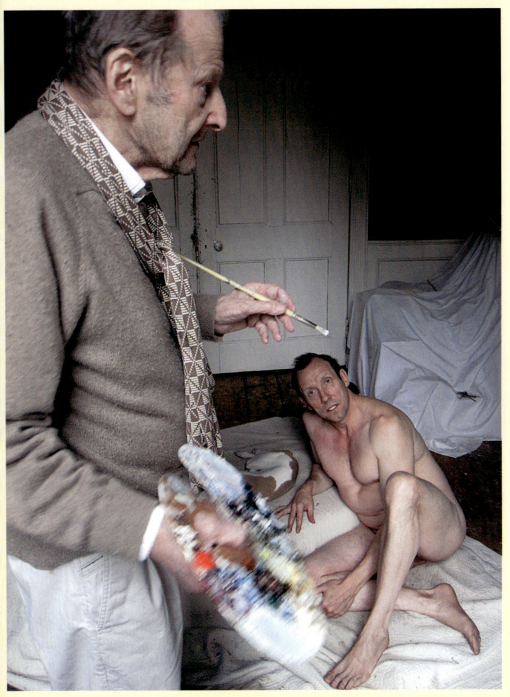

Lucian trabalhando em seu último retrato de David Dawson, janeiro de 2011.
(© Geordie Greig)

Woman in a Fur Coat [Mulher com casaco de pele], 1967-68.
(© The Lucian Freud Archive/The Bridgeman Art Library)

DOUBLE PORTRAIT [RETRATO DUPLO], 1985-86.
(© The Lucian Freud Archive/The Bridgeman Art Library)

Lying by the Rags [Deitada junto aos trapos], 1989-90. (© Bridgeman Art Library)

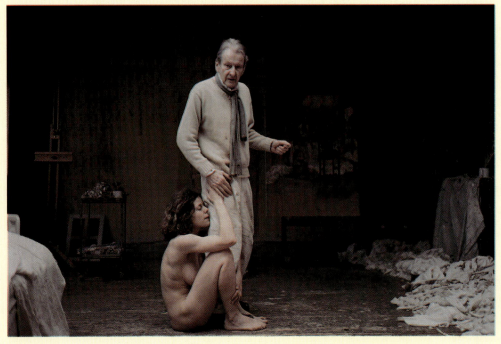

THE PAINTER SURPRISED [O PINTOR SURPREENDIDO], um retrato de Lucian e Alexi Williams-Wynn, de autoria de David Dawson. (© David Dawson, cortesia de Hazlitt Holland-Hibbert)

The Painter Surprised by a Naked Admirer [O pintor surpreendido por uma admiradora nua], 2004-05.
(© The Lucian Freud Archive/The Bridgeman Art Library)

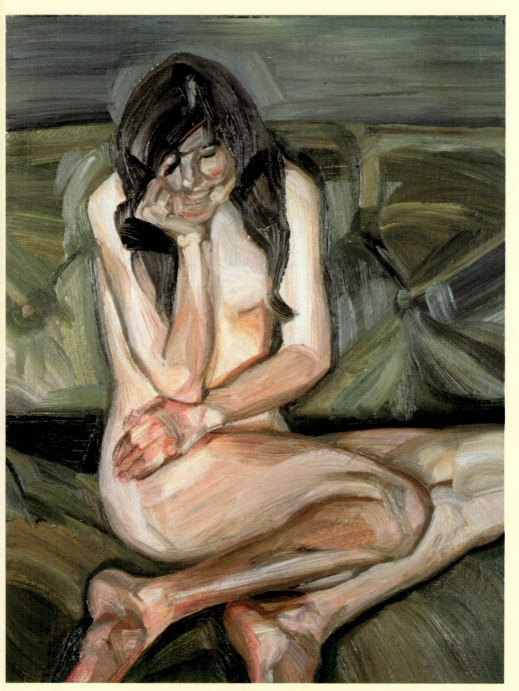

Naked Child Laughing [Criança nua rindo], 1963.
(© The Bridgeman Art Library)

Bindy Lambton, Lucian Freud e John Wilton, em Nice, c.1960.

Large Interior, London w11 [Grande interior, Londres w11] (À maneira de Watteau), 1981-83.
(© The Lucian Freud Archive/The Bridgeman Art Library)

DAVID HOCKNEY, 2002.
(© The Lucian Freud Archive/The Bridgeman Art Library)

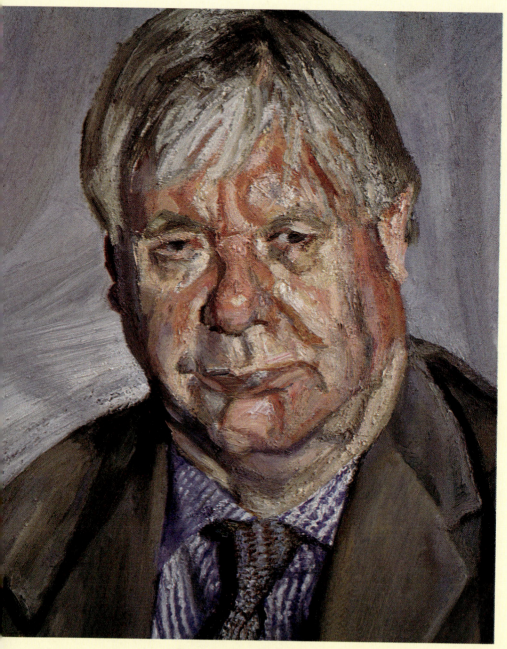

DONEGAL MAN, 2006-08.
(© The Lucian Freud Archive/The Bridgeman Art Library)

AND THE BRIDEGROOM [E O NOIVO], 1993.
(© The Lucian Freud Archive/The Bridgeman Art Library)

Lucian Freud de cabeça para baixo, com a filha Bella, c.1985, fotografia de Bruce Bernard.
(© Estate of Bruce Bernard)

Lucian em seu quarto em Notting Hill, maio de 2011.
(© Geordie Greig)

PORTRAIT OF THE HOUND [RETRATO DO CÃO], 2011.
(© The Lucian Freud Archive/The Bridgeman Art Library)

como se ele tivesse poderes mágicos", disse a irmã Mary-Joy.[102] Esse seu lado xamânico pode ser visto num retrato fotográfico tirado em 1948 por Clifford Coffin, de Lucian com um francelho.

Era uma qualidade exuberante em Kate Moss que ele apreciava, sua rebeldia pessoal, uma aversão ao conformismo e à domesticidade. "Ele falava sobre raposas do mesmo jeito que falava dela", disse Jeremy King, o dono de restaurante. "Ele gostava do espírito livre. Gostava da fisgada do perigo."

Às vezes, essa noção de perigo, misturada com maquinações e fuxicos, pairava sobre a mesa do café da manhã, enquanto ele estava ali sentado no Clarke's, fatiando lascas de nugá, de modo incongruente. "Acho que nunca matei ninguém", disse-me Lucian. Tínhamos estado falando de gângsteres armados que apareciam em Delamere Terrace, o que levara Lucian a se questionar se já tinha matado alguém. "Gosto de conflito e tensão", disse ele.

Em seus últimos anos de vida, quando saía de casa ou de um restaurante, ele costumava puxar seu sobretudo cinza para cobrir a cabeça e escondia o rosto com um cachecol para se proteger da atenção dos paparazzi. Isso fazia com que ele parecesse antes um prisioneiro em fuga do que o Grande Mestre da pintura britânica.

Ele alguma vez enfrentou problemas com a lei? "Só uma vez ou outra passei uma noite atrás das grades: alguma coisa a ver com brigas. Shaftesbury Avenue na década de 1950 era um lugar ruim para mim. Eu tinha uma casa em Dean Street, mas lá não conseguia pintar. Gente demais, fugindo da polícia, sabia que eu morava lá e me pedia se podia ficar uma noite ou duas."

Alguma vez ficou preso? "Só detido pela polícia, mas visitei pessoas na prisão. O homem que morava no andar abaixo do meu era comerciante de automóveis, e a polícia disse que ele matou alguém. Fui envolvido porque ele estava comigo na noite em que supostamente teria cometido o homicídio. Fui procurar o chefe de polícia da região oeste de Londres, e eles tentaram me induzir e me chantagear: 'Você é bem conhecido por aqui; e, se quiser continuar a morar neste bairro...' Foi realmente sórdido. Eu não tinha percebido como a polícia era desonesta. E então aconteceu uma coisa, como num romance bem ruim: eu saí com a princesa Margaret e a rainha, e a imprensa noticiou o fato. Com isso todo o problema cessou."

Instintivamente Lucian desconfiava de quem se encontrava fora de seu círculo imediato. Quando o *marchand* Robin Hurlstone comprou num leilão parte das cartas de amor de Lucian para Caroline Blackwood, Lucian exigiu furioso que ele as devolvesse porque eram, em sua opinião, cartas roubadas. Elas tinham sido, de fato, vendidas com legitimidade, e ele acabou por admitir que Hurlstone era um proprietário aceitável de suas missivas de amor, que incluíam alguns desenhos. Entretanto, tinha sido de uma eloquência cruel quanto à questão. Ele nunca pedia desculpas e raramente dava explicações. Lucian fazia só o que queria, e nunca o que outros pedissem. Quando também o curador da National Gallery, Simon Sainsbury, lhe perguntou se ele emprestaria o quadro *Two Figures* (1953) de autoria de Francis Bacon, que estava pendurado em seu quarto, Lucian se recusou — muito embora fosse para uma grande mostra no Pompidou em Paris. A recusa de Lucian foi de uma concisão poética: "Como é desanimador olhar para um prego."[103]

Lucian tinha a reputação de gostar de litígios e era rápido em acionar seu advogado, lorde Goodman, o supremo mediador jurídico da época (que Lucian desenhou em 1987 usando um pijama amarelo). Da mesma forma que Lucian preferia que seus ternos fossem confeccionados no Huntsman, o alfaiate mais imponente e mais caro de Savile Row, ele também procurava a melhor consultoria jurídica. Arnold Goodman não era um tático que recorresse à força bruta; e na maioria das vezes fazia um problema desaparecer com uma palavra discreta. Contudo, Freud raramente iniciava processos e sem dúvida jamais comentava alguma coisa com a imprensa. Entrevistei Goodman em 1989 para o *Sunday Times*, e o editor decidiu não usar o artigo. Liguei para Goodman pedindo desculpas por ter desperdiçado seu tempo, e ele não poderia ter sido mais simpático, garantindo-me que resolveria o assunto e que decididamente a matéria seria publicada. E foi. Era exatamente esse o tipo de aliado que Lucian adorava ter do seu lado: discreto e influente.

Nos anos posteriores da vida de Lucian, a sucessora de Goodman, Diana Rawstron, era tão eficiente quanto ele. Lucian era bem protegido por ela, uma mulher de Yorkshire, de voz suave, e os dois se falavam quase todos os dias. Suas contas do dentista, faturas do alfaiate, extratos bancários e correspondência de fãs iam todos para ela. De vez em quando uma carta de um desconhecido o deixava curioso — o quadro *Naked Solicitor* [Advogada nua] (2003) resultou de uma carta de Marilyn Gurland, uma advogada de Brighton, nascida em Gana, que lhe escrevera para perguntar por que ele nunca tinha pintado uma negra.

Pouquíssimos detalhes dele como pai ou mesmo como marido vinham à tona. Pelo menos uma amante foi banida de sua vida, aparentemente assim que ela deu à luz, sendo que a criança jamais conheceu Lucian. Alguns de seus filhos deram entrevistas à imprensa, com uma atitude muito reservada e cuidadosa, geralmente com permissão dele; mas alguns o deixaram furioso com queixas em público acerca de sua ausência. Modelos que tinham a audácia de divulgar o que acontecia no ateliê do pintor eram deixados de lado. Quando os rumores incessantes sobre amantes e filhos ameaçavam chegar aos jornais, medidas rápidas costumavam ser tomadas para preservar sua privacidade. Um jornal foi forçado por Rawstron a se desculpar e pagar uma indenização, quando confundiu uma filha com uma amante. Um silêncio protetor foi erguido em torno dele, que era como ele preferia que as coisas fossem.

Às vezes, ele não era avesso a meios menos ortodoxos de persuasão, como, por exemplo, recorrer a cobrar favores feitos a bandidos. Uma vez, enquanto tomávamos café, Lucian me perguntou se eu precisava de alguma ajuda de seus "amigos de Paddington", numa ocasião em que eu estava envolvido numa briga. Recusei sua oferta, mas aquilo fazia parte de seu arsenal. Ele também às vezes recorria a meios pouco convencionais de autoproteção. Ao deixar um exemplar do *Evening Standard* à sua porta da frente numa noite, toquei a campainha; e, depois do ruído metálico de várias trancas, a porta abriu-se alguns centímetros e uma voz ameaçadora perguntou o que eu queria. Uma faca de uns 25cm de lâmina serrilhada estava apontada para mim. "Lucian. Sou eu, Geordie. Abaixe essa faca", ordenei. E então ri. Quando ele viu que eu estava rindo, riu também. "'Pintor enlouquecido esfaqueia editor do *Evening Standard*' não é uma boa maneira de ser lembrado", disse eu.

"Posso imaginar maneiras piores", respondeu ele, deixando que eu entrasse e me oferecendo uma xícara de chá.

9. Amantes

Em seus últimos anos, duas mulheres sobressaíram, tendo mais importância do que todas as mais jovens que haveriam de posar para ele. Jane Willoughby e Susanna Chancellor corriam em raias paralelas, vendo-o separadamente, uma quase nunca encontrando a outra, mas as duas muito significativas para ele, sob aspectos diferentes. No fundo, elas eram as mulheres para quem ele se voltava em busca de verdadeiro companheirismo e amor incondicional. Infelizmente, elas conheciam muito bem os problemas de se apaixonar por Lucian. Sua inquietação como artista e sua incapacidade de assumir um compromisso o definiam.

Ninguém amou Lucian por mais tempo do que Jane Willoughby. Eles foram apresentados em fins da década de 1950; e ao longo dos cinquenta anos seguintes suas vidas estiveram entrelaçadas. Jane ajudou-o sempre que ele precisou e perdoou-lhe tudo. "Ela compreendia que ele era um artista e que faria o que fosse necessário para cumprir seu papel", disse Anthony d'Offay. Eles se conheceram num baile em que Lucian surgiu de baixo das saias do vestido de outra garota. Os dois tinham os mesmos impulsos boêmios e, o que era importantíssimo, Jane tinha um amor à arte e uma compreensão do motivo pelo qual ela importava mais que qualquer outra coisa. Tim Behrens lembrou-se de Lucian num estado de extrema angústia por causa de Jane. "Ele estava terrivelmente perturbado, rolando no chão, em desgraça total. Não sei qual era o motivo. Talvez porque ela não quisesse ir para a cama com ele ou porque não o amasse tanto quanto ele a ela. Não era nada típico de Lucian. Fiquei impressionado com essa demonstração de mágoa e fraqueza humana. Antes disso, eu sempre tinha imaginado que ele era invulnerável sob esse aspecto."[104]

Com o tempo, ela acabou aceitando a recusa ou incapacidade dele de ter sua liberdade tolhida. Dois casamentos fracassados bastaram para Lucian saber que o melhor era viver só. "Por não terem se casado, eles permaneceram apaixonados um pelo outro, se você me entende", acrescentou d'Offay. "Se tivessem se casado, a situação teria sido insustentável, porque Lucian jamais se submeteria às normas de mais ninguém. Mantendo-se separados e como que se entendendo mutuamente, eles conseguiran se amar a vida inteira. O relacionamento de Lucian com Jane foi uma grande âncora para ele. Dava-lhe uma sensação de segurança ou algo desse tipo." Não que fosse fácil para Jane. Ela às vezes lhe escrevia dizendo como era doloroso continuar a vê-lo; mas a relação sempre se manteve. Lucian disse a Jane que havia somente duas mulheres por quem ele tinha se apaixonado: ela e Caroline.

Jane é a mulher no quadro de 1967-8 *Woman in a Fur Coat* (o mesmo título de um grande retrato de Tiziano pintado *c.* 1537). É um quadro de ternura e afeto. As roupas sempre foram importantes, e elas lhe interessavam, mas ele queria que o quadro fizesse o observador perguntar "Quem é essa?" em vez de "Quem é essa num casaco de pele?". Ele tinha uma forte opinião de que se tratava de duas reações distintas. Não existe nenhum quadro conhecido dela nua; e esse retrato que subsiste fala pouco de seu longo relacionamento. Lucian costumava se hospedar na casa senhorial de Jane em Perthshire e apoiou seus planos de construir uma espantosa coleção de obras de pintores britânicos modernos, que eram basicamente amigos de Lucian. Frank Auerbach, Michael Andrews e Francis Bacon eram os mais significativos. Ela era a proprietária do apartamento de Holland Park, onde Lucian morava. Foi ela quem comprou sua primeira escultura, o cavalo de três pernas. Jane era afetuosa com os filhos e com os pais de Lucian. Quando reformou parte de sua casa em Belgravia, ela contratou Ernst Freud para ser o arquiteto. Era generosa não só com seu dinheiro, mas também com seu tempo e consideração. Ela foi importantíssima para a vida de Lucian e continua a ser essencial para o patrimônio deixado por ele, acumulando a maior coleção de obras dele. Existem planos para usar parte de sua casa como um museu extraordinário para a obra de Freud e seu círculo.

Nascida Nancy Jane Marie Heathcote-Drummond-Willoughby, em 1º de dezembro de 1934, ela era a filha do conde Ancaster e de Nancy Astor. A avó de Jane era a "outra" Nancy Astor, mais famosa, a primeira mulher a ser membro da Câmara dos Comuns. Quando do falecimento de seu pai em 1983, ela se tornou a 28ª baronesa Willoughby de Eresby.

Quando Lucian a conheceu, ela era um espírito livre, linda e inteligente, uma garota moderna com uma linhagem antiga. Lucian apreciava em especial o fato de ela ter sido dama de honra e ter ajudado a sustentar a cauda do vestido da rainha durante a coroação. Ela parecia destinada a levar uma vida encantada, até seu irmão Timothy, herdeiro do título de conde, desaparecer no mar ao largo da Córsega, em 1963. De repente, ela era a herdeira; e a partir daquele momento sua vida foi definida pelo patrimônio de sua família. Ela haveria de herdar mais de 30 mil hectares em Lincolnshire e Perthshire, e de se tornar camareira-mor da rainha, um título hereditário compartilhado. Ela nunca se casou nem teve filhos, e foi Lucian quem talvez tenha desempenhado o papel mais significativo em sua vida, junto com Eric de Rothschild, que também se tornou um colecionador importante de quadros de Freud, muito influenciado por Jane. Ela foi uma das poucas pessoas com quem Lucian manteve uma ligação próxima por um longo período.

Ele falava comigo sobre ela com profundo afeto e admiração. Era frequente ela vir tomar café da manhã num domingo para ver seus quadros mais recentes. Ela também pertencia a um círculo mais íntimo de Lucian, que era convidado para acompanhá-lo em suas raras viagens ao exterior. Sob alguns aspectos, ela tinha visto a despedida de todas as outras mulheres. Sabia que elas não durariam tanto tempo com ele quanto ela própria tinha durado e continuaria a durar. Talvez fosse o fato de ela nunca ter tido um filho com ele que lhe desse uma sensação de independência e também de disponibilidade. Mas, se Lucian tivesse se casado com ela, como os amigos dele muitas vezes acharam que se casaria, ele também teria assumido a responsabilidade de possuir duas enormes residências majestosas — uma tarefa impossível para um homem dedicado exclusivamente à própria vida e ao trabalho.

Ela demonstrou um grande amor por ele, e esse amor foi recíproco. Se alguma mulher conseguiu extrair o máximo da capacidade de Lucian de se dedicar a seu próprio modo peculiar, ela foi Jane.

Também importante por muitos anos foi Susanna Chancellor, que, como tantas mulheres que permaneceram na vida de Lucian, ele conheceu quando ela era muito jovem, uma adolescente. Nascida Susanna Debenham, ela ainda estudava em Cranbourne Chase, quando eles se conheceram. Seu pai, Martin, era um político de esquerda e trabalhava para o Conselho do Carvão. O sobrenome era famoso por ser idêntico ao da loja de departamentos de Oxford Street. Os vínculos com Lucian eram de uma proximidade quase claustrofóbica, já que naquela época o namorado de Susanna havia uns dois anos era Timothy Willoughby, irmão de Jane, pouco antes de sua morte no mar. Susanna posou para alguns retratos, mas não antes da década de 1980. Ela continuou a ser uma presença constante na vida dele, especialmente em seus últimos anos. Quando ele lhe dava gravuras, e foram muitas, sempre as dedicava usando as iniciais do nome de solteira dela "SD". Foi ela quem introduziu os lebréus na vida de Lucian e na sua arte. Esses cães foram a única constante em sua vida doméstica. Em *Double Portrait 1985-1986* [Retrato duplo], o braço de Susanna protege seus olhos, enquanto ela está ali deitada, abraçada com um lebréu chamado Joshua, uma imagem de intimidade que associa as obsessões de Lucian por animais e por mulheres.

Seu relacionamento começou com uma paixão tremenda. Ffion Morgan, filha de Ann Fleming, que tinha apresentado Lucian a Caroline, relembra "um jantar em que ele ficou com ela sentada no colo, ignorando todos os outros convidados — eu inclusive, pois tinha deixado claro que não queria ter nada a ver com ele".[105] Eles foram apresentados quando Susanna estava com 17 anos, e o relacionamento durou até a morte dele, quando ela estava com sessenta e poucos anos. Durante todo esse tempo, ela permaneceu casada com Alexander Chancellor, o jornalista simpático e inteligente que editava a revista *Spectator* em fins da década de 1970 e início da de 1980. Suas famílias eram íntimas: Paget, uma tia de Alexander, era casada com Piers Debenham, tio de Susanna, e seus avós também tinham sido amigos.

À ligação de Susanna com Lucian foi acrescentada uma nova camada de complexidade em torno do ano 2000, quando Lucian pintou uma jovem escritora chamada Emily Bearn, tendo começado um caso com ela, que também tinha tido uma aventura com Alexander. Nascida em 1974 e tendo estudado em Westminster e Cambridge, ela era uma talentosa jornalista que escrevia artigos especiais para *The Times* e para o *Sunday Telegraph*, quando conheceu Lucian em 1998, época em que ela estava com vinte e poucos anos, e ele, mais de 75. Mais tarde ela abandonou o jornalismo para tornar-se uma escritora bem-sucedida de livros infantis. Ela era inteligente, de fala clara e bem organizada, além de ser bonita. No todo, ela posou para sete quadros, um dos quais, *After Breakfast* [Depois do café] (2001), a mostra deitada em lençóis brancos colocados direto nas tábuas do assoalho do ateliê de Holland Park. A perspectiva é desnorteante, porque o assoalho parece estar inclinado na direção do observador. Emily parece quase ferida, jazendo num estado de aparente angústia, acentuada pelos estranhos jogos de ângulos e perspectivas, com a mão direita agarrando o próprio cabelo.

Foi incomum o fato de Emily realmente se mudar para a casa de Lucian em Notting Hill, o que ia contra todo o posicionamento antidoméstico do pintor. Ele estava totalmente encantado e pediu que ela desistisse do emprego no *Sunday Telegraph* para trabalhar como freelancer. Como sempre, ele queria examinar todos os aspectos de sua amante; e, nesse caso, isso acarretou um retrato duplo dela com o pai, o anatomista, Dr. Joseph Bearn, um quase contemporâneo de Lucian, nascido em 1923, que morava numa casa caótica, em St Luke's Street, Chelsea. Lucian pintou-o lá, e, depois, a filha separadamente para o mesmo quadro, *Daughter and Father* [Filha e pai] (2002). Foi um círculo extraordinário de modelos o que ocupou seu período com Emily. A lista incluiu dois filhos de seu *bookmaker* irlandês, Kate Moss, David Hockney, a rainha, Henrietta Edwards (da pinacoteca da rainha) e seu filho Freddy Eliot, além dos autorretratos e das sessões costumeiras com David Dawson.

O rompimento de sua relação com Emily foi marcado pela dor, quando ela saiu da casa de Lucian em fins de 2002. Ela continuou a posar para ele até eles se separarem definitivamente na primavera de 2003. Foi triste e difícil. Como Lucian costumava dizer a amigos, "a morte de uma amizade é mais triste que a morte de um amigo".

Tratou-se de uma das tramas mais emaranhadas de Lucian. Ao morar com Emily, ele se envolveu profundamente com uma jovem que tinha tido um caso com o marido de Susanna Chancellor, que era ela mesma uma presença constante na vida de Lucian. E depois que Lucian e Emily se separaram, Emily *voltou* para Alexander Chancellor em 2004, e eles tiveram um bebê juntos no ano seguinte. Lucian disse-lhe que estava feliz com a notícia de sua gravidez. Para Emily, a volta para Alexander Chancellor não foi exatamente o fechamento de um círculo, foi mais parecido com o desenho de um oito, como sempre o número da sorte de Lucian.

Susanna e Alexander permaneceram casados, passando Natais e alguns dias festivos com seus filhos, mas também vivendo de modo independente. Lucian e Susanna continuaram próximos até a morte dele, sendo vistos juntos com frequência no Clarke's; e seu relacionamento foi o que mais se assemelhou a uma família, fora do círculo de seus filhos e das mães deles. No entanto, como sempre acontecia, Lucian em parte manteve-se sem vínculos, dispersivo, em busca de novas conquistas.

■ ■ ■

Embora houvesse muitas amantes, o trabalho sempre foi seu amor principal. O trabalho determinava a hora e a duração dos relacionamentos. No entanto, quando um relacionamento começava, ele iluminava sua vida. E o rejuvenescia. Em 1977, Harriet Vyner era uma garota jovem e impetuosa de uma família de proprietários de terras em Yorkshire, que era exatamente o que agradava a Lucian: animada, rebelde e atraída pelo perigo e pelo risco que emanavam dele. Era o instinto que determinava quem ele escolhia, como Harriet descobriu quando era uma estudante de 17 anos. Ela estava conversando com o pintor Craigie Aitchison, quando caiu na mira de Lucian. "Ele imediatamente focalizou a atenção em mim e deixou claro que estava interessado. Era o contrário daquela atitude bem inglesa, em que nunca se sabe se somos apenas amigos ou se o outro está querendo mais. Ele queria mais", disse ela.[106] Harriet estava fazendo seus exames avançados de final do ensino médio na Queen's Gate School. Lucian estava com 54 anos, no auge de seus poderes e com a máxima determinação de fazer exatamente o que queria. "Havia uma espécie de intimidação, mas não porque ele estivesse tentando criá-la. Só porque simplesmente essa era a sensação. Eu, na realidade, não tinha nenhuma experiência de ter lidado com alguém tão diferente.

"Lembro que eu achava que ele não estava assim tão a fim de mim no começo; mas, quando eu disse que ia passar férias na Itália, ele disse: 'Bem, trate de não se queimar demais, porque eu gostaria de pintar você', e me lembro de ter ficado muito empolgada. Eu não só achei que ia adorar ser pintada por ele, mas também pensei que aquilo significava que ele realmente gostava bastante de mim. Lembre-se de que eu era muito nova, e acho que nunca superei realmente a fase de ficar me perguntando se os homens gostavam de mim. Sempre existe esse elemento."

Seu retrato dela, *Sleeping Head* [Cabeça adormecida] (1979-80), refletiu o tempo bastante caótico que passaram juntos. "Àquela altura eu já tinha saído da escola e costumava dormir à toa, em parte porque já estava consumindo algum tipo de droga. Geralmente eu tomava algum sonífero ou coisa desse tipo, que sempre foi o que eu preferia, e dormia durante o dia, e então ele me pintava." Lucian não aprovava o uso de drogas. "Eu realmente me transformei numa espécie de pesadelo para ele, porque, se alguma coisa perturbasse sua pintura, isso o deixava muito, muito agitado; e, quando eu me comportava com teimosia, como uma criança mimada, ele realmente se incomodava. Lembro-me dele angustiado", disse ela.

Embora a pintura viesse em primeiro lugar, os outros desejos e instintos de Lucian também consumiam boa parte de sua energia.

Era uma vida de pessoas escondidas, telas viradas para a parede, telefonemas dados, mas não atendidos por ele e viagens de carro a destinos dos quais somente ele tinha conhecimento. Às vezes, as divisórias em sua vida caíam por terra. "Acho que uma vez nós saímos para jantar com alguém que ele conhecia, e essa pessoa não parava de mencionar outra garota e depois olhar para mim. Lucian ficou um pouco irritado, porque gostava de ter sua privacidade", disse Harriet. Eles dançavam na Annabel's, visitavam casas de gângsteres em Essex, nadavam, ouviam Bob Dylan e liam Byron. Riam muito, mas também brigavam. A pintura era mais importante que qualquer coisa que fizessem juntos. Eles também jogavam, ou melhor, Lucian jogava; e, embora seu papel de musa, modelo e amante fosse emocionante, Harriet sempre achava que ele a estava forçando a atingir seus limites, até mesmo com seus comentários brincalhões. "Lucian chegou a me dizer algo, quando estávamos conversando sobre a possibilidade de ele considerar algum homem atraente. Ele me disse que o único homem com quem realmente gostaria de ir para a cama era [o jóquei] Lester Piggott! Ele simplesmente o idolatrava." A conversa e a conduta de Lucian nunca foram previsíveis ou convencionais por muito tempo.

Seus gestos de afeto eram espantosos. Ele deu a ela dois ratos e lhe ofereceu um lobo. Ela ficou com ciúme quando soube que outra namorada, Katie McEwen, tinha ganhado um macaco. Ele levava Harriet para fazer compras na loja de Yves Saint Laurent, perturbando a equipe de atendentes ao entrar, com suas roupas respingadas de tinta, na loja de New Bond Street. Na época, sua direção estava nas mãos de uma temível senhora da sociedade chamada Lady Rendlesham, ex-diva da *Vogue*, que amarrava a cara em censura ao homem mais velho com a amante adolescente. "Ele costumava entrar ali, com aquela sua aparência desalinhada, e é claro que ela sabia quem ele era. E então ele comprava para mim alguma coisa, mais outra, outra, outra e ainda outra! Ela realmente não sabia como lidar com ele, porque ele não lhe dava atenção, como fazia com as pessoas de quem não gostava. Lucian podia ser muito grosseiro, mas mesmo assim era um prazer vê-lo lidar com essa mulher bastante intimidadora."

O tempo passado com Lucian era sempre fora do comum. "É muito raro que alguém nunca se preocupe com o que os outros pensem, e faça simplesmente o que quer fazer." Para Harriet o romance foi uma montanha-russa. No início, ele ficou enlevado. Mas aos poucos ela foi se tornando dependente de drogas durante o período em que estiveram juntos, o que para Lucian a tornou imprevisível, mas também provocante. Harriet decerto considerava proveitoso posar para ele, mas passou por uma época muito difícil e acabou sendo presa por dez meses por infrações relacionadas com drogas. Harriet lembra que foi dramática e árdua a lenta separação entre os dois, antes que ela fosse presa. "Ele ficou deprimido durante esse período; e um dia quando entrei no ateliê, ele estava se queixando sobre uma coisa e outra e lá estava ele deitado no chão, simplesmente sem conseguir se mexer. Estava em desespero porque não conseguia pintar. Por eu ser um tamanho pesadelo, eu tinha chegado a afetá-lo àquele ponto." Tudo terminou porque no final Lucian se protegeu. "Ele realmente me ligou para dizer que achava que não podíamos continuar; que para ele era muito difícil me ver. Fiquei admirada por ele de fato pensar em dar um basta, em vez de simplesmente tolerar a situação", disse ela.

Raramente havia um intervalo. Outras preenchiam o vazio, algumas conhecidas, mas também sempre alguma nova. Um ano depois de conhecer Harriet, ele viu Celia Paul pela primeira vez na sala de modelos-vivos no andar térreo da escola Slade, em outubro de 1978. Foi outra gamação por uma adolescente.[107] "Eu estava com 18 anos, e Lucian, com 55. Ele entrou na sala, trajando um belo terno cinza, com camisa de seda branca e um cachecol também de seda branca. Ele era muito, muito pálido e estava fumando um Gauloise. Olhava atentamente para o modelo nu no colchão. Aproximei-me dele e lhe perguntei se estava ocupado. Ele deu um risinho em resposta, como se quisesse dizer que a única forma real de estar ocupado era pintando."

Ele a convidou para seu ateliê, onde estava terminando um quadro intitulado *Two Plants* [Duas plantas]. "Ele trabalhava no quadro de modo obsessivo, folha a folha, quase como se elas estivessem crescendo no mesmo ritmo das folhas da planta. Ele disse que o importante na pintura é a concentração. E salientou isso como se fosse uma revelação."

Celia descobriu uma tensão criativa, porém desafiadora, em estar com Lucian, ao mesmo tempo que ficava hipnotizada quando posava para ele. Seis anos mais tarde, ela teria um filho dele, Frank, o que acabou levando a uma tensão excessiva para ela continuar a posar. A domesticidade sempre era uma ameaça para Lucian. "Ele gostava de conversar enquanto trabalhava. Queria observar o rosto do modelo em movimento, apanhando-o desprevenido, para captar aquela aparência estranha que buscava. Eu teria preferido me manter em silêncio, para poder mergulhar em meu próprio mundo, mas Lucian não queria saber disso. Muitas vezes ele saía do aposento para dar telefonemas, e eu o ouvia na sala ao lado, falando bem junto do fone, num sussurro teatral, como numa conspiração. Sempre tive muita consciência de que eu certamente não era o único peixe em seu mar."

Como outra pessoa descobriu, tratava-se de um vasto mar aberto.

■ ■ ■

Sophie de Stempel abriu a porta do ateliê em Holland Park para encontrar Lucian rindo e dançando nu ao som do hino pop de Blondie, "Sunday Girl". Sophie tinha vindo posar para um retrato noturno. Era o verão de 1982, e essa era a última coisa que ela esperava encontrar.

Era um aspecto inesperado de Lucian, o *homme sérieux* que costumava ler para ela as cartas de seu querido Flaubert; explicar os méritos dos contos de Henry James ou falar de figuras mais obscuras, como Adolph Menzel, o pintor da corte do imperador alemão Guilherme I, no século XIX, que produziu retratos como que por fórmula, mas criou desenhos primorosos. "Fosse pelo motivo que fosse, Blondie conseguiu atingi-lo", disse Sophie.[108] Ele tinha sido apresentado à banda tanto por sua filha Bella, como por Harriet Vyner. Enquanto dirigia em Londres, ele escutava fitas de Blondie. Outro capricho musical foi Johnny Cash, que ele tinha visto se apresentar ao vivo; assim como Ray Charles, de quem ele disse: "Esse homem sabe usar um terno."

Sophie tinha conhecido Lucian no *pub* French House no Soho em julho de 1980, quando ele estava no West End, com as filhas Bella e Rose. Na ocasião, Sophie era uma estudante de belas-artes, de 19 anos, filha do barão Michael de Stempel e descendente direta do defensor do abolicionismo William Wilberforce. Aristocrática, bem-falante e ambiciosa, ela também tinha passado por um período conturbado. Depois de um processo sensacional, seu pai foi preso por ter participado de uma trama para defraudar uma tia idosa. Sophie tinha avistado Lucian no *pub* e se apresentou. Ele a convidou para se juntar a eles no Wheeler's, onde Lucian pediu ostras para todos, pagando com seu costumeiro bolo de cédulas. Naquela noite, Sophie deu a Rose o número de seu telefone. Um mês mais tarde, depois que ela voltou de férias na Grécia, Lucian ligou para ela, e ela se descobriu posando para ele.

"Tínhamos combinado no jantar que eu posaria para ele", disse ela, "mas eu ainda estava muito ansiosa e, para falar sem rodeios, estava muito aflita. Ele dizia que eu era uma modelo ruim que se tornou uma boa modelo. Não sei ao certo se é verdade, mas na primeira vez fiquei tão nervosa que achei que teria um ataque cardíaco." Era o início de uma década turbulenta em que ela seria sua musa, modelo e amante.

Nos primeiros dias, Sophie estava inquieta e ansiosa por agradar. "Eu não conseguia lhe dizer que eu estava morrendo de frio, porque ele ficava muito agoniado ao começar um quadro. Parte da sala estava muito quente com o calor das lâmpadas, mas a uma pequena distância delas fazia muito frio. No fundo, ele nunca entendeu isso, porque estava concentrado demais em acertar o que fosse fazer no quadro."

Ele podia ser inconstante, até mesmo melodramático. "Uma vez eu o vi se agredir com um pincel, ferindo a coxa a ponto de ela sangrar", disse ela. "Ele me explicou que era como se fosse o jóquei e o cavalo de corrida, forçando o avanço com uma compulsão desenfreada, chegando aos limites, buscando o máximo. Era perturbador ficar deitada aos seus pés, onde eu às vezes era posicionada, no assoalho duro de madeira, quando ele batia com os pés com aquelas suas botas de montanhismo", disse ela. Enquanto a estava pintando, Lucian costumava dar um pulo e praguejar, ainda no ar.

Nesses anos, um de seus outros retratados foi o barão Heinrich "Heini" Thyssen-Bornemisza, na época o homem mais rico do mundo. Daylesford, sua magnífica residência em Gloucestershire, tinha no passado pertencido ao visconde de Rothermere, cuja mulher Ann (mais tarde casada com Ian Fleming) tinha apresentado Lucian a sua segunda mulher, Caroline. "Lucian disse que tentava não pular num acesso de tensão quando Thyssen estava por perto, para não lhe causar um sobressalto, mas muitas vezes ele só se lembrava disso tarde demais, quando já estava pulando. Para ele, era dificílimo começar um quadro, criar alguma coisa a partir do nada. Ele ainda aumentava a pressão sobre si mesmo, dizendo que preferia perder todo o cabelo a não fazer um quadro bom", lembrou-se ela. Essa era uma época em que suas dívidas de jogo estavam ameaçando soterrá-lo, e ele tinha saído apressado, no meio da noite, para convencer Thyssen a encomendar um retrato. Era uma tábua de salvação financeira.

Embora Sophie tivesse conhecido Lucian num encontro ao acaso, ela sempre sentira curiosidade pela reputação dele de devasso. "Lembro-me de ouvir que uma amiga minha tinha tido um caso com ele, e a suposição era sempre 'Não é um escândalo?'", disse ela. "Na década de 1970, os quadros dele eram considerados absolutamente medonhos pela maioria, as coisas mais feias que alguém poderia ter, mas era indiscutível que eles eram vigorosos." A essa altura, a reputação dele de homem sem limites — artísticos, físicos e sexuais — já estava consolidada e era de conhecimento geral.

Lucian almejava alcançar uma verdade superior através da observação atenta, como sir Nicholas Serota, diretor da Tate, ressaltou na homenagem póstuma a Lucian na National Portrait Gallery. "Lucian via o mundo de um modo diferente da maioria das pessoas. Havia uma acuidade e uma perspicácia no exame que ele fazia do rosto do modelo e em sua procura pelos menores detalhes da aparência que pudessem ajudar a decifrar o caráter." Essa constatação repercutia o que o próprio Lucian afirmava. "Eu tinha esperança de que, se me concentrasse o suficiente, a mera intensidade do exame minucioso instilaria vida aos quadros", dissera ele.[109]

Sophie passou por isso quando posou para ele. "Eu simplesmente pressupus que posaria nua para o primeiro quadro. Ele começou um desenho de tarde (eu estava bem nervosa). Ele foi muito paciente e ao anoitecer eu estava mais calma", disse ela. Era estimulante, e o que mais a impressionou foi a total dedicação de Lucian à arte. "Era empolgante saber que alguém era realmente maravilhoso no que fazia e poder fazer parte daquela realização."

Ela estava fascinada pela concentração de Lucian no seu objetivo, a associação de uma rigorosa ética de trabalho com um código moral desestruturado. Enquanto seu modelo estava diante dele, esse modelo tinha a máxima importância. "A aura que emana de uma pessoa ou de um objeto é parte tão integrante da pessoa ou do objeto quanto sua substância", escreveu ele, uma vez. "O efeito que elas produzem no espaço é tão inerente à pessoa ou ao objeto quanto sua cor ou cheiro. No espaço, o efeito resultante de dois indivíduos diferentes pode ser tão diferente quanto o efeito de uma vela e de uma lâmpada."[110]

Assim que começou o caso de Sophie com Lucian, ela logo se deu conta de que ele era incapaz de permanecer com apenas uma parceira sexual. "Eu estava profundamente envolvida, mas consciente de que outras pessoas também estavam envolvidas. Você não sabe das coisas, e simplesmente precisa descobrir. Você não tem muita certeza do que está acontecendo. Quando Lucian saía da sala, eu olhava os quadros voltados para a parede e via um pouco mais do seio de alguém. Isso me deixava com um ciúme terrível. Ele lhe dava muita atenção quando você estava lá com ele; mas, quando você não estava, sabia que toda uma outra vida estava acontecendo. Isso era difícil", disse ela.

O aspecto físico de posar para Lucian também não era fácil. "Como para todos os seus modelos, posar era penoso, porque as horas se alongavam, às vezes chegando a sete ou oito horas numa sessão. No início, ele ficava torturado, numa agonia, achando que não ia conseguir. Seu estado era terrível. Tudo relacionado a fazer o quadro dar certo", explicou ela.

Sophie dedicou-se ao relacionamento com Lucian até 1984, quando afastou-se por um tempo, exausta de tanto posar e das complicações de ser uma de suas amantes. As datas dos quadros fornecem uma prova estatística essencial, mas não dão a menor pista das turbulências emocionais que ele causou. Um quadro datado de "1980-5" sugere continuidade, mas esconde um intervalo doloroso no relacionamento. Sophie voltou, porém, porque descobriu que estava dependente do brilho e da energia de Lucian. Poucas mulheres quiseram abandoná-lo por completo, mesmo quando sabiam que ficar com ele lhes fazia mal.

Sempre havia outras em volta, e a consciência disso às vezes vinha da arte em si. "Houve um longo período em que me lembro de ter visto uma mulher se materializar [num quadro]. Lembro-me de pensar 'Ora, ora, essa é Janey Longman'. É assim que você se dá conta das coisas. É preciso o esforço de querer ver. Lucian tinha compartimentos para todas as pessoas diferentes em sua vida. Havia as pessoas que ele estava pintando e também algumas que já tinha pintado; e provavelmente outras que ia pintar. Todas estavam envolvidas. Não sei na realidade quem andava por ali; mas, quando saíram os livros sobre sua obra, eu via os quadros e as datas e pensava 'Ah, foi nessa época que fulana de tal estava por lá', mas eu nunca soube de nada com certeza", disse ela.

GG: Você se incomodava com Lucian ter relacionamentos com outras mulheres?

S de S: Sim. Acho que sim, mas àquela altura eu na realidade estava trabalhando como modelo e de algum modo tinha me desligado, o que foi muito bom, porque assim eu conseguia me distanciar mais.

GG: Quer dizer que vocês pararam de ter um relacionamento sexual?

S de S: Isso foi positivo mesmo, porque resultou em menos complicações. Era muito mais fácil trabalhar apenas como modelo, em termos emocionais para mim e também para ele. É difícil trabalhar, quando as pessoas estão brigando, quando as emoções estão acirradas. Ele precisava ter um equilíbrio entre seus vícios: o amor às mulheres e o jogo. Também precisava se concentrar muito, por trabalhar tantas horas a fio. Todas as loucuras que ele fazia estavam realmente à margem. A pintura sempre foi seu eixo.

Havia pinturas diurnas e havia as sessões noturnas, mais carregadas em termos sexuais. Havia quadros de membros de sua família — em 1982, sua filha Bella posou nua para um quadro diurno — e havia quadros com modelos masculinos: 1980-1 foi quando Guy, *bookmaker* de Lucian, posou com seu terrier Speck. Também nessa época Angus Cook começou a posar para ele, substituindo Guy, quando Lucian se concentrava em Speck. (Mais tarde, Cook posou para Lucian como ele mesmo.)

Uma vez Sophie contou-lhe o caso de um garçom indiano num restaurante em Victoria, que tinha tentado cometer suicídio, mas não podia comentar o assunto com sua família na terra natal. Lucian ficou fascinado. "Ele quis ir ao restaurante e pensou em pintar o garçom. Ele costumava se entregar a obsessões. Em sua mente, ele criava um personagem; mas, se depois a pessoa fazia alguma coisa que o decepcionava, ele conseguia realmente se voltar contra a pessoa. Lucian nunca pôde perdoar uma traição. Ele escrevia cartas ofensivas. Lembro-me de que alguém o convidou para ser o apresentador em alguma cerimônia importante e ele respondeu dizendo que preferia se masturbar. Mas havia também bilhetes ternos. 'Estou mandando este bilhete por intermédio de um mensageiro com a forma de Bella, porque ando meio cansado. Você poderia vir por favor amanhã às seis para dançar? Com amor, Lucian.' Ele sabia encantar."

Era uma época hedonística e inebriante. Lucian e Sophie jantavam na Annabel's e tomavam o café da manhã nos bares de trabalhadores em Smithfield, que ele adorava, às vezes às seis da manhã. Ele adquiriu uma súbita obsessão por uma música de

Johnny Cash acerca de trocar de cérebro com um frango quando o frango estivesse roubando bancos. Em seu Bentley, no caminho para um jantar, ele era sempre o mais egoísta e mais inconsequente dos motoristas, enquanto ouvia a música de Cash, num volume ensurdecedor.

Com Sophie, aquele foi um longo relacionamento que a consumiu totalmente e deixou seus pais perplexos. Sua apresentação ocorreu, quando os pais assistiram a Lucian engrenar a marcha a ré em seu Bentley, a uma velocidade vertiginosa, pela rua em Belgravia, onde ela estava morando com eles. Quando tudo terminou, foi como a cortina descendo ao fim de um melodrama.

"Houve uma ocasião em que eu estava deixando Lucian, e tive a sensação de ser como se eu estivesse largando drogas. Eu encarava tudo aquilo um pouco como se eu fosse uma dependente. Eu conseguia largar por dois anos, e então tudo recomeçava. Isso pode deixar a pessoa totalmente bipolar. E durou a maior parte da minha vida adulta. Dos 19 anos em diante, eu estive envolvida com Lucian de algum modo, que foi mudando com o tempo. Ele falava sobre o amor. Costumava se apaixonar loucamente pelas pessoas e fazer absolutamente qualquer coisa por elas. Comigo ele agiu com uma gentileza e generosidade incríveis, mas sempre precisava recuar de volta para o trabalho.

"Há quadros da década de 1970 que estão tão carregados de sexo que praticamente dá para saber qual era o cheiro das pessoas. Ele também perseguia mulheres como um louco, escalando por canos de escoamento e entrando pelas janelas altas das casas de mulheres que ele queria ver, pendurando-se em sacadas pelas pontas dos dedos. Na década de 1980, quando estava com mais de 60 anos, ele já estava poupando suas forças. Seus quadros eram melhores, maiores e terminados com maior rapidez. O que continuava o mesmo eram o colchão, camas e trapos", disse ela.

Blond Girl, Night Portrait [Garota loura, retrato noturno] (1980-5), *Standing by the Rags* [Em pé junto dos trapos] (1988-9) e *Lying by the Rags* [Deitada junto dos trapos] (1989-90) são três retratos de Sophie, como prisioneira no ateliê de Lucian, mas uma prisioneira que escolheu estar ali por causa da presença irresistível do pintor. O último desses três foi o fecho triunfal do relacionamento entre os dois e um dos nus mais vigorosos de Lucian. Sophie está deitada de modo desconfortável e incongruente junto dos trapos que Lucian usava para limpar os pincéis. Da mesma forma que Samuel Beckett enterrava atores em latas de lixo ou fazia com que olhassem fixamente à frente sem piscar, com suas palavras girando sem parar em ecos e ritmos, tudo para expressar uma verdade maior sobre a condição humana, também Lucian manipulava seus modelos para ampliar o minúsculo palco do ateliê, transformando-o num mundo mais vasto de entendimento. *Lying by the Rags* é um retrato em que metade do quadro é composta de tábuas de assoalho. A área superior é tomada por lençóis descartados, e Sophie está imprensada no meio, jazendo exposta, vulnerável e aparentemente abandonada, sem dúvida numa posição incômoda. É um ato difícil de colaboração. As tábuas duras, enceradas, os lençóis amarrotados e a carne macia: todos estão em contraste e destoam. Lucian possui e controla essa figura, que parece disposta a se submeter ao que for necessário. Ele está forçando ao máximo o abandono e a boa disposição. No final, ele sacrifica tudo pela pintura. Da mesma forma que sua modelo. Essa foi a última vez que ela posou para ele.

"Comecei a me importar com o fato de outras pessoas posarem. Isso me incomodava demais para eu voltar a posar. De algum modo, continuamos bons amigos até ele morrer. Ele é a pessoa de fora da minha família que eu conheço melhor e há mais tempo, com quem parece que estou envolvida desde sempre. Mas nosso caso estava terminado", disse ela.

"Nossas brigas não eram físicas, mas pareciam físicas, pareciam violentas. Eu tentava evitá-las ao máximo. Lucian estava sempre testando as pessoas de algum modo, e havia horas em que o certo era ser passiva e outras em que o certo era defender sua própria posição. Nesse caso, haveria um confronto, uma explosão. E isso muitas vezes significaria não falar com ele por alguns anos."

Tudo isso se desenrolava num vácuo estanque. Ela não podia revelar a outros o que estava acontecendo. A privacidade dele era inviolável. "Ele era feroz, feroz em seu desejo de privacidade. Precisava se proteger totalmente para seu trabalho. Não queria que ninguém soubesse onde morava. Estar com Lucian era como estar com um espião. Ele não queria que as pessoas soubessem que você trabalhava para ele. Era esperto e explicaria que não ia conseguir trabalhar se as coisas não fossem exatamente como ele queria. De qualquer modo, sou muito reservada; mas me tornei ainda mais, em parte porque queria ser leal a ele."

Sophie acabou indo embora para sempre porque já não conseguia tolerar a pressão perturbadora de outras mulheres na vida dele. "Houve alguém que descobriu que eu estava posando e ficou fora de si. Ela tinha sido hospitalizada e apresentava tendências suicidas. Houve algumas cenas desagradáveis, em que cheguei a acreditar que alguém pudesse ser morto. Foram momentos perigosos. Algumas pessoas eram muito violentas", disse ela.

Mais uma vez, Lucian permitia que o caos o cercasse, mas dava um jeito de manter um pouco de si mesmo no centro, calmo e imóvel, para poder se concentrar no seu trabalho. Em torno dele, rodopiavam a histeria, brigas, desavenças, novos casos, velhos casos retomados, dívidas e noitadas desenfreadas. A única constante era a aplicação de um pincel à tela e a competição ininterrupta, na própria cabeça de Lucian, com os maiores artistas da história da pintura.

Circunstâncias extraordinárias muitas vezes desempenhavam um papel no surgimento de novas amantes. Alexi Williams-Wynn, uma estudante adulta de belas-artes, conheceu Lucian depois de quase ser atropelada por um carro em alta velocidade, no qual ele era um passageiro. Ela captou apenas um relance do rosto dele, como um retrato borrado de autoria de Francis Bacon, um instante antes de quase ser atingida. No dia seguinte, como um tiro no escuro, ela lhe escreveu pedindo para conhecê-lo. Ela se tornou sua amante e modelo por dois anos, tendo se mudado para a casa dele. "Eu só conheço gente por carta", brincava ele. Ela estava com 31 anos na época e tinha sido amiga do fotógrafo e escritor Bruce Bernard. Apesar da diferença de mais de cinquenta anos entre ela e Lucian, ela o considerou irresistível. "Fiquei pasma com sua energia, seu jeito, sua fisicalidade; ele dava a impressão de ser indomável, até mesmo selvagem."[111] De imediato, ele a convidou para posar para um quadro noturno. Seguiu-se um quadro diurno. Logo Alexi estava posando de modo ininterrupto. Isso exigiu que ela cancelasse por uns tempos seu mestrado em belas-artes. "Minha sensação era a de que estávamos fazendo juntos alguma coisa construtiva e espantosa, morando, comendo, dormindo. A pintura, o elemento principal de nossa vida juntos, parecia importante e de impacto. Às vezes, nós nos levantávamos às quatro da manhã, tendo ido dormir à meia-noite. Era eu que me sentia exausta metade do tempo, não ele. De vez em quando, dava para se perceber uma fragilidade", disse ela.

Foi um romance com muito prazer: idas ao balé, fins de semana em Badminton hospedados pelo duque de Beaufort. Alexi achava estranho conhecer os filhos de Lucian, pois ela era mais jovem que a maioria deles. "Houve alguns momentos de tensão", disse ela, "mas também muitas vezes eles foram generosos e acolhedores, especialmente Bella e Esther."

The Painter Surprised by a Naked Admirer [O pintor surpreendido por uma admiradora nua] (2005) foi o principal legado de seu relacionamento. É um retrato de Alexi, agachada no assoalho de madeira, com um braço acariciando a coxa de Lucian, numa pose de submissão e adoração, mas com um toque de servidão. "Eu queria muito que ele tivesse outras modelos, para eu poder manter minha vida na maior normalidade possível, mas ele não queria saber disso. Lucian é totalmente voraz e quer tudo de você. Se você se atrasasse cinco minutos, ele faria parecer que você não queria estar ali de modo algum, ficando irritado e contrariado." Lucian sentia intensamente a ameaça do tempo perdido.

"Ele trabalhava expandindo o quadro a partir de um ponto inicial. Ficava muito concentrado, com cada pincelada sendo misturada separadamente num processo longo e trabalhoso.

Era extenuante, porque as sessões às quatro da manhã significavam sair da casa de Notting Hill no escuro e pegar um táxi para ir ao ateliê de Holland Park", lembrou-se ela. A vida de Alexi ficou em suspenso enquanto ela esteve com Lucian. "Cheguei a abandonar meu celular. Ele considerava invasivo qualquer contato que eu tivesse com o mundo lá fora", disse ela. Ele era o maestro e não queria concorrência nem distrações. "Ele lhe dava 100% de concentração. Mais nada existia. Sua atitude era sempre generosa. Ele compartilhava tanto conhecimento, poesia, músicas. Era uma pessoa interessante."

Ela também ressaltou coisas estranhas que ele fazia, como, por exemplo, nunca se despedir. "Ele simplesmente batia com o telefone, sem nenhum outro significado, a não ser o de que a conversa tinha terminado", disse ela. Ele não era dado a abraços, mas valorizava muito o aspecto físico. "Tudo era do seu interesse. Fazia parte da tarefa de descobrir tudo sobre a pessoa", disse ela. Lucian tinha um livro sobre a vida sexual das libélulas, entre outras criaturas, assim como um exemplar de *The Natural Philosophy of Love* [A física do amor] de Remy de Gourmont. E, como sempre, ele adorava compartilhar as cartas de Flaubert, recostando-se numa poltrona, com seus óculos de aro de tartaruga, lendo em voz alta. Ele contava a Alexi como era do contra, por natureza, preferindo engrenar a marcha a ré se lhe fosse recomendado avançar. "Lembro-me de Lucian me ter contado que, quando estava na escola, o ensinaram a amarrar o cadarço do sapato de uma forma e que ele nunca mais viria a amarrá-lo daquele jeito. E é claro que nunca o fez. Eu realmente não previ que ia me apaixonar por ele. Na verdade, não se tem uma escolha. Essas coisas acontecem. Fiquei totalmente chocada quando percebi que estava envolvida por inteiro em seu mundo. Não se tratava de eu simplesmente ser sua modelo. Era muito mais abrangente. A situação me parecia perfeitamente tranquila. Éramos amantes, e nossa intimidade era forte. Havia uma energia sexual enorme. Eu estava ali, envolvida em sua vida, que girava em torno da pintura." Havia novos sabores, sons e sensações; cafés da manhã com suco de cenoura recém-preparado e salsichas, sua voz suave lendo em voz alta, sua capacidade de atrair a atenção dos outros e de algum modo transformar o comum em magia, em arte e vida.

A hora que ela não pôde controlar foi a do fim do seu caso. Como de costume, o momento coincidiu com a conclusão de um quadro: mais um retrato de Alexi, nua numa cama. Ela não o via havia uns dois dias, e ele estava irritado porque precisava dela para terminar o quadro. A dinâmica do poder se invertia. O interesse da imprensa por Lucian e sua jovem amante estava aumentando, o lendário "Don Juan" e suas jovens namoradas fascinando os jornais moderadamente populares, como o *Daily Mail*, que tinha posicionado um repórter diante do apartamento de Alexi por uma semana inteira.

Quando eles realmente se separaram, Alexi sentiu uma mágoa física, mas compreendeu. O poder de Lucian de transformar vidas, além de retratá-las, nunca pareceu diminuir. "Ele tinha uma sensibilidade ou receptividade muito aguçada para as experiências físicas ou emocionais", disse ela. "Eu o considerava muito independente e autônomo, mas é possível que tenhamos nos aproximado demais." Uma doença que atingiu Lucian em 2005 também afetou seu relacionamento. "Não foi só que eu simplesmente não tivesse voltado para ele. Estava na hora de mudar, algo que eu não tinha previsto e que não me caiu bem. Fiquei arrasada." Eles se mantiveram em contato depois que ele seguiu em frente. Não com muita frequência, mas a ligação nunca foi cortada. Sua despedida final foi no leito de morte de Lucian.

10. História de uma filha

O público sentia um fascínio pelos quadros que Lucian fazia de seus filhos e filhas, alguns deles retratos nus. Jornalistas se deliciavam tentando explicar a importância em termos freudianos de filhos adolescentes ou no início da idade adulta se despirem para posar para o pai. As atividades a que se dedicam seus 14 filhos incluem a de romancista, pintura com caneta esferográfica, design de moda, jornalismo, aconselhamento para dependentes de drogas, poesia e escultura. No entanto, eles raramente se encontravam. Os quatro filhos que teve com Suzy Boyt, uma estudante que conheceu na Slade na década de 1950, e dois, com a escritora, viajante boêmia e amante da jardinagem Bernardine Coverley, foram a principal exceção a essa regra. Alguns tinham apenas uma vaga noção da existência uns dos outros, mesmo depois que Lucian morreu. Alguns ainda não têm conhecimento de no mínimo um de seus meios-irmãos.

Ao longo dos anos, houve separações e rusgas, alianças firmes e retiradas mudas, intimidades compartilhadas e acontecimentos dramáticos. Seu poder de encantar era mágico, até mesmo hipnótico, e todos eles se deixaram fascinar. Ele também tinha uma atitude brincalhona lado a lado com o cerne de aço da ambição. Lucian sempre viveu bem. Às vezes, podia estar se afogando em dívidas, mas nunca foi avarento.

Ele era o foco da atenção de sua família, decidindo quando via seus filhos ou não. Poucos tinham o número de seu telefone. Com a exceção dos quatro filhos que teve com Katherine McAdam, ele pintou todos os seus filhos reconhecidos. Pintou seus rostos, em grupos em família, deitados com amigos, segurando seus próprios filhos no colo e, da maneira mais controvertida de todas, nus, no caso de seis filhas e um filho.

O primeiro desses quadros foi feito em 1963, quando Lucian pediu a Annie Freud, sua filha mais velha, então com 14 anos, que tirasse toda a roupa e abandonasse suas inibições de adolescente para um retrato nu. Era sem dúvida chocante usar como modelo de um nu uma adolescente até certo ponto inocente e ingênua. Esse foi um acontecimento grave e controvertido na vida de Annie. Muitos consideraram a decisão de Lucian censurável, se não totalmente imoral. Lucian não se importou. Simplesmente não lhe ocorreu a possibilidade de que aquilo prejudicasse sua filha.

Num sofá gasto em seu ateliê em Clarendon Crescent em Paddington, Annie está empoleirada com uma perna dobrada numa posição protetora de seu pudor. Em *Naked Child Laughing*, ela exibe sinais de uma sexualidade emergente, associados a uma inocência alegre. É um estudo sobre a vulnerabilidade e o encanto da adolescência, com seu largo sorriso de alegria espontânea. Um bom tema para qualquer pintor, mas um tema com um viés psicológico, que questiona a linha entre o comportamento adequado e o inadequado por parte de um pai para com a filha na puberdade.

Esse foi o primeiro nu de corpo inteiro que Lucian pintou, e ele capta um momento de intimidade e confiança entre os dois. "Para nós foi muito legal mesmo; esse é o quadro que papai fez de mim que eu mais admiro", disse-me Annie.[112] Ele sabia que a nudez mudava tudo, permitindo novos níveis de revelação e exposição. Ou, como disse uma vez: "Pinto as pessoas, não por causa de sua aparência, nem exatamente apesar de sua aparência, mas como elas por acaso são."

Na época, Annie não tinha como expressar com muita clareza como se sentia, mas posteriormente ela disse que podia sentir a cultura coletiva puritana da Grã-Bretanha no seu encalço, além de se sentir embaraçada, já que tanto seu namorado como sua mãe, de modo justificado, achavam que não era certo ela posar nua. Uma análise do que tinha ocorrido parecia estar fora do alcance e da compreensão emocional de uma menina de 14 anos.

"Eu sabia que algumas pessoas achavam que o que fiz com meu pai era perigoso e impróprio. Mas meu pai não via problema; e naquela época eu achava que estava perfeitamente certa qualquer coisa que ele fizesse. De algum modo, era proibido e experimental, mas não houve nada de sexual ou de indecente no que aconteceu. Houve algum dano, não intencional, e que não teve nada a ver com sexo. Talvez tenha sido mais como uma invasão da inocência. Estar nua diante do próprio pai sem dúvida era uma coisa que ia contra a opinião vigente na época. De nada adiantava papai dizer que não havia nenhum problema. Nenhuma outra pessoa concordava com ele", disse ela.

A mãe de Annie, Kitty Garman, já divorciada de Lucian àquela altura, ficou alarmada. "Quando eu estava posando, chegou uma carta de mamãe, que ele abriu e então caiu na gargalhada. Na carta, ela dizia que o pai dela teria achado que não era certo papai pintar nus de mim, e que isso poderia me deixar infeliz. Papai achou tudo aquilo terrivelmente engraçado", disse Annie.

Lucian disse que "Ep [Jacob Epstein, pai de Kitty] iria se revirar na tumba se tomasse conhecimento da carta de Kitty", pois o próprio Epstein tinha despertado hostilidade muitos anos antes, ao também desafiar tabus em torno da descrição da sexualidade. Lucian sustentava que a nudez era simplesmente uma forma de obter um retrato mais fiel, desfazendo de qualquer sugestão de que pintar seus próprios filhos fosse de algum modo um tabu. E é claro que ele gostava de se arriscar e nunca se importou com o que os outros pensassem. A oposição sempre fez com que ele firmasse ainda mais sua posição.

Não foi muito do agrado de Kitty que Lucian dissesse, em tom de zombaria, que o próprio pai dela teria descartado todo e qualquer instinto maternal de Kitty referente à exposição da filha. "Lucian simplesmente achava que meu avô consideraria mamãe ridícula por conta daquilo tudo. Ele ria a não poder mais, o que, para mim era difícil encarar", disse Annie. "É horrível quando os pais de qualquer um dizem coisas desagradáveis ou depreciativas um sobre o outro", acrescentou ela.

Lucian simplesmente não conversou com Annie nem com a mãe dela sobre como o quadro as afetava. Estava interessado somente no que funcionava para ele como artista; quem estava ao seu redor, as pessoas em sua vida, era o que ele queria pintar. Sobre a nudez, ele tinha a visão objetiva de um artista, tendo muitas vezes pintado nus em aulas com modelos-vivos. Ele considerava essas objeções atitudes burguesas, fruto de mentes deturpadas. Estava simplesmente exercendo a licença de um artista de retratar as pessoas de uma forma que fazia diferença. Que por acaso a retratada fosse sua filha adolescente e o fato de ela estar nua não era da conta de mais ninguém.

O quadro foi o ponto de partida de uma carreira definida pelos retratos nus. Lucian criou sua própria linguagem com a tinta através da observação prolongada das pessoas. "Estou realmente interessado neles como animais. Parte de eu gostar de trabalhar com modelos nus é por esse motivo. Porque vejo mais: vejo as formas que se repetem no corpo inteiro e muitas vezes também na cabeça. Um dos aspectos mais empolgantes é o de ver através da pele, chegar a ver o sangue, as veias, as marcas", explicou ele.[113]

Em seu quadro de Annie, Lucian usou a tinta com uma nova segurança. Usou pinceladas mais soltas, expressivas, para pintar o braço de Annie, seu pulso, articulações e seio, invocando sua essência de moleca e, de modo memorável, sua risada descontrolada, levemente expressiva. Ele usou uma espécie de taquigrafia de marcas com a tinta, lambuzadas e pinceladas, liberando-se desse modo da rígida noção de controle que o dominava anteriormente. O risco estava implícito no estilo, no tema e no contexto. Sua técnica tinha se aprofundado para tornar suas imagens mais flexíveis e suscetíveis. Ele disse a Francis Bacon que até então seus quadros não tinham refletido sentimentos através de seu modo de pintar, que era o motivo pelo qual ele dava as boas-vindas a esse estilo mais expansivo, mais ousado e mais solto.

Embora Annie dissesse que por um lado para eles foi legal, outras lembranças de posar para o pai contam uma história mais complexa; e às vezes "não era fácil. Eu me lembro de ter cabelo comprido e querer que meu cabelo cobrisse meus mamilos, e papai se inclinava para a frente para afastar meu cabelo com o pincel".

GG: Para expor os mamilos?
AF: Sim, e não por causa de qualquer impropriedade sexual ou erotismo proibido... Esse é um ponto que já comentei com minhas irmãs. Seria de imaginar que uma coisa dessas tivesse um efeito ruim sobre suas sensações, de natureza sexual ou corporal, mas não teve. Na minha cabeça não havia a menor questão de falta de confiança em papai. Aquilo realmente envolveu a necessidade de eu ter uma força específica: era uma exposição total. A questão consistia em alguém ter domínio sobre você. Foi tudo muito chocante.

A moralidade da vida em família era um ponto ao qual Kitty atribuía enorme importância. Annie lembra-se de Kitty olhar com superioridade para pessoas com filhos ilegítimos, apesar do fato (ou talvez por causa do fato) de ela mesma ser filha ilegítima. Ela tentou estender a infância de Annie ao máximo possível, e controlava que livros a filha lia.

Em 1955, depois que Lucian e Kitty se divorciaram, Kitty casou-se com Wynne Godley, o filho caçula de lorde Kilbracken, padrasto muito amado por Annie e Annabel. Ele era um oboísta cujo crônico pavor do palco o forçou a mudar de carreira. Ele se voltou para a economia, tornando-se catedrático de economia aplicada em Cambridge. Kitty e Wynne tiveram uma filha chamada Eve; e, com Annie e Annabel, eles todos moravam no nº 128 de Kensington Church Street, algumas casas adiante de onde Lucian acabaria por morar e onde morreria. Era uma residência confortável, segura e arrumada, o oposto de Delamere Terrace. Kitty criou em sua casa uma calma bucólica, em contraste com sua própria disposição instável. Amigos lembram-se de botões-de-ouro em vasos antigos, papel de parede de William Morris, tapeçarias, conchas marinhas e seu amor pelo pintor renascentista italiano Carlo Crivelli. Ela era parecida com uma das madonas pintadas por ele. E sempre manteve seu amor por Proust.

Houve consequências inevitáveis após o divórcio de Kitty e Lucian, e as filhas sofreram em decorrência de sua criação imprevisível. "Fui mandada para um colégio interno para me livrar um pouco da doença de Annabel em casa e de papai", lembrou-se Annie.[114] O mais estressante era ter o pai na mesma sala com sua mãe e seu padrasto. "Os dois homens que eu adorava me pareciam estar em competição e conflito quando se encontravam juntos. Lucian vinha à casa em Kensington Church Street e jogava umas partidas surreais de tênis de mesa com meu padrasto, Wynne. A tensão no ambiente era palpável. Papai ficava com um cigarro na boca e costumava servir a bola por baixo da mesa, sendo derrotado de modo espetacular. Eu não queria que eles ficassem juntos. Cada um tinha seu próprio conjunto diferente de crenças, linguagens, preocupações.

"A única coisa boa que descobri pela psicanálise muito tempo depois foi que meu padrasto e meu pai estavam os dois, de modos distintos, dedicados a se certificar de que eu um dia realmente me tornasse uma adulta. Ainda considero isso de uma utilidade enorme, porque eu percebia totalmente o desprezo, temor e ódio que um tinha pelo outro."

À noite, Kitty às vezes se sentava entre esses dois homens, em seu quimono, "calada, bela, tensa, dominada pela raiva, raiva do mundo, de pintores, de maridos, do passado, do futuro", disse Annie.

Em sua infância também havia luxo e extravagância nas residências da namorada de muito tempo de Lucian, Lady Lambton, mulher do ex-ministro do Gabinete conservador. A vida tornou-se exótica para as irmãs Freud, durante o romance com Lambton. Bindy Lambton era rica e cheia de personalidade; e os retratos que Lucian fez dela, como *Figure with Bare Arms* [Figura com braços desnudos] (1961), mostram uma beleza angulosa, com ossos pronunciados. "Puxa vida, era uma casa estranha. Nós ficávamos na cama dela com papai, que estaria escolhendo cavalos, grudado no telefone, conversando com o *bookmaker* e também assistindo às corridas. Depois assistíamos à luta livre e à parada de sucessos; e tomávamos um chá maravilhoso com bolos. Todo esse tempo, nós passávamos espalhados na cama." Bindy tinha sido abandonada pela mãe e criada pela tia, a sra. Freda Dudley Ward, famosa amante do príncipe de Gales, mais tarde Eduardo VIII. Bindy era rebelde e imprevisível. Tinha sido expulsa de 11 escolas. Pelo casamento, ela era rica e tinha condições de satisfazer suas idiossincrasias à vontade. Suas últimas palavras, ao morrer com 81 anos, em 2003, foram de uma canção da década de 1940, exatamente o tipo de coisa que Lucian apreciava e recitava:

> *Cocaine Bill and Morphine Sue*
> *Strolling down the avenue two by two*
> *O honey*
> *Won't you have a little sniff on me*
> *Have a sniff on me.**

Enquanto eles estiveram juntos, Lucian viveu num esplendor palaciano com Bindy, em sua casa assombrada em estilo georgiano em South Audley Street, Mayfair, ao mesmo tempo que mantinha sua independência (e alimentava sua predileção por contrastes entre as classes alta e baixa) com seu teto temporário e ateliê em Delamere Terrace. "Eles eram tão podres de ricos. Bindy tinha casacos de *vison* que iam até o chão. Se ela lhe pedisse para apanhar um par de luvas para ela, havia centenas, cada uma numa espécie de armação de cartolina, para manter a forma da mão", disse Annie. Quando não estava em Londres, Bindy morava em Biddick Hall em County Durham, onde filhotes de leões e leopardos perambulavam pelo jardim, sendo eventualmente vistos nos quartos também.

A vida dupla de Freud criou uma tensão inevitável com a mãe de Annie. "Lucian e Kitty juntos só me trazem lembranças de ansiedade, com Kitty desesperada de aflição quando as meninas eram levadas por Lucian num carro a uma velocidade perigosa", revelou uma amiga dos dois, a pintora Janetta Woolley. Férias hedonísticas eram muito reprovadas por Kitty. Annie se deliciava com a "enorme tribo da família Lambton, Beatrix, Rose, Anne e Isabella, bem como a babá e a criada, atravessando a França comendo para valer, seguindo de um hotel para outro até chegar ao Ritz em Paris".

---

* Em tradução livre: "Bill Cocaína e Sue Morfina / Passeando pela avenida lado a lado / Ai, querido / Não quer dar uma cheiradinha comigo / Uma cheiradinha comigo." [N. da T.]

"Meu padrasto, Wynne, instigado por minha mãe, processou Lucian, sob a acusação de que meu relacionamento com a família Lambton estaria me corrompendo", disse ela. "Muitas vezes, quando voltava para casa, eu costumava mentir para mamãe sobre aonde papai, Annabel e eu tínhamos ido, porque eu tinha medo de sua inveja. Ela e meu padrasto achavam que a vida na alta-roda ia provocar em mim os piores tipos de falsa expectativa de como minha vida viria a ser. Lembro-me de ter recebido um castigo severo por fazer algum comentário sobre nós não termos criados; e eu era muito repreendida por demonstrar desrespeito por nosso estilo de vida, em comparação com o estilo de vida de papai. Seja como for, eles processaram papai para tentar impedir meu relacionamento com a família Lambton."

Foi uma infância acometida por muitas explosões emocionais. Annie encontrava, largadas no ateliê, cartas cheias de ódio que Lucian estava prestes a enviar, "com as críticas mais graves que lhe ocorresse fazer a alguém por quem ele tinha estado apaixonado; acusações complexas sobre a desonestidade, baixeza ou caráter abominável daquela pessoa". Ao longo de toda a sua infância, Annie tinha uma percepção de conflitos por resolver. Sua mãe tinha engravidado de Annabel "para fazer papai ganhar juízo, o que não foi legal da parte dela". De nada adiantou.

O olhar sempre inconstante de Lucian tinha um efeito perturbador sobre Annie. "Passei por muitas experiências em que conheci uma namorada dele, fiquei encantada com ela e depois nunca mais a vi", lembrou-se ela. Para sua felicidade, a partir da década de 1960, a bela e leal Jane Willoughby apareceria de modo intermitente na vida de Lucian. "Mais que todas as outras mulheres, Jane tinha uma enorme sanidade fundamental, talvez alguma coisa a ver com sua classe. Ela é diferente da maioria das pessoas e é mais otimista. Ela não era do gênero, 'Ai, ele me magoou e depois saiu para conhecer mais uma'. Nada conseguia estancar o imenso respeito que ele sentia por ela."

Lucian marcou não só as lembranças dos outros com seus humores, sua voz, suas opiniões, mas também os aposentos onde morava e trabalhava. "No quarto chegava à altura dos joelhos a bagunça de roupas sujas, cartas, contas, cheques, livros, tinta, objetos de uso pessoal, obras de arte. Papai era um comprador compulsivo. Ele comprava, comprava e comprava mais um pouco. Por exemplo, colchas da guerra dos bôeres, feitas por prisioneiros de guerra ingleses, com velhos pedaços de seus uniformes. Essas costumavam estar em péssima condição, com fios se soltando, mas ele as empilhava. Não se viam os degraus na escada: os jornais eram como uma espécie de rio, em pilhas altas", lembrou-se Annie.

Ela escreveu um poema, intitulado "The Ballad of Dirty Del" [A balada de Del imundo], que descrevia a existência boêmia, suja e desarrumada, que ele levava em Delamere Terrace. Aquilo parecia simplesmente pertencer a sua natureza. Em parte, ele precisava de uma sensação de decomposição, e é claro que estava lidando com a carne, seu aspecto imediato e como ela era efêmera e material. "Aquilo tudo era simplesmente um fato da minha vida, todo aquele caos: comida, frigideiras com óleo da fritura de batatas. Eu aceitava porque fazia parte de meu pai, que eu amava em termos totais e absolutos. Eu o adorava. Minha mãe ficou preocupada com meu poema demonstrar uma falta de respeito, mas ao mesmo tempo ela me dizia coisas escabrosas sobre ele. Tudo era confuso."

O horário de trabalho implacável e o estilo de vida de Lucian afetaram sua saúde. "Ele se queixava de furúnculos horrendos no traseiro. O trabalho, ao qual se dedicava sem trégua, se fazia sentir de um modo terrível, somando-se às inúmeras aventuras amorosas que deram errado, falta de dinheiro, apavorantes dívidas de jogo, conflitos com galerias e uma ou outra briga", disse Annie. Apesar disso, ele fazia questão de que as filhas tivessem boas maneiras.

"Nós íamos almoçar com amigos dele, muitas vezes em casas imponentes ou em restaurantes fantásticos, e ele queria que eu estendesse a mão para os anfitriões e dissesse 'obrigada pelo belo almoço. Estava delicioso'. Ele queria que eu fosse a mais educada das meninas inglesas, sem resmungar um 'Obrigada', mas dizendo com clareza: 'Obrigada, realmente estava ótimo.' Ele ficava em pé atrás de mim, me cutucando com o dedo para se certificar de que eu agradecesse direito."

Quando flagrou Annie fumando na rua, Lucian ficou irritado. "Ele me disse que prostitutas fumavam na rua e quis me conscientizar de que, se fizesse aquilo de novo, poderiam me considerar uma prostituta." Ele então lhe perguntou se ela sabia por que estava sendo tão rígido. "Respondi: 'Porque você é meu pai', e ele disse: 'Não tem nada a ver. É porque eu me importo com você.' Achei essa afirmação de objetividade incrivelmente difícil de suportar. Eu queria o amor dele por causa da natureza de nosso relacionamento, não por causa de seus sentimentos. É provável que eu tenha chorado; por dentro chorei sem dúvida. Considerei isso tão difícil porque ele é meu pai; é isso o que ele significava para mim. Tudo o que ele dizia, fazia, sua aparência, seu comportamento, suas amizades e seus quadros, tudo girava em torno do fato de que eu era proveniente dele. Eu era do seu sangue. Era isso o que importava."

Annie tinha uma identificação quase obsessiva com ele. "Nós éramos parecidos. Até mesmo falávamos parecido, naquele jeito dele de rolar os R em palavras como '*free*' ou '*restaurant*'. E eu adorava suas declarações... como ele dizia: 'Aceito suborno, mas ele nunca influencia minha avaliação: isso é ser incorruptível de verdade.' Eu era 100% parte dele."

Essa proximidade seria destruída em 1975, quando Annie estava com 27 anos e descobriu que Lucian tinha outros filhos. Nunca lhe passara pela cabeça que ela e sua irmã mais nova,

Annabel, pudessem ter outros irmãos. No Wheeler's, em Old Compton Street, no Soho, aonde Annie tinha ido para se encontrar com Lucian, um rapaz estendeu a mão por cima da mesa e disse: "Sou Ali, seu irmãozinho perdido há muito tempo." Ele era um dos quatro filhos que Lucian teve com Suzy Boyt. Durante o almoço, não se falou mais no assunto. Ela não tinha a menor ideia de que seu pai, naquele momento, já tinha no mínimo outros sete filhos. Isso ele tinha escondido dela, o que a deixou se sentindo traída, deprimida e estarrecida. "Eu simplesmente não sabia da existência de Ali, Rose, Susie, Ib, Bella ou Esther, de modo algum, de nenhum deles. Não fazia ideia de que eles existissem. Ou de quem seriam as mães. Não fazia a mínima ideia. Naquela ocasião, eu ainda não compreendia que é possível ficar com raiva de seus pais, que na realidade se tem o direito de sentir raiva deles. Por isso, eu achava que também não podia ficar com raiva. Eu tinha sido criada pensando que qualquer coisa que papai fizesse estava perfeita", disse Annie.

A descoberta de irmãos secretos já foi bem perturbadora, mas ainda mais perturbador foi o fato de que todos eles pareciam saber da existência dos outros bem como dela e de Annabel. "Eu então comecei a supor que quase qualquer pessoa a quem eu fosse apresentada era filho/a de papai. Mesmo se eu conhecesse alguém com um sotaque australiano, eu me perguntava se seria algum irmão ou alguma irmã", disse ela. Essa descoberta forneceu a chave para abrir a porta das muitas vidas secretas de seu pai. "Só mais tarde, quando tive um colapso nervoso, eu tive como reconhecer meus sentimentos de ter sido traída."

Os filhos de Lucian ansiavam por sua atenção. Posar para ele era realmente a única maneira de garantir que se conseguiria vê-lo. Durante sua gravidez em 1975, Annie voltou para a Inglaterra, e Lucian a pintou com Alice Weldon, uma jovem pintora americana. Ele era tão hipnotizante e irresistível para seus filhos quanto para outras pessoas, e Annie também confirmou o conflito físico com o qual ele alegava se sentir melhor: "papai costumava bater em motoristas de táxi e esmurrar pessoas na rua se não gostasse do ar dessas pessoas. Às vezes ele tinha marcas de cortes no rosto. Podia ser que tivesse se engraçado com a namorada de alguém, ou coisa semelhante. Quando estava inquieto, ele saía por aí praguejando, e alguém poderia agredi-lo. Ele era muito estranho", disse Annie.

Por um tempo, ela mudou seu sobrenome para Robinson, para grande consternação de Lucian. Sua mãe insistiu com ela para mudar de volta, o que ela fez, e Annie hoje tem orgulho de sua reputação como poeta e roteirista de sucesso, com o sobrenome Freud.

Embora Annie e Annabel, as únicas filhas de Lucian que nasceram dentro de um casamento, possam ter herdado um sobrenome de linhagem extraordinária, qualquer sentido fortalecedor da identidade diminuiu à medida que elas se deparavam com as vidas particulares paralelas de seu pai. A relação altamente imprevisível com o pai teve um pesado preço emocional. Annie às vezes canalizou sua ansiedade para a poesia, frequentemente com humor. Em sua coletânea *The Mirabelles* [As ameixas mirabelles], há um poema a respeito de estar com Lucian, intitulado "Sting's Wife's Jam has Done you Good"*:

> *You pass me some nougat*
> *on the point of your knife*
> *that looks like the one I used to have*
> *that I bought in France, that never went blunt*
> *and was lost in the debris of a moules marinières.*
> *Was that the bell? I hear you inquire*
> *No, I reply. I think it's a bird*
> *You are painting a restaurateur*

---

* Em tradução livre: "A geleia da mulher de Sting lhe fez bem". [N. da T.]

More nougat is cut
What was that noise?
It's a bird in the garden
Having a squawk.
The model's upstairs.
We kiss and we part.*

Embora ele nunca tivesse sido um pai previsível, Annie sofreu um abalo quando Lucian deixou de ser a figura de pai exclusivamente para ela e Annabel. Ele de repente era alguém que se importava com outros filhos além delas ou, ainda pior, simplesmente não levava suas responsabilidades de pai tão a sério.

"De algum modo, a pessoa que eu via como meu pai já não era a pessoa que eu tinha conhecido. Eu estava sem chão. Papai tinha me ensinado a ser extraordinariamente correta e educada, mas então, na década de 1970, ele de repente começou a se interessar pelo movimento punk, em que era preciso ser o mais grosseiro possível. Afinal o que aquilo tudo queria dizer?", disse Annie.

"Bella e Esther conheciam todas essas pessoas perigosas, cascas-grossas, que mandam você dar o fora no instante em que olham para você. Meu casamento terminou, e eu me tornei uma feminista feroz. Papai encarava minha infelicidade com indiferença. Ele não queria saber."

Embora ele continuasse a chamá-la de Hunnington, um apelido derivado da palavra Honey** (ou às vezes um termo carinhoso ainda mais longo e brincalhão, Hunnington Herbert), alguma

---

* Em tradução livre: Você me passa um pouco de nugá / na ponta de sua faca / que é parecida com a que eu tinha / que comprei na França e nunca ficava cega / e se perdeu nos destroços de um *moules marinières.* / Foi a campainha? Ouço-o perguntar / Não, respondo. Acho que é uma ave / Você está pintando um dono de restaurante / Corta-se mais nugá / Que barulho foi aquele? / É uma ave no jardim / Soltando um grito. / O modelo está no andar de cima. / Nós nos beijamos e nos separamos. [N. da T.]

** *"Honey"* significa mel e pode ser usado como um termo carinhoso: "benzinho". [N. da T.]

coisa fundamental tinha mudado. A infância de Annie tinha sempre sido cheia de contrastes desnorteantes. "Romper com a dependência da continuidade era uma forma essencial para lidar com ele", concluiu ela.

Com o tempo, a independência e coragem de Annie para seguir sua carreira como poeta, escritora e mãe forçaram-na a enfrentar Lucian, com repercussões dramáticas. Eles se desentenderam em 1981 pouco antes de ele começar a pintar *Large Interior, London W11 (After Watteau)*, o quadro imensamente ambicioso, baseado no do pintor francês rococó do século XVIII, de quatro figuras num jardim imaginado, divertindo-se escutando música. Lucian perguntou a Annie se sua filha May posaria como uma das figuras. A ideia deixou Annie nervosa, pois ela sabia que as sessões de Lucian eram longas e difíceis. Na véspera do dia em que o quadro deveria ser iniciado, Annie e May foram importunadas por alguns jovens no metrô. "Eu estava com raiva, mas papai me disse para não tocar no assunto na frente de May, para não assustá-la. E eu pensei, certo, certo. Chega. Já é demais." No dia seguinte, Annie disse ao pai que tinha mudado de ideia e que May não posaria para o quadro. Ele ficou furioso e imediatamente mandou que ela fosse embora. "Foi o pior erro da minha vida, porque nossa intimidade foi perdida para sempre. Eu realmente me esforcei muito para reconstruir nossa proximidade, mas ela nunca pôde ser refeita." (O quadro mostra Celia Paul, Bella Freud, Kai Boyt, Suzy Boyt e uma criança chamada Star, filha de uma amiga de Ali Boyt.)

Annie escreveu cartas pedindo perdão. "Fiquei com muito medo dele depois daquilo. Eu tinha errado a mão com ele. Se eu lhe dizia que estava escrevendo poemas, ele não fazia nenhum comentário. Era simplesmente terrível." Eles não se viram por cinco anos. "Foi como sofrer uma agressão por agir como mãe", disse ela. Ela sobreviveu como secretária com salário baixo e começou um relacionamento com outra mulher, que a ajudou a criar May.

Quando voltou a se encontrar com Lucian, foi em almoços tensos e constrangidos, em que praticamente não se dizia nada. "Ele me escrevia dizendo que eu não devia continuar a lamentar tanto o passado e que tudo estava bem. Acabei parando de escrever, já que as coisas voltaram a se equilibrar mais ou menos, só que foi a um custo enorme."

Mas nada voltou a ser como antes. Por exemplo, Annie nunca teve o número do telefone do pai, apesar de alguns dos outros filhos o terem. "Era muito irritante. E realmente mexeu comigo por um bom tempo", disse ela. Annie é franca e corajosa. Ela passou por muita terapia para conseguir processar sua criação e agora escreve poemas audaciosos, espirituosos. No funeral do pai, ela leu "The Most Beautiful Bottom in the World" [O mais belo traseiro do mundo], a respeito de uma fotografia na casa dele. É assim que termina:

> *You kissed me. I drove away.*
> *And all that's left is what you said about the photograph,*
> *And me going through a red light*
> *on the Bayswater Road*
> *and the shiny touts on Queensway*
> *trying to get you to eat*
> *in their Lebanese restaurants.**

---

* Em tradução livre: "Você me beijou. Eu fui embora. / E tudo o que resta é o que você disse sobre a fotografia, / E eu passei por um sinal vermelho / na Bayswater Road / e os anúncios chamativos em Queensway / tentando fazer com que se coma / em seus restaurantes libaneses." [N. da T.]

11. Dois retratos tardios

Hockney

David Hockney calculava ter posado para Lucian durante mais de cem horas ao longo de quatro meses no verão de 2002, em meio a dezenas de trapos brancos respingados de tinta. Vestido com um "avental" branco todo respingado por cima da calça, Freud parecia um operário de um abatedouro, em comparação com o pintor mais jovem e bem arrumado. Hockney estava com 65 anos; Freud, com 79. O retrato foi o apogeu de uma amizade longa e intermitente que tinha começado quarenta anos antes.

O retrato mostra um *close* de um rosto pensativo, em repouso. Ele não é sentimental, mas revela o calor humano e a curiosidade de Hockney. Lorde Rothschild disse a Hockney que o retrato o mostrava como um perfeito homem de Yorkshire. Ele está usando um vistoso paletó axadrezado de preto e vermelho e uma camisa azul. O observador profissional é minuciosamente examinado e reconhece o processo com uma mescla de fascínio e impaciência, como ocorreria com qualquer caçador clandestino que se tornasse guarda-caça. "Como Lucian é lento, levando tanto tempo para pintar um quadro, isso significa que se pode conversar. Se você fizer um quadro em apenas uma hora, não poderá conversar.

Não haverá tempo. Ele conseguia realmente conhecer o rosto e vê-lo fazer um monte de coisas; e é isso o que Lucian fazia. Ele se aproximava de meu rosto para ver as diferenças sutis. Olhava e olhava, chegando cada vez mais perto. Ele tem uma energia espantosa, quase elétrica, que se transmite. De modo algum você vai adormecer com ele pintando", disse Hockney.

O mesmo não aconteceu quando Freud posou para Hockney, algumas semanas depois. "Consegui duas tardes, e só", disse Hockney. "Durante uma delas, ele adormeceu, mas eu continuei a desenhá-lo. Eu disse: 'Tudo bem, posso desenhar você dormindo', mas não, isso ele não queria. E acordou." Ele tinha aversão a qualquer possibilidade de ser visto com um aspecto que não fosse vigoroso. Não parava de se mexer, como se fosse uma criança, girando a cabeça como se temesse que algum inimigo estivesse prestes a aparecer, como uma águia presa num viveiro. Parecia apreensivo no espaço de outra pessoa, mesmo no arejado ateliê de Hockney em Kensington.

As sessões de Hockney começavam com uma xícara de chá preparada por Freud num fogão engordurado. "Eu gostava do ar antiquado e boêmio daquilo tudo. Os pratos com feijão velho da noite anterior, ou mesmo da semana anterior. Era como nos tempos de estudante, muito pitoresco depois de todos aqueles *lofts* limpíssimos de Nova York. Eu lhe disse que por definição não se pode ter um ambiente boêmio sem cigarro. Ele me deixou fumar — 'Mas não conte para Kate Moss' foi o que ele me pediu." (Lucian estava também pintando a supermodelo na sua casa de Notting Hill ao mesmo tempo, e ele a proibia de fumar.) Todos os dias, Hockney atravessava a pé o belo parque público para chegar ao apartamento de Lucian, passando pela estátua de bronze de lorde Holland. "Às vezes eu chegava cedo, e ele subia a escada de dois em dois degraus. Nada vagaroso aos 80 anos. Ele nunca quis ser considerado sedentário."

Era tão cativante em termos visuais quanto uma cena de *Sweeney Todd, o barbeiro demoníaco da rua Fleet*: o jeito de Freud segurar o pincel dava a impressão de ele ser um sabre; e sua concentração não se desviava do foco. "Fiquei fascinado com sua técnica", disse Hockney. "Às vezes, eu achava que ele poderia ter feito uma pré-mistura das cores para acelerar as coisas para mim, mas logo percebi que ele não faria isso porque queria ter o máximo de tempo possível. Por causa disso, podíamos falar. A conversa de Lucian era sempre fascinante. Às vezes, eram só mexericos sobre pessoas que nós dois conhecíamos, muito divertidos, fofocas muito boas que me faziam rir. Mas conversávamos muito sobre desenho, Rembrandt, Picasso, Ingres, Tiepolo. Eu me lembro de que ele não gostava de Morandi. Falamos muito sobre os desenhos de Rembrandt e de como tudo o que ele fazia é um retrato. Nenhuma mão ou rosto é genérico."

O rosto cheio de Hockney dominava a tela de Freud, espiando por cima dos óculos de aros redondos. O registro que Freud fez de Hockney tinha uma vibração histórica de dois grandes talentos contemporâneos, cara a cara na observação um do outro numa sala silenciosa, congelados no tempo. Uma sessão foi brilhantemente captada por David Dawson numa fotografia, com o prazer que os dois tinham na companhia um do outro sendo quase palpável. A respeito da famosa parede de Lucian, incrustada de tinta, Hockney observou: "Ele espreme os tubos de um modo que a tinta se coagula neles; e depois se livra desse acúmulo na parede, com um golpe rápido. Ele vem fazendo isso na parede do ateliê há quarenta anos, e ela está grossa com a quantidade de camadas — como uma parede nas salas de pintura com modelo-vivo nas escolas de belas-artes da década de 1950 que eu conheci. Só que aqui tudo foi feito pela mesma mão, uma coisa rara e bela por si só."

Eles se conheceram em 1962 através da família Guinness. "Já naquela época, Lucian era muito famoso, enquanto eu ainda era um estudante. Ele sempre foi sociável. Era da aristocracia judia e, pelo casamento com Caroline Blackwood, tinha entrado na aristocracia anglo-irlandesa", disse Hockney. O irmão de Caroline, Sheridan, o 5º marquês de Dufferin e Ava, era um devasso rico, sedutor, inteligente, casado e gay. Dufferin fornecia o apoio financeiro a John Kasmin, primeiro *marchand* de Hockney. Ele tinha se casado com sua prima Lindy, da família Guinness, mas não tinha sido muito moderado em sua vida gay, especialmente em visitas a Nova York, até morrer de AIDS em 1988. Os dois pintores gostavam de Sheridan, mas tinham opiniões diametralmente opostas sobre sua viúva, Lindy. Lucian gostava de nutrir um ódio ou inimizade especial e dizia detestá-la em seus últimos anos de vida, muito embora anteriormente ele não tivesse sentido por ela nenhuma animosidade semelhante. Ele adorava usar a expressão "realmente medonha", rolando o R, deixando mais aparente sua entonação do sotaque alemão, de modo mais prazeroso na palavra "corrupta". Ela era tudo o que poderia ter agradado a ele, mas de algum modo isso não contava a seu favor: era pintora amadora, adepta da agricultura orgânica, produtora de iogurte em Clandeboyes, a propriedade de 2.400 hectares que herdou do marido, na Irlanda. Ela era muito acessível, cheia de entusiasmo, às vezes invasora do espaço alheio, mas, por nenhum motivo específico, ele a considerava inaceitável. "Lucian não conseguia suportar o entusiasmo", explicou Lucinda Lambton. Hockney, porém, era um grande admirador. "Você tinha de dar um desconto às invectivas dele. Elas costumavam ser engraçadas, e eu não sei ao certo até que ponto ele mesmo as levava a sério."

"Como está o Hock?", Lucian me perguntou no Clarke's, num período em que Hockney estava na Noruega, pintando os fiordes. Ele gostava de saber das críticas mordazes de Hockney contra a legislação antitabagista ou contra os "puritanos pigmeus políticos", Brown e Blair. Lucian admirava a experimentação de Hockney, que desenhava com uma câmera escura, aprendeu a pintar com aquarela e mais tarde fez "pinturas" em iPhone ou em iPad. Era o contrário do que Freud estava fazendo, confinado em um de dois ateliês parecidos com celas, na observação atenta de uma pessoa, equipado com os mesmos pincéis e paletas que vinha usando uma década após a outra.

Hockney gostou tanto do retrato de Freud que se ofereceu para comprá-lo, mas o *marchand* de Freud, Bill Acquavella, não quis vendê-lo para Hockney. Sua mulher disse que queria ficar com o quadro. Lucian e David continuaram bons amigos.

O homem de Donegal

O café da manhã com Lucian saiu caro para Pat Doherty. O construtor irlandês posou para Lucian em 220 manhãs, entre 2006 e 2008, geralmente começando com uma xícara de chá no Clarke's, antes de posar para seu retrato. Ele pagou 4,5 milhões de libras por dois quadros seus.

A casa de Pat Doherty fica cinco minutos de caminhada do Clarke's. "Você é apenas a 17ª pessoa que já entrou na minha casa", disse-lhe Lucian; e, embora essa conta possa ser um pequeno exagero, a casa de Lucian era de fato um espaço muito pessoal.

Doherty não tem pretensões. Ele é um incorporador imobiliário que chegou a Londres em 1961 em busca da fortuna. Seu rosto é largo, seu sorriso mostra dentes tortos, salientes. Nascido em 1942, ele se saiu bem nos negócios e agora tem residências em Nova York, Londres e na Irlanda. Esse homem discreto, cujos retratos foram intitulados simplesmente de *Donegal Man* [Homem de Donegal] muitas vezes entrava na casa de Lucian, exatamente quando eu estava saindo. Nós trocávamos um cumprimento de cabeça e um oi, mas nada mais que isso, já que Lucian mantinha separado cada aspecto da sua vida.

Foi por acaso que ele veio a ser retratado por Freud, mas sempre houve conexões. Andrew Parker Bowles, outro retratado por Lucian, era presidente de uma das construtoras de Doherty. Eles estavam juntos como empresários desde fins da década de 1960. Doherty também tinha construído o ateliê de David Hockney em Kensington, e colecionava suas gravuras. "Naquela época, para reduzir minha conta, foi-me oferecido um retrato de [John] Kasmin por £5.000, mas eu não tinha começado a colecionar e lhes disse que não ficaria com ele nem de graça. Naquele tempo, cinco mil era bastante dinheiro." (Foi um erro que ele não cometeria com Freud, apesar de ter dobrado o número de zeros no preço dos quadros adquiridos.)

Houve momentos em que Doherty receou que seu retrato não seria terminado nunca. "Ele olhava atentamente para minha gravata e dizia 'Muita vida nessa gravata'. Achei que o processo por inteiro poderia durar anos. Eu poderia estar ali posando só para a gravata por mais algumas semanas." Doherty acomodou-se à rotina, embalado pela conversa. "Ele se lembrava com nitidez da marinha mercante na década de 1940 e me disse: 'Eu achava que era durão até me juntar a eles. De brincadeira, eles apagavam um cigarro no seu pescoço se o encontrassem dormindo.' Lucian me disse que chorou de alívio no trem de volta para Londres, quando deixou o navio definitivamente."

Ele posou cem vezes para o primeiro quadro, *Donegal Man*, mais 35 vezes para uma gravura a água-forte e então outras 85 sessões para mais um retrato a óleo, *Donegal Man, Profile* [Homem de Donegal, perfil]. No entanto, sua primeira reação instintiva quando Freud sugeriu pintá-lo foi a de não aceitar. "De início, eu disse não, mas Andrew Parker Bowles disse que seria loucura eu recusar." Ocasionalmente, o general de brigada Parker Bowles, o construtor e o pintor jantavam no Clarke's ou no Wolseley.

As primeiras sessões não funcionaram e logo foram interrompidas. Uma cabeça parcialmente esboçada nunca foi terminada.

Alguns meses depois, Lucian pediu a Parker Bowles que convidasse seu amigo irlandês a voltar. "Eu tinha calculado que aquilo demoraria umas duas sessões, mas vi que ele era lento, muito lento. Eu tinha começado a contar quantas pinceladas ele dava numa hora. Mas de algum modo não deu certo da primeira vez. Ele estava tentando me sondar, e eu a ele."

Por meio da maratona de sessões, eles chegaram a se conhecer bem. "Seu hobby era decifrar pessoas. Havia quem se perguntasse por que ele se sentava com uma garota, uma modelo, ou uma de suas netas, sem falar muito. Isso ocorria porque os olhos dele estavam girando para lá e para cá, interpretando a aparência e os movimentos das pessoas. Era o que ele fazia como profissão", disse Doherty.

"Sua vida era como um filme de ação, sempre em brigas, nunca pronunciando uma palavra neutra, fazendo arte imperecível. Sempre houve grandes mulheres e figuras na sua vida, sempre tantos filhos. Mesmo os tempos difíceis pareciam bons. Ele me contou sobre a ocasião em que se desentendeu com Francis Bacon depois que Lucian investiu contra um namorado que tinha agredido Francis. Francis então se indispôs com Lucian por Lucian ter lhe dado ajuda."

Ele ruminou sobre o tempo extraordinário passado com Lucian.

"Foi uma vida e tanto."

12. MARCHANDS E O JOGO

O jogo estava intrinsecamente ligado à pintura de Lucian. Sempre que ganhava dinheiro com a venda de seus quadros, mais para o início da carreira, ele jogava de forma descontrolada, muitas vezes perdendo tudo. Entretanto, quando começou a receber quantias enormes, ele abandonou o jogo quase por completo. O risco alimentava sua fruição de mais risco; de modo que, quando uma rede de segurança financeira surgiu, com o aumento vertiginoso dos preços de seus quadros, o prazer do jogo desapareceu. Quando ele tinha acumulado dívidas gigantescas, recebia ameaças de morte de agiotas desagradáveis. Ele pagaria o que devia, quando pudesse.

Sentado no Clarke's no outono de 2009, Lucian explicou que não estava nem feliz nem triste por ter deixado para trás seus dias de jogador.

GG: Você jogava para ganhar dinheiro?
LF: Não. O jogo só é empolgante, se você não tem nenhum dinheiro.
GG: E isso criou alguma encrenca?
LF: Muita. Eu tentava pagar de volta as quantias que devia, mas elas eram tão altas que não havia a menor chance. Passei a

ser muito discreto depois que me envolvi com os Kray, que me davam crédito. Eles me forçavam a pegar dinheiro.

GG: Mais de £10.000?

LF: Mais para meio milhão.

GG: Quer dizer que você estava afundado em problemas?

LF: É, estava. Nada de que me orgulhe. Quando de vez em quando eu ganhava dinheiro, pagava a eles; mas houve um período complicado em que tive de adiar uma mostra. Se eles tivessem lido a notícia de uma exposição minha, teriam dito: "Está vendo quanta grana a mostra rendeu, e ele só nos deve isso aqui."

GG: Assustador?

LF: Fiquei nervoso.

GG: Eles o ameaçaram?

LF: Não. Veja bem. Não adiantava me ameaçar. Mesmo que seja alguma coisa que eu queira fazer..., se alguém me ameaçar, não vou fazer aquilo nunca. Não consigo funcionar desse jeito.

GG: Os Kray pegaram pesado?

LF: Eles eram diretos e educados. Tudo era uma questão de obrigação moral. Sem xingamentos. Sua reputação era tal que, se alguém dissesse que ia chamar os Kray, as pessoas ficavam com medo. Se alguém dissesse ou até mesmo houvesse rumores de que teria dito que um deles era homossexual, o que era fato, a vida dessa pessoa corria perigo. Foi engraçado que eu quis pintar um dos gêmeos, e o outro disse que não. Eu bem que gostava de ser tratado com muito cuidado e delicadeza pelas pessoas por causa de minha ligação [com eles]. Mas a coisa ficou fora de controle, e a polícia me avisou.

GG: E não sobrou nenhuma tristeza por seus dias de jogatina terem terminado?

LF: Simplesmente é algo que não me interessa mais, já que tenho dinheiro suficiente para perder sem que chegue a me prejudicar. O único sentido em jogar está no medo de perder. E, quando digo perder, estou falando em perder tudo. É preciso que doa.

Os *marchands* de Lucian acostumaram-se a que ele lhes fizesse pedidos aflitos de dinheiro vivo. Era uma perseguição constante, de gato e rato, com Lucian querendo mais dinheiro mais cedo, de preferência antes que um quadro estivesse terminado, mas no máximo no dia em que fosse aplicada a última pincelada. Vale lembrar que isso nunca o fez acelerar o término de um quadro, já que ele mantinha um foco inabalável na meta de dar o melhor de si. O dinheiro fazia diferença porque, além do jogo, ele precisava dele para suas ex-namoradas e para os filhos. Era preciso pagar a escola, e ele também recebia cartas de alguns filhos na universidade a respeito da mesada. De modo aleatório, ele era generoso quando conseguia ser, apesar de alguns dos filhos considerarem embaraçoso receber um bolo de cédulas. E, embora seu ateliê tivesse um ar de imundície, ele oferecia aos convidados o melhor borgonha e, a partir dali, saía para frequentar os melhores restaurantes.

Era uma combinação de fartura e escassez. Jacquetta Eliot lembrou-se de ter ido com ele em seu Bentley deixar um envelope de dinheiro vivo para Bernardine Coverley, ex-namorada de Lucian e mãe de suas filhas, Bella e Esther. Às vezes, eram só £25, e ela se lembra de ele ter comentado que Bernardine não pareceu muito satisfeita e mal olhou para ele quando ele entrou apressado para deixar o dinheiro. Mas, como ela salientou, ele só tinha entrado rapidamente, sem dar muito tempo para ela. Ele e Jacquetta seguiriam então para algum restaurante caro.

Como um ilusionista financeiro, ele acreditava que de algum modo sempre encontraria uma rota de fuga, postergando, adiando, evitando ou, como último recurso, obtendo, com outros, meios para pagar. Quase sempre ele tinha vivido do dinheiro dos outros, da herança do avô, de um ou outro cheque do pai, da generosidade de Peter Watson como mecenas quando ele era jovem, também pegando empréstimos com Jane Willoughby, e, quando realmente em situação desesperadora, vendendo para ela quadros que pertenciam a ele, como o *Two Figures* de Francis Bacon. Embora os quadros passassem a ser propriedade dela, eles permaneceram na casa de Lucian. Sempre havia uma saída. Mas nem sempre era fácil — duas vezes Jane precisou resgatar o quadro de Bacon das mãos de penhoristas. Foi divertido para ela relembrar a inconsequência de Lucian com o dinheiro, ou melhor, com o quadro dela, mas na época não tinha sido engraçado.

Uma noite na década de 1970, quando perdeu £20.000 no cassino de John Aspinall em Mayfair, ele foi imediatamente pressionado a pagar a dívida. Em desespero, Lucian sugeriu pintar um bebê gorila que Aspinall mantinha em sua reserva de fauna em Kent. Rindo, Lucian relatou como a sogra de John, Dorothy Hastings, tinha trazido o filhote de gorila a seu ateliê no banco traseiro de um táxi preto, mas não antes que o animal urinasse nela e rasgasse seu vestido. "Minha filha Jane está na capa da *Tatler,* e aqui estou eu na traseira desse táxi com um animal selvagem, fora de controle", lamentou-se ela.[115] O retrato do animal nunca foi visto.

Embora as apostas nas corridas de cavalos prejudicassem suas finanças, ele adorava tudo o que envolvia o esporte: os cavalos, o risco, a velocidade, a perseguição e o empenho, bem como a companhia de jóqueis, apontadores e *bookmakers*. Ele era viciado. "Sempre fui do tudo ou nada. A ideia de que aquilo era um esporte me parecia irracional. O que eu gostava era de arriscar tudo." Ele nunca deixou que suas dívidas, que com frequência eram pesadas, o perturbassem indevidamente, ou afetassem seu trabalho. O jogo proporcionava tensão, o que ele amava. "Não existe nada que realmente se assemelhe ao jogo, o lançamento casual dos dados, que, por assim dizer, pode deixá-lo sem um teto ou trazer a emoção de ganhar", disse Lucian, uma vez, à guisa de explicação para seu hábito de jogar. "É como galopar ou saltar através do fogo, meio além do que é racional, mas que faz com que você se sinta vivo."

Era inevitável que *bookmakers* se tornassem parte de sua vida. Ele os pintava, conversava com eles com frequência, pegava empréstimos com eles, vendia-lhes quadros e às vezes bebia com eles até cair. O *bookmaker* preferido de Lucian era Victor Chandler, que era jovial, brincalhão e gostava de sair à noite, além de ser fascinado por Lucian. "Eu realmente o amava e faria qualquer coisa por ele." Victor providenciava uma diarista para limpar o apartamento de Lucian, comprava-lhe camisas, mandava suas roupas para a lavanderia e até mesmo encomendou cachecóis especiais de seda da Sulka em Nova York, que Lucian queria. Era só a respeito de dinheiro que as coisas ficavam difíceis. Cobrar dinheiro de Lucian era uma tarefa normal para o colega de Chandler, Michael Saunders. "Victor me informava que Lucian lhe devia £50.000, e nós combinávamos acertar por £30.000. Ninguém supunha que ele não quereria pagar, e de algum modo tudo acabava sendo acertado, mas nunca era fácil pegar o dinheiro", disse Saunders.

Saunders subia os 54 degraus até o último andar, onde ficava o ateliê de Lucian, antes de dar a batidinha combinada na porta externa para poder entrar. Quase sempre presentes eram trazidos para tentar suavizar as negociações, e também porque Chandler era por natureza muito generoso. Ele fez com que um homem chamado Jimmy Charuto fosse de avião até Varsóvia para comprar para Lucian todo o estoque de charutos cubanos e caviar Beluga do free shop e voltasse no mesmo dia.

Enquanto Chandler, elegante, charmoso e divertido tinha se formado numa escola cara, Saunders tinha começado na indústria do jogo aos 12 anos de idade, de início como anotador de apostas nas ruas. Os dois viviam e respiravam os resultados das corridas. "Lucian era o sonho e o pesadelo de um *bookmaker*. Ele nunca tinha dinheiro, mas isso não o impedia de apostar", disse Saunders. "Eu o amava como um irmão, e passei com ele muitas das horas mais divertidas da minha vida", disse Victor. Em 1983, Lucian foi banido da maioria dos hipódromos, por ser devedor inadimplente, mas ele não se intimidou e usava disfarces para entrar nas corridas. "Eu me lembro de chorar de tanto rir quando consegui fazer Lucian entrar numa corrida usando um gorro de malha, óculos escuros e casaco cinza de *cashmere*. Não sei como funcionou", disse Chandler.

Um vale de aposta em poder de Chandler registra que Lucian apostou £400 em Man in the Middle e £80 em Grand Unit para vencedor na corrida das 15h20. Os valores eram sempre múltiplos de oito, o número da sorte de Lucian. Chandler fez a aposta fiado e, como acontecia tantas vezes, Lucian perdeu. Chandler acredita que Lucian gostava do arrepio de perder, tanto quanto do prazer de ganhar.

Ao longo dos anos, é provável que Lucian tenha pago algum valor entre três e quatro milhões de libras ao *bookmaker* que tinha estudado em Millfield. "Vou pôr meu chapéu de apostador hoje", alardeava Lucian, ao ligar para apostar num cavalo, mas o chapéu raramente lhe dava sorte. Lucian chegou a ganhar alguns valores significativos, mas seu vício pelo risco acabou fazendo com que perdesse mais do que ganhava. Saunders seria despachado até o Clarke's para um "café da manhã de acerto" com Lucian. "Eu sabia se ele ia pagar naquele dia só pelo que ele fazia. Se pusesse os óculos, ele leria a conta, e isso era promissor. Mas se os óculos ficassem firmemente plantados na mesa, Victor e eu sabíamos que ele levaria a conta para casa para ler depois. Portanto, nada de dinheiro", disse ele. Victor às vezes tentava tornar mais provável que ele pagasse pedindo-lhe que por favor pusesse os óculos.

Chandler achava que o jogo era uma parte intrínseca da personalidade de Lucian. "Minha impressão é que ele não era muito dado a analisar a si mesmo. Ele era quase animal. Seguia seus instintos, pegava o que queria. Essa era sua força. Quase dava para ver isso em suas ações, comendo com os dedos, rasgando aves em pedaços no prato. Quando nós preparávamos faisão ou perdiz, ele se recusava a usar uma faca ou um garfo. Creio que ele nunca chegou a pôr isso em palavras, mas acho que ele nunca considerou que as normas sociais costumeiras que todos seguimos se aplicassem a ele. Na realidade, não havia regras."

No jogo e na pintura (bem como ao dar partida numa infinidade de novos casos amorosos), Lucian encontrava uma descarga de adrenalina. As duas ocupações, acreditava ele, dependiam de certo nível de sorte, com uma margem ínfima de erro a separar o sucesso do fracasso. "Eu costumava ver Lucian enfiar a bota numa tela quando percebia que a pintura não tinha dado certo, mesmo que no dia anterior ele estivesse convencido de que o quadro ia funcionar. Aquilo espelhava a esperança de ganhar, antes que se perca uma aposta; a diferença entre ganhar e perder pode ser a cabeça de um cavalo e, numa pintura, uma pincelada infeliz", disse Chandler.

Tornou-se um rito de passagem que os *bookmakers* de Lucian posassem para retratos. Era o modo mais prático de reduzir o valor de suas dívidas, já que eles podiam comprar os quadros com desconto. Chandler gostava de posar para Lucian porque isso lhe proporcionava muitas horas de tranquilidade, longe de seu escritório agitado. Ele ficava totalmente imerso no mundo de Lucian. Às vezes à meia-noite, eles visitavam a National Gallery usando o acesso especial de Lucian, válido para as 24 horas do dia. E conversavam sem parar, muitas vezes em tom de provocação.

GG: Lucian tinha medo de quê?

VC: Acho que tinha medo de ser pobre. Por trás de toda aquela fanfarronice, significava alguma coisa ter segurança. Era como se, jogando, ele pudesse de algum modo lidar com seu maior medo.

GG: E as mulheres?

VC: O que ele disse sobre esse assunto foi que precisava de sexo para continuar vivo. Era a atitude dele diante da vida, precisar da válvula de escape. Acho que ele precisava dominar as mulheres de determinadas formas. E falava sobre tudo. Uma noite tivemos uma longa conversa sobre sexo anal. Ele disse que, se você não fez sexo anal com uma mulher, ela realmente não se submeteu a você.

GG: E quanto à quantidade de mulheres que ele teve na vida?

VC: Foi extraordinária. Nunca se sabia qual era a situação. Era como uma farsa, com garotas entrando e saindo. Ele comprou aquela casa em Kensington Church Street para ter algum lugar para ir com as mulheres. Fui com ele comprar a casa.

Seu interesse pelos cavalos trazia prazer e dor. Andrew Parker Bowles desempenhou um papel significativo ao tentar apagar a reputação de Lucian de mau pagador. Isso ocorreu depois que a Ladbrokes, a maior empresa de apostas da Inglaterra, inseriu Lucian numa "lista de exclusão de apostadores" em fevereiro de 1983. O fato de seu nome estar na lista o impedia efetivamente de fazer qualquer tipo de aposta com *bookmakers*.

O objetivo cavalheiresco e bem-intencionado de Parker Bowles era impedir que Lucian morresse com a reputação manchada por seu nome estar na lista negra das corridas de cavalos. Foi assim que, no dia 27 de fevereiro de 1999, 16 anos depois da imposição da proibição, ele enviou uma carta datilografada, sigilosa, a Peter Grange, um alto executivo da Ladbrokes Racing Ltd, solicitando clemência e perdão. "Escrevo-lhe não na qualidade de diretor da BHB [British Horseracing Board]* nem como sócio do Jockey Club, mas como um amigo de Freud que acredita que ele não deveria morrer com seu nome na lista de exclusão." O valor questionado era de £19.045, do qual Lucian insistia não ser devedor. Parker Bowles alegou que se tratava mais de um mal-entendido do que de qualquer desonestidade intencional. "Freud é o maior pintor da Grã-Bretanha, e seus quadros atingem em média o valor de um milhão de libras. Fiquei surpreso ao descobrir que ele devia esse valor relativamente baixo. Ele me disse que em 1982, quando foi à agência local da Ladbrokes, ofereceu pagamento em libras da Irlanda do Norte, que o funcionário da Ladbrokes se recusou a aceitar, muito embora se tratasse de moeda de circulação obrigatória. O cavalo que ele escolheu venceu a corrida, e por isso ele deduziu o valor do prêmio que teria recebido da quantia que devia à Ladbrokes. Ele é teimoso", advertiu Parker Bowles, que explicou que Lucian nunca iria simplesmente entregar à Ladbrokes dinheiro que ele considerava não ser devido. Parker Bowles sugeriu que Lucian fizesse um cheque de £4.000 em nome de uma instituição beneficente para jóqueis para encerrar a disputa. O cheque foi feito, e Lucian foi tirado da lista.

Parker Bowles tinha conhecido Lucian em 1982, providenciando cavalos para ele montar e pintar em Londres. Como comandante do Regimento de Cavalaria da Família Real em Knightsbridge, ele tinha à disposição dezenas de cavalos. "Lucian queria galopar ou andar a meio galope e nunca usava o capacete de proteção. Eu morria de medo de ser culpado pela morte de nosso maior pintor, quando ele caísse de cabeça", disse ele.

Lucian convidou Parker Bowles a posar para um retrato em 2003. Foi mais uma viagem vertical. O retratado se encaixava na mesma

---

* Conselho Britânico de Hipismo. [*N. da T.*]

categoria que os Devonshire, os Birley, Rothschild e outros figurões no seu círculo aristocrático. O gênero tradicional do "retrato do soldado fidalgo" pode ser visto em muitas casas de campo. Lucian queria pegar esse gênero clássico e lhe dar um novo olhar. A inspiração para sua pintura de Parker Bowles veio do retrato de Fredrick Gustavus Burnaby (1842-85), pintado em 1870 por James Jacques Tissot em exibição na National Portrait Gallery. Ele mostrava um elegante oficial de cavalaria, relaxado numa *chaise longue*, e era um retrato vitoriano vistoso, arquetípico, mas cheio de personalidade.

Faltava-lhe, porém, o conteúdo dramático do quadro de Freud. Parker Bowles não usava seu uniforme de gala havia muitos anos e, como estava muito quente e incômodo mantê-lo abotoado, ele o desabotoou. O quadro aumentou de tamanho, com o acréscimo de mais pedaços de tela, e por isso demorou mais. *The Brigadier* [O general de brigada] (2003-4) mostra-o esparramado em seu uniforme, como se de algum modo estivesse perdendo o vigor. De rosto vermelho, a pele sem vida, pançudo, a barriga protuberante sob a camisa branca, a lista vermelha do uniforme mal sugere um toque de elegância. Mas de algum modo a formalidade do uniforme é desfeita pela vulnerabilidade de um homem que cresceu para além do aparato do traje militar. O braço erguido faz uma insinuação de pompa, mas a poltrona gasta de couro lembra ao observador que não só o retratado como também o ambiente e a mobília já viram dias melhores. Não se trata de nenhuma retomada romântica de uma tradição de retratos do século XIX. Lucian permitiu que a primeira exibição do general de brigada e seu retrato fosse vista na *Tatler,* depois que David Dawson fotografou o pintor e o retratado no ateliê.

Lucian contou a Parker Bowles que alguns anos antes o príncipe Charles — bem conhecido como pintor "amador", que tinha tido aulas particulares com Edward Seago, John Ward, Bryan Organ e Derek Hill — lhe enviara uma carta manuscrita com a sugestão de que ele e Lucian trocassem quadros. "Foi uma tamanha cara de pau. Foi quase um roubo", disse Lucian. "Nunca respondi. O que poderia ser dito? Foi tão constrangedor." Lucian ficou indignado; e, quando relatou irado esse incidente ao general de brigada, Parker Bowles caiu na risada. Ele via o lado divertido de uma obra de três milhões de libras ser trocada por uma que talvez valesse £5.000, pintada pelo homem para quem ele tinha perdido a mulher.

O retrato foi demorado. "O general, por enquanto sem boca, está lentamente ganhando vida", escreveu Lucian à mulher de Parker Bowles, Rose, no dia 9 de dezembro de 2003. Seis meses antes ele lhe tinha escrito para cumprimentá-la pelo aniversário, acrescentando "O general cheio de medalhas está me dando uma ajuda incalculável". O retrato pronto inspirou um poeminha cômico do satirista Craig Brown:

> *Andrew Parker Bowles*
> *Is the most benevolent of souls.*
> *He was even overjoyed*
> *To be done by Lucian Freud.*[116]*

■ ■ ■

O final dos dias de jogatina de Lucian coincidiu com a contratação de um novo *marchand*. William Acquavella era ambicioso e transformou a reputação e os preços de Lucian. Sua galeria em Nova York era o suprassumo do estabelecimento dedicado à arte moderna, apresentando exposições de Monet, Degas, Cézanne, Picasso e Léger. A galeria foi criada por seu pai em 1921, inicialmente vendendo quadros renascentistas, e está sediada numa

---

* Em tradução livre: "Andrew Parker Bowles / É a mais benévola das criaturas. / Ele até ficou deliciado / De ter sido pintado por Lucian Freud." [N. da T.]

elegante casa de cinco andares, em estilo neoclássico francês, na East 79th Street entre a Quinta Avenida e a Madison. É um ambiente imponente e produziu grandes negócios.

Acquavella tinha uma vez irritado Lucian ao usar a camisa errada. Ele tinha viajado de sua casa em Nova York para passar dez dias em Londres posando para seu retrato. Supondo que todas as suas camisas azuis fossem idênticas (geralmente comprava seis ou oito de uma vez), ele não percebeu que tinha usado, na segunda sessão, uma com um tom infimamente diferente. Lucian importou-se porque essa diferença imperceptível no tom do azul afetaria seu quadro.

Essas sutilezas eram cruciais para Lucian, e era também por esse motivo que ele nunca tolerava atrasos. Eles mudavam tudo: o humor, a luz, a rotina e, portanto, o resultado final. Em 1997, ele tinha eliminado a modelo texana Jerry Hall de um retrato dela amamentando Gabriel, seu filho com Mick Jagger, porque ela se atrasou uma vez a mais do que poderia. A vingança de Lucian foi cômica e cruel, mas também pragmática.

Acquavella teve alguma dificuldade para explicar isso a Jagger, que ligou para ele com a intenção de comprar a tela. "Eu disse que ele nem estava terminado. Nós negociamos, e eu lhe vendo o quadro [ainda por completar]. Então, um dia Lucian me liga e diz: 'Quero que você seja o primeiro a saber: o quadro sofreu uma mudança de sexo.' Eu lhe perguntei do que ele estava falando. E ele disse: 'Bem, Jerry não apareceu para duas sessões, e eu a transformei num homem. Pus a cabeça do David [seu assistente] no corpo dela.' Eu disse: 'Você só pode ser maluco.' Mas eu soube de cara que não havia nada que eu pudesse fazer. Mick me liga e diz: 'Ei, Bill, afinal o que está acontecendo? Minha mulher posa para ele por quatro meses e...' E eu então fiquei pensando em como ia conseguir um dia vender aquele quadro. Mas ele foi comprado pela primeira pessoa que o viu, quando eu o trouxe para os Estados Unidos."[117]

O acordo de Lucian com seu *marchand* em Nova York era simples: Lucian dava o preço, Acquavella pagava. Eles nunca negociavam. Era provável que fosse uma vantagem eles morarem em continentes diferentes, com fusos horários diferentes. Isso lhes dava espaço e fez Lucian ser menos dependente dele do que tinha sido de seus *marchands* londrinos anteriores. Quando entrou em acordo com Lucian, Aquavella falou sem rodeios: "Veja bem, Lucian. Sou um *marchand*. Não sou contador. Não sou babá. E, se você precisa de alguém que cumpra essas funções, sou o cara errado. Mas você pinta, e eu vendo os quadros."

Lucian tinha abandonado seis *marchands*, com quem tinha se desentendido, antes de se juntar ao plantel de Acquavella em 1992. A maior parte de seus *marchands* tinha se esgotado de tanto trabalhar, especialmente por conta dos aspectos menos organizados da vida pessoal de Lucian: telefonemas a altas horas da noite, pedidos de dinheiro para quitar dívidas de jogo e assim por diante. Quando a relação se encerrava, ele quase nunca fazia as pazes, especialmente quando não tinha sido por culpa sua. Anthony d'Offay, seu *marchand* na década de 1970, descobriu isso tarde demais, quando encerrou uma mostra de Lucian na sua galeria um dia ou dois antes da data marcada, para poder inaugurar uma mostra do pintor alemão Georg Baselitz, então na moda. Isso enfureceu Lucian, que dispensou d'Offay. Serviu para agravar a afronta o fato de Lucian ter sido suplantado por um pintor que representava tudo a que Lucian se opunha. Os quadros neoexpressionistas, pós-modernos, de Baselitz eram a antítese da obra de Lucian.

D'Offay arrependeu-se da decisão. "Resumindo, eu me comportei mal, e esse é o fato. E assim Lucian se foi. Não nos vimos por uns 15 anos. Quando mudamos a data de nossa exposição, cortando aqueles dias no final da dele, ele ficou uma fera, e com toda a razão. Mudar a data sem conversar com ele resultou numa quebra da confiança que existia entre nós. No instante em que aconteceu, a sensação foi de que seria impossível reparar o dano", disse ele.[118]

Nas décadas de 1960 e 1970, Lucian tinha corrido o risco de ser deixado para trás pelo mercado internacional de arte. Os colecionadores de sua obra eram principalmente aristocratas ingleses, como os Devonshire ou Colin Tennant, que se dispunham a pagar entre £5.000 e £25.000 por quadro. "Não parece muito dinheiro agora, mas era na época", disse d'Offay. Houve uma aquisição ou duas de obras iniciais, por parte da Tate e de outras coleções públicas na década de 1950, mas isso logo se extinguiu. Sem dúvida, em comparação com Bacon, ele parecia um pintor da segunda divisão. Ainda por cima, os *marchands* consideravam Lucian difícil porque ele costumava vender obras por fora, ou repassá-las discretamente para *bookmakers* para saldar uma dívida.

O relacionamento de d'Offay com Freud tinha começado na década de 1960 por meio de uma apresentação de um jovem e brilhante especialista em arte chamado James Kirkman, o filho de um general, que trabalhava para a Marlborough Fine Art e cuidava dos assuntos de Lucian por lá. A Marlborough, em parte de propriedade do duque de Beaufort, era a galeria contemporânea britânica de maior prestígio, representando Francis Bacon, Henry Moore e Graham Sutherland, bem como Lucian. Mas Lucian se sentia negligenciado e menosprezado em comparação com seu amigo Bacon, que em 1962 teve uma mostra na Tate Gallery e estava rapidamente conquistando uma reputação no mundo inteiro. "Naquela época, Lucian não era um astro de modo algum. Na realidade, ele era considerado meio ultrapassado", disse Kirkman. "Ninguém estava de fato interessado em arte figurativa, em especial a que ele produzia. A *pop art* e a arte cinética eram o que os colecionadores de arte moderna desejavam. Nada disso afetava Lucian, fazendo com que ele parecesse tradicional, até mesmo antiquado, mas ainda dotado de uma capacidade de escandalizar com seus nus insolentes. Ele estava fazendo quadros que eram considerados menos atraentes, que na realidade não agradavam a ninguém. Agora parece estranho, mas essa era a realidade: era assim que ele era acolhido e percebido."[119]

Kirkman, no entanto, de fato estabeleceu muitas das coordenadas que ajudariam Lucian a alcançar o sucesso. Lucian conseguiu pôr um pé nos Estados Unidos depois que um de seus primeiros retratos foi doado ao Museum of Modern Art em Nova York. Kirkman era um *marchand* astuto e dedicado, que adorava Lucian, protegia seus interesses e cuidava deles o tempo todo. Ele trabalhou com o British Council, promovendo as obras de Lucian, mas não era fácil, tendo em vista que, fora da Grã-Bretanha, seus quadros eram encarados na maioria das vezes com indiferença.

Kirkman lembra-se de Lucian como um pintor cuja estrela não estava em ascensão. "Suas mostras não atraíam público. As menções a elas na imprensa eram raras, mas lá estava ele continuando a trabalhar. Lucian sabia que seus trabalhos não agradavam, mas não se importava. Outros na Marlborough eram bastante desdenhosos e achavam que ele só estava lá porque era amigo de David [Somerset, o duque de Beaufort]. A Marlborough não fazia nada por ele. Ele era visto como um chato, sempre querendo adiantamentos. Era uma tarefa ingrata."

Em 1972, Kirkman saiu da Marlborough para abrir sua própria galeria, e Lucian perguntou ansioso o que aconteceria com ele, porque Kirkman era seu principal contato lá. Ninguém lhe deu nenhuma resposta prática. "Lucian então me disse que não ia ficar com aqueles filhos da mãe", disse Kirkman. Lucian juntou-se a ele e a outro jovem *marchand* — Anthony d'Offay. Foi o início de um relacionamento de vinte anos. Doff, como Lucian gostava de chamá-lo, era um esteta enigmático, meio francês, vindo de Sheffield, com um olhar brilhante e gosto avançado. Ele era elegante e divertido, e sua galeria em Dering Street era muito mais influente do que seu pequeno tamanho sugeria. Em 1972, ele e Kirkman montaram uma incrível exposição de quadros de Lucian (naquela época o preço mais alto para uma obra de Freud estava em torno de £1.000).

James Kirkman acabaria por se desentender com Lucian por conta dos retratos de Leigh Bowery do início da década de 1990. Quaisquer que fossem suas próprias sensações acerca dessas obras de uma perspectiva crítica e exclusivamente artística, quando Kirkman viu o primeiro quadro do artista performático nu, obeso, de cabeça raspada, ridiculamente coquete, a primeira coisa que pensou foi: "Quem vai comprar esse quadro?" A carne era cor-de-rosa e inchada, quase maleável, descambando para o grotesco. Kirkman simplesmente não sabia ao certo se conhecia um comprador que pagaria valores altíssimos por quadros desse australiano extrovertido e extravagante, exposto com tanta indelicadeza. "O pênis dele parece uma lesma", foi a sugestão prestimosa de Caroline, ex-mulher de Lucian. O que era mais preocupante para Kirkman era que Freud sempre insistia que seus *marchands* comprassem seus quadros com pagamento adiantado, para então vendê-los pelo preço que conseguissem obter. Havia anos que Kirkman vinha vendendo com sucesso os quadros de Freud, muitos dos quais não eram pitorescos nem agradáveis. Os termos "cruel", "perturbado" ou "angustiado" foram usados por alguns críticos para descrever o tratamento dado por Lucian às mulheres. Muitos retratos forçavam aos limites a sensibilidade e o gosto de colecionadores de arte de pensamento tradicional. Contudo, com os retratos de Leigh Bowery, era como se Lucian estivesse deliberadamente testando até que ponto Kirkman iria.

Era improvável que Bowery fosse a causa do rompimento entre Lucian e o *marchand* sofisticado de Mayfair, que tanto tinha feito por ele. "Uma novilha excepcionalmente grande que carrega por aí entre 100 e 110 quilos", é como Bowery se descrevia. Por profissão, ele era um dançarino exibicionista que se transformava em versões estranhas de escultura humana. Seus trajes costumavam ser de estilo fetichista ou de travesti; ou ele se apresentava nu. Todo o seu corpo e a cabeça eram raspados para facilitar o que ele chamava de "modificações corporais". Os quadros de Lucian eram sensacionais em todos os sentidos, com um eco de tributo a Velázquez, à medida que ele transformava um artista excêntrico em arte de verdade. Arte de primeira linha, além de explícita: essa era a questão. Havia compradores para quadros como esses?

Os retratos de Bowery avançavam além do que deviam em escala e tema, mas acima de tudo no preço. Com Lucian pedindo valores cada vez mais altos ao mesmo tempo que produzia cada vez mais quadros, o resultado era que Kirkman simplesmente não tinha como continuar a comprá-los. Eles não eram fáceis de vender, e Kirkman achava que tinha chegado a um beco sem saída. "Lucian acreditou equivocadamente que eu estava sendo neurótico ou mesmo homofóbico, porque isso aconteceu quando ele estava fazendo um retrato de Bowery. Mas eu não estava. Comprei tudo o que podia e sempre achei que os quadros de Leigh Bowery estavam entre suas maiores obras. Lucian precisava criar uma briga. Foi como um divórcio."

Kirkman recorreu a lorde Goodman, para arbitrar a disputa e impedir a separação, e foi vê-lo duas vezes, mas nem mesmo o maior conciliador da Inglaterra conseguiu recuperar o relacionamento dos dois. Victor Chandler também tentou negociar um acordo de paz, mas sem resultado. Kirkman disse: "Eu não queria continuar. Tinha minha vida e outros pintores. Lucian era muito exigente. Eu nunca viajei por mais de dez dias, sem que ele me telefonasse cinco minutos depois de eu ter chegado de volta. Mesmo na véspera do Natal, ele me ligaria e pediria que algumas fotografias de uma obra fossem enviadas para alguém.

Nunca ocorreu a Lucian que ele pudesse estar errado, por mais monstruoso que fosse seu comportamento para com seus filhos, mulheres ou mesmo seus *marchands*."

Dois anos antes desse rompimento, Kirkman tinha pressentido a mudança e sugeriu que Lucian procurasse um novo *marchand*. "Mudar de *marchand* é como mudar de casa. É melhor evitar", Lucian tinha lhe dito.

"Eu disse que seria melhor se, como qualquer outro pintor, ele me trouxesse o quadro e eu o venderia, tirando uma comissão. Mas ele sempre quis o dinheiro adiantado", disse Kirkman. No fundo, Lucian precisava de um *marchand* com liquidez. Depois de passar dois anos sem *marchand*, Lucian encontrou um.

Acquavella estava numa escala diferente. Ele viajava num jato particular. Jamais questionava um preço. Tinha uma galeria que era um palácio em Manhattan. Era rico, aristocrático e já negociava com obras importantes de Picasso e Matisse. Kirkman nunca tinha conseguido encontrar quem quisesse fazer uma mostra comercial da obra de Lucian em Nova York. Isso mudou em 1992, quando Acquavella fez com que seu dinheiro e sua influência empurrassem Lucian para a linha de frente.

Por ironia, Acquavella de início não tinha querido Lucian como cliente. Eles tinham se conhecido em Londres por intermédio do duque de Beaufort; mas, depois que Lucian deixou Kirkman, Acquavella tinha ouvido inúmeras razões para não trabalhar com ele. No entanto, um contato inicial tinha sido feito e foi marcado um almoço no Wilton's, o imponente restaurante em Jermyn Street em St James's, famoso por suas lagostas e por seu linguado. "Eu não tinha a menor intenção de chegar a trabalhar com Lucian porque todos os *marchands* ingleses me diziam que ele estava fazendo esses quadros totalmente invendáveis — enormes nus frontais masculinos, impossíveis de vender — além de ser uma pessoa de trato muito difícil. Minha mulher foi junto ao almoço, e eu perguntei para ela como nós íamos conseguir escapar com elegância se ele quisesse que nós o acompanhássemos ao ateliê.

"Bem, o almoço foi muito agradável e, como era de esperar, ele nos convidou para ir ao ateliê. A primeira coisa que ele mostrou foi um quadro de Leigh Bowery, e eu comecei: 'Cara, isso é diferente do que eu estava imaginando, e do que você fez no passado.' O primeiro foi aquele da perna levantada. Depois, veio um das costas monumentais de Leigh, antes de ele mostrar o quadro grande de Leigh na poltrona vermelha. Vi aqueles três quadros e disse: 'Vamos fazer negócio.'"

Eles se deram um aperto de mãos. "'Se funcionar, nós continuamos; se não funcionar, paramos', disse-lhe eu, e ele simplesmente respondeu: 'Tudo bem.'" Lucian tinha um novo *marchand,* seu sétimo. Seu primeiro tinha sido a Lefevre Gallery, que exibiu seu trabalho em novembro de 1944, e depois a London Gallery e a Hanover Gallery em 1950, antes que ele entrasse para a Marlborough em 1958. Seguiram-se então Anthony d'Offay e James Kirkman. O novo acordo permaneceu o mesmo de sempre. No momento em que a pincelada final era aplicada num quadro, Lucian queria um cheque. O lucro que seu *marchand* pudesse ter com a venda do quadro nunca perturbou Lucian. Ele queria dinheiro, rápido.

Havia, porém, um pequeno empecilho. Lucian devia dinheiro a um *bookmaker* da Irlanda do Norte, e pediu a Acquavella para resolver o assunto. Ao longo da vida, ele muitas vezes tinha pedido a seus *marchands* para resolver problemas financeiros semelhantes. Lucian disse que o nome do *bookmaker* era Alfie McLean e que ele já tinha comprado muitos quadros seus. Acquavella marcou um almoço com McLean, que ele de imediato reconheceu como "o grandalhão" no quadro de Lucian intitulado *The Big Man,* da década de 1970. "Quando me sentei com Alfie McLean ao fim da refeição, perguntei-lhe quanto Lucian lhe devia. Eu estava imaginando algum valor ridículo, tipo £100.000. Quando ele revelou o valor de 2,7 milhões de libras, caí de costas." Acquavella manteve sua palavra, porém, e a dívida desapareceu. Foi um ato supremo de confiança em seu novo pintor. "Fiz Alfie comprar um quadro por um preço melhor e assim por diante. Nós resolvemos a questão", disse ele. "Não sei se você chegou a conhecer Alfie — um cara muito grande. Estou falando grande de verdade... as mãos, a cabeça, uma grande figura. Bem, a dívida também era grande."

Era o início da carreira internacional de Freud, que, de pintor britânico restrito, passava para o mercado global. Acquavella ofereceu o quadro de Bowery intitulado *Nude with Leg Up* [Nu com a perna levantada] (1992) ao Hirshhorn Museum em Washington DC por US$800.000. Para facilitar o negócio, ele parcelou o pagamento em dois anos. Lucian recebeu seu dinheiro de imediato. Em seguida, Acquavella convenceu o Metropolitan Museum of Art a comprar o segundo quadro de Leigh Bowery. Vinte anos depois, naturalmente, aqueles quadros têm um valor estimado de 30 milhões de dólares cada.

A vantagem para Acquavella foi que, como Lucian não tinha tido um *marchand* havia quase dois anos, ele estava com muitos quadros para vender. "Uma vez que levei seus trabalhos para Nova York e comecei a conviver com eles, percebi que Lucian era um pintor incrivelmente especial, cuja hora tinha chegado. Quando Francis Bacon morreu, Lucian explodiu no mercado", disse ele. Os quadros de Freud tinham crescido em tamanho e em escala. Eles eram mais imponentes e mais monumentais. Lucian tinha entrado para o primeiro time.

Em dezembro de 1993, o Metropolitan Museum montou uma exposição de Freud, e ao mesmo tempo Acquavella exibiu novas obras em sua galeria. Tudo era muito diferente da sua primeira grande mostra nos Estados Unidos, no Hirshhorn em 1987, quando nenhuma galeria nem museu de Nova York quis seu trabalho. Dessa vez, tudo foi vendido. Tanto colecionadores importantes, como os gigantes das finanças Henry Kravis e Joe Lewis, quanto instituições, como o Chicago Institute of Art, adquiriram quadros.

Foi um prazer para Acquavella ouvir jovens pintores americanos dizer que tinham achado que não poderiam ser considerados de vanguarda ou verdadeiramente contemporâneos se abraçassem a pintura figurativa, mas Freud mudara tudo aquilo com sua capacidade para criar surpresa e tensão. "Eles podiam competir com qualquer coisa que estivesse sendo feita no mundo contemporâneo aqui, com alguma obra de Jeff Koons ou de qualquer outro pintor nos Estados Unidos. Você expunha um Leigh Bowery, e ninguém ia passar direto sem dar uma olhada. Lucian precisava se estabelecer nesse país, já que no fundo era desconhecido aqui. Nossa galeria está instalada há muito tempo, e ele se encaixou na nossa programação. Além disso, eu simplesmente gostei dos quadros; e, se ninguém tivesse comprado os de Bowery, teria me agradado ficar com eles para mim mesmo", disse ele.

A transformação de Lucian num fenômeno global chegou ao auge com um quadro de Sue Tilley, ou Grande Sue, que lhe tinha sido apresentada por Bowery. Como ele, Sue era enorme. Ela trabalhava na Agência de Empregos de Islington de dia, e posava para Lucian de noite. O mercado de arte ficou eletrizado quando *Benefits Supervisor Sleeping* foi vendido por 17,2 milhões de libras em maio de 2008 para Roman Abramovich. O quadro não foi vendido por Acquavella, mas seu trabalho preparatório tinha mostrado o caminho. Àquela altura Lucian era um astro internacional.

Anthony d'Offay não poderia ter sido mais elegante ao ver o sucesso do homem cujo trabalho ele tinha apoiado mais cedo em sua carreira. "Foi emocionante Lucian ter se transformado de um pequeno pintor da Marlborough num grande mestre mundial. Em seus últimos 15 anos, ele conquistou o mundo."

Lucian sempre foi um negociador matreiro, pelo fato de nunca ter assinado um contrato e gostar de poder vender seu trabalho por fora. Jay Jopling — o mais poderoso *marchand* de arte contemporânea na Grã-Bretanha, na qualidade de proprietário da White Cube, a galeria que representa a maioria dos que foram chamados anteriormente de YBAs (Young British Artists [Jovens Artistas Britânicos]), como, por exemplo, Damien Hirst, Tracey Emin e Marc Quinn, além de pintores mais velhos, como Gilbert & George — conheceu Lucian em circunstâncias estranhas. Ex-aluno de Eton, bem alinhado, com seus óculos típicos, de armação pesada, Jopling estava tomando um drinque tranquilo no Green Street, um restaurante privativo em Mayfair, quando Lucian entrou no salão e investiu contra ele. "Ele me deu um chute nas canelas, agarrou a garota com quem eu estava conversando e foi embora com ela", disse ele. Sua única outra ligação tinha sido quando Jopling lhe escrevera quando era estudante na Universidade de Edimburgo, para lhe perguntar se ele ajudaria com um projeto de arte destinado a levantar dinheiro para a organização Save the Children. Jay tentou dar seguimento indo até a casa de Lucian e tocando sua campainha. Recebeu uma mensagem simples, aos berros: "FORA DAQUI."

Quando Jay abriu sua primeira galeria em Duke Street, em 1993, ele convidou Lucian para uma visita. "Prezado Lucian, Faz um bom tempo desde que você me deu um chute..." começava a carta. A ofensiva simpática funcionou, e Lucian fez uma visita de dois minutos à galeria, levando depois Jopling a seu ateliê (com seu jeito de dirigir tipicamente apavorante) para ver quadros novos.

Sete anos mais tarde, Jopling comprou *Naked Portrait* [Retrato nu] (1999), um nu explícito de Freud, e subsequentemente o vendeu para o Museum of Western Australia. Ele então recebeu um *close-up* do pênis e testículos de Leigh Bowery, que também vendeu. Lucian o tratava com amizade, chamando-o de "Jop", e lhe telefonava para longos bate-papos e eventuais saídas pelo mundo lá fora. Jopling o acompanhou numa visita à sua filha Annie, numa de suas raras idas ao apartamento dela na região sudeste de Londres. Em parte, Lucian o usava como um tipo de proteção emocional para amenizar qualquer conversa difícil. Em termos profissionais, Jopling o estimulou a pintar mais um autorretrato, no estilo de Rembrandt, e eles voaram até a Holanda para ir ao Rijksmuseum, passando um dia maravilhoso olhando os quadros. Na volta, Lucian teve um leve lapso de memória e disse: "Jop, onde é que nós estamos?"

"Estamos em Schiphol, em Amsterdã, na Holanda", tranquilizou-o Jopling.

Lucian voltou rapidamente à sua melhor forma. "Ah, a Holanda, *Dutchfucking*..." Ele estava convencido de que essa expressão indicava duas pessoas fazendo sexo com outra ao mesmo tempo. Jay explicou que um significado alternativo era o de quando alguém lhe dá um cigarro com o qual você acende o seu. "Foi incrível", disse Jopling, "ele simplesmente se recuperou na mesma hora." Fazer negócios com Lucian nunca era monótono.

Entre todos os que negociaram com ele, porém, o que mais ganhou foi Alfie McLean, o *bookmaker*. Ele assumiu a maior aposta de sua vida ao trocar as dívidas de jogo de Lucian por quadros, que com o tempo passaram a valer dezenas de milhões de libras. Ele acabou sendo proprietário de 25 quadros, possivelmente a maior coleção da obra de Lucian nas mãos de um indivíduo.

The Big Man (1976-7) é um quadro arquetípico de Freud, fascinante, circunspecto e extraordinário para um retrato do que é no fundo apenas um homem de rosto vermelho, de terno. Ele poderia ter ficado parecido com o retrato encomendado do presidente de alguma grande empresa, mas essa pintura tem um ar assustadoramente hipnótico. Os dedos de McLean estão entrelaçados no colo, o estofo no braço da poltrona de couro preto está saindo, um espelho atrás dele cria um reflexo da parte de trás da sua cabeça, com uma perspectiva esquisita, perturbadora. Ele olha fixamente para a frente, com sua enorme presença física quase saindo espremida da moldura, uma força bruta sugerida pelo mero volume de seu corpo, as pernas separadas, as coxas grossas, dedos como cassetetes de carne. Cada prega do seu terno justo aumenta a tensão desse homem muito volumoso preso nesse espaço, imerso em pensamentos, enquanto é examinado detidamente. Paira ali uma sensação de ameaça física. Ele não é alguém com quem uma pessoa possa se desentender por dívidas não quitadas, e felizmente nunca houve nenhum desentendimento.

Esse retrato era um dos quadros na primeira mostra de Freud que eu também tinha visto na Anthony d'Offay Gallery em 1978, quando eu não sabia nada sobre Freud ou sobre sua vida. Havia um retrato secundário dele na mostra, intitulado *Head of the Big Man* [Cabeça do grandalhão]. Naquela época não havia nenhum conhecimento ou sugestão de quem ele seria. Estava vestido num estilo meio de gângster, como que em trajes dominicais truculentos. Perguntas pairavam no ar, mas eu não tinha respostas, e a galeria dizia simplesmente que os retratados eram pessoas que o pintor conhecia. Mais um segredo de Lucian, sua vida pessoal, seu espaço interior, todos os seus problemas lacrados por baixo da superfície pintada.

O Grandalhão fez parte da vida de Lucian por mais de trinta anos, e eles se tornaram grandes amigos depois da confiança adquirida ao lidar com enormes somas de dinheiro. McLean era a pessoa mais improvável como colecionador de arte moderna. Em setembro de 2003, Lucian, o duque de Beaufort e Andrew Parker Bowles viajaram num pequeno jato particular para ver o tesouro do *bookmaker* na humilde casa da família de McLean no norte da Irlanda, com o aspecto comum da habitação não correspondendo ao conteúdo extraordinariamente valioso, que qualquer galeria nacional teria gostado de possuir.

McLean era uma espécie de lenda no Ulster, nascido em Randalstown, tendo crescido em Ballymena e permanecendo fiel à cidadezinha de County Antrim, onde morreu e foi enterrado em maio de 2006. Quando a Irlanda do Norte legalizou as casas de apostas, muito antes do restante do Reino Unido, ele se tornou um dos pioneiros da indústria de apostas.

Para Lucian, a pintura continuava a ser uma atividade que estava igualmente envolvida com o risco. A surpresa o motivava. "Estou fazendo o que acho mais interessante, o que me diverte e me entretém. Se eu soubesse exatamente o que ia pintar no minuto seguinte, por que haveria de querer fazer isso? Não faria sentido", disse ele, repetindo sua opinião de que "o jogo só é empolgante se você não tiver dinheiro. Eu costumava ter muito crédito porque andava com gente muito rica".

Lorde Rothschild era uma dessas pessoas ricas e lembrou um encontro digno de Pinter em que Lucian lhe disse: "Estou com um grave problema de dívidas com os irmãos Kray. Se eu não lhes der £1.000, eles vão decepar minha mão." Como Rothschild recordou: "Eu disse que lhe emprestaria o dinheiro com duas condições. A primeira, que ele nunca mais me pedisse um empréstimo. E a segunda, que ele não me devolvesse o dinheiro. Ele aceitou as condições, mas dez dias depois apareceu um envelope grande na minha caixa de correspondência, com £1.000 em dinheiro e um bilhete de agradecimento. E ele nunca mais me pediu um empréstimo."[120]

Não se tratou de um pedido isolado. O duque de Beaufort, um dos amigos mais antigos de Lucian, também foi abordado. "Ele me ligou às quatro da manhã e disse: 'David, posso dar uma passada aí? Tenho um pedido a lhe fazer.' E eu respondi: 'Bem, pode vir, mas é melhor se apressar porque tenho de ir ao aeroporto pegar um voo.' E ele veio e disse que precisava de £1.500. Era uma quantia alta a se levantar naquela época, e eu disse:

'Bem, por que eu tenho de lhe dar £1.500?' Ele respondeu que, se não apresentasse o dinheiro até o meio-dia, iam lhe cortar fora a língua, e que a decisão era irrecorrível. Não se podia dizer que não e pedir desculpas. Eles [os gângsteres] davam-lhe arrepios, e talvez ele também se deliciasse com a ideia de ter levado a melhor, mas duvido que ele realmente tivesse essa sensação."[121] Esse era um exemplo de Lucian, como sempre, viajando na vertical entre extremos sociais, pegando dinheiro emprestado com um duque para rechaçar ameaças dos gângsteres mais desnaturados de Londres. De algum modo bizarro, ele sempre conseguia o impossível.

Sentado no Clarke's, com seus oitenta e poucos anos, com uma xícara de chá na mão e extraindo lasquinhas de nugá para mordiscar, ele se encontrava a uma distância enorme do risco, arrependimento e exultação de perder dinheiro de modo inconsequente, apostando na mera sorte. Ele nunca se lamentou de perder; nem se arrependeu de deixar de jogar. "Sempre olho adiante, nunca para trás", dizia ele.

13. PROLE

Havia uma diferença de 36 anos entre o nascimento da filha mais velha de Lucian, Annie, de 1948, mais para o fim do reinado de Jorge VI, e o de seu caçula, Frank Paul, nascido em 1984, 32º ano do reinado de Elizabeth II.

Frank é um rapaz discreto, de voz suave, com um sotaque do sudoeste da Inglaterra. Do pai, ele tem o rosto estreito e os olhos inquietos, indagadores. Ele foi criado principalmente por sua avó materna em Cambridge, vendo o pai apenas de forma intermitente. Tinha mais contato com a mãe, Celia, que também pintava de modo obsessivo em seu ateliê em Londres. Em Cambridge, ele estudou línguas e fala russo e alemão.

"Quando eu era pequeno, admirava muito meu pai, mas achava difícil me relacionar com ele porque tínhamos modos tão diferentes de viver. Nossos gostos eram muito diferentes: um extravagante, e o outro, simples. Ele gostava de restaurantes muito sofisticados e de comer ostras e mexilhões. Eu gostava de comida simples, como hambúrgueres com batata frita ou macarrão. Eu gostava de vídeos e jogos de computador, e eles realmente se tornaram uma obsessão para mim.

"Eu achava difícil aceitar o fato de ele morar num apartamento escassamente decorado e dar a impressão de nunca ver televisão, nem jogar jogos de computador, ou qualquer coisa de que eu gostava e que achava serem pré-requisitos para a diversão.

"Mas ele parecia muito fiel a si mesmo e nunca mudava seu comportamento para agradar à pessoa com quem estivesse falando, o que eu admirava imensamente. Lembro-me de ter ido ao seu apartamento, bem quando ele tinha terminado *Benefits Supervisor Sleeping*, que estava num cavalete no chão todo salpicado de tinta, e de ele ter me perguntado o que eu achava do quadro. Minha mãe me conta que eu disse que achava o quadro nojento, mas muito bom. Ele gostou disso."

O período mais longo que Lucian passou com Frank foi durante uma série de sessões. "Havia muitos silêncios entre nós, quando estávamos sozinhos e eu achava aquilo bem constrangedor, mas ele estava perfeitamente à vontade. Lembro-me de ter mencionado o que eu tinha percebido como um silêncio incômodo, e ele disse que não lhe parecia nem um pouco incômodo. Isso fez com que eu me sentisse muito pequeno. Eu queria ser alguém que também ficasse à vontade com o silêncio. Acho que agora sou mais assim.

"Lembro que eu o admirava mais porque ele parecia nunca se importar com o que os outros pensassem. Uma vez, quando eu estava com uns 17 anos, ainda na escola, contei a um amigo que meu pai tinha ouvido dizer que '*porca Madonna*' era um xingamento incrivelmente ofensivo na Itália e ele resolveu testar se era mesmo, gritando isso num restaurante, de onde o expulsaram. Meu amigo comentou: 'Uau, ah se meu pai fosse assim.' Lembro de ter sentido um orgulho imenso."

Uma lembrança peculiar de sua infância é a de Lucian lhe fazer cócegas, "que eu não curti mesmo, mas me sentia totalmente indefeso. Parecia muito constrangedor dizer para ele parar. Lembro-me de lançar um olhar de súplica para minha mãe e torcer para ela não sair do quarto, mas eu estava assustado demais para declarar que queria que ela ficasse. Ela só sorriu e saiu do quarto, e ele realmente me fez cócegas".

Frank teve o número de telefone do pai por um curto período, mas raramente ligou para ele. "Acho que nunca liguei para ele para bater papo. Eu achava que o nosso era um relacionamento muito diferente do que o que outros filhos tinham com seus pais, mas eu nunca me senti perturbado por isso", disse ele.

Ele sempre usou Paul como sobrenome. "Suponho que tenha sido uma decisão da minha mãe. Ela me disse que queria que eu pudesse escolher se queria me associar publicamente à família Freud. Ela achava que seria bom eu ter a escolha de ser mais discreto a respeito disso, se eu quisesse, o que na minha opinião foi uma boa decisão", disse ele.

Frank estava com 26 anos quando seu pai morreu. Havia outros 13 filhos reconhecidos por Lucian como seus; e para os quais ele deixou uma porção igual de sua fortuna. Ele pode ter sido pai de uns trinta filhos, de acordo com estimativas dos amigos (alguns jornalistas calculam que esse número seja mais próximo dos quarenta), sendo presumível que muitos desses filhos tenham sido incorporados com discrição nas famílias existentes de algumas das mulheres com quem ele teve casos. "A certa altura, meu cálculo era que podíamos contar 24 filhos dele", disse Lucinda Lambton, filha de Bindy (que não teve filhos com ele).

Apesar de ameaçar jornais com processos por difamação, para abafar as especulações, sempre circularam rumores sobre sua propensão à libertinagem e sobre sua fecundidade lendária. Enquanto tomávamos café no Clarke's, ele compartilhou comigo seu pensamento sobre a paternidade.

GG: Você almejava ter um monte de filhos?
LF: Não, nunca pensei nisso.
GG: Você queria filhos?

LF: Não. Não estou querendo dizer "Ai, meu Deus, filhos!" mas parecia bem empolgante quando as mulheres engravidavam. Não gosto de bebês. Acho que é em parte porque eles são tão vulneráveis. Mas sou muito bom com crianças maiores.
GG: Era impossível para você ter uma vida em família e ser pintor?
LF: Para mim, sim. Sempre gostei de ficar sozinho parte do tempo ou de me sentir sozinho. Quando eu estava como que casado, eu sempre dizia: "Delamere é um lugar só meu, onde eu trabalho e ocasionalmente hospedo alguma pessoa." A vida em comunidade nunca foi muito atraente para mim.

Às vezes, Lucian era um pai adorável, o palhaço que ficava de cabeça para baixo, o recreador que girava criancinhas pela sala. Ele tinha uma verdadeira disposição para brincar que iluminava a vida dos filhos, quando eles chegavam a vê-lo, mas é claro que, como nenhum deles morava com ele, essas ocasiões não eram constantes.

Quando qualquer filho de Lucian nascia, a complicação para a mãe era imensa, pois ele nunca fez segredo do fato de não levar uma vida convencional em família. Em 1961, por exemplo, ele foi pai de três meninas (Bella, Isobel e Lucy) de três mulheres diferentes (Bernardine Coverley, Suzy Boyt e Katherine McAdam). Lucian tinha conhecido Katherine quando ela estudava moda na Central St Martins, e ele ia lá de vez em quando para participar informalmente de aulas de desenho de modelo-vivo. Na vida interligada que ele levava, não foi coincidência que ela também tivesse sido babá de Annie e Annabel, suas filhas com Kitty.[122] Alguns de seus filhos adotaram seu sobrenome; outros o acrescentaram ao sobrenome da mãe, ou nunca o usaram.

A maior parte dos filhos de Lucian o amava sem reservas, apesar de todos os seus óbvios fracassos e complicações como pai. Havia raiva e ressentimento por sua ausência e negligência, mas sua força vital e encanto faziam com que eles desejassem vê-lo mais. Ele conseguia fazer com que lhe perdoassem quase qualquer coisa. Os quatro filhos de Freud com Kathleen McAdam, que ele quase não viu pelo longo período de vinte anos, depois que ela o deixou em 1966, eram os mais revoltados. Quando Lucy se casou, aos 22 anos, "para ter uma família, uma família de verdade", ele não respondeu ao convite para o casamento, nem compareceu à cerimônia.[123] Ele não chegou a conhecer os dois filhos dela, Peter e James, seus netos.

John Richardson via a atitude despreocupada de Lucian em gerar tantos filhos quase como se ele, ao tê-los, estivesse deliberadamente lançando raízes no país de adoção. A ex-assistente de Lucian, Rebecca Wallersteiner, com quem ele teve um breve relacionamento, acredita que o fato de ter filhos estivesse ligado em termos psicológicos (mesmo que no inconsciente) à sua sobrevivência depois de escapar do horror do Holocausto. Embora alguns parentes dele tivessem sido assassinados, esse não era um assunto no qual ele se detivesse. A verdade mais óbvia é que ele simplesmente dormiu com muitas mulheres e nunca tomou nenhum tipo de precaução para evitar filhos. A outra verdade óbvia é que elas também não tomaram.

É também possível que a aversão de Lucian a morar com qualquer uma das mães de seus filhos estivesse relacionada a sua relação de amor e ódio com sua própria mãe. Ele precisava de espaço. Um amigo de Lucian, Cyril Connolly, escreveu a frase, que se tornou famosa, de que o carrinho de bebê no hall de entrada é um inimigo da arte, mas tratava-se de mais do que isso — Lucian não podia suportar um carrinho de bebê em parte alguma da casa. Sua filha Jane acreditava que ele via as mulheres como algo muito separado: "Elas eram para ele de uma outra espécie. Essa visão está ligada à mãe dele e a sua atitude sufocante para com Lucian. Perguntei-lhe sobre ela na década de 1990, e ele fez uma careta e disse que ela era muito invasiva. Eu disse que a amava apesar de ela fazer muitas perguntas. Ele disse que ficou mais fácil lidar com ela quando ela já 'não se importava', mais para o fim da vida."[124]

A segunda filha de Lucian, a irmã de Annie, Annabel, teve uma infância muito aflita. O retrato que ele fez dela dormindo no ateliê, deitada de lado num roupão azul, mostra a menina num estado de sono profundo, quase como se estivesse sedada. É uma imagem terna e amorosa, com o rosto da criança encoberto. É extraordinário como ele consegue fazer uma garota, cujo rosto não está visível, parecer vulnerável e comovente. Há uma sensação de que isso é o máximo que ele pode fazer: a garota descansando, ele observando, encontrando um jeito de reunir seus dois mundos.

Pintar os filhos era muito importante para ele — e para os filhos. Annie, Bella, Esther, Rose e Freddy todos posaram nus para ele. Jane McAdam Freud nunca foi convidada a posar, mas pensou muito no que significava ter um pai que pintava os filhos nus. "Nós entendíamos que ele vivia segundo suas próprias regras. Às vezes essa atitude parecia desafiadora, infantilizada ou até mesmo infantil. Os instintos dele eram sua filosofia. Era permitido que ele fosse bastante infantil em relação à responsabilidade. No entanto, como ele parecia ao mesmo tempo assustado e assustador, questionar isso teria sido bastante parecido com questionar o Mago de Oz, porque sua conduta assustadora mascarava seu medo."[125]

Outra mulher importante na vida de Lucian, Bernardine Coverley, tinha só 16 anos quando o conheceu num bar no Soho em 1959. Filha de pais católicos irlandeses que tinham um *pub* em Brixton, ela tinha sido retirada de casa durante a Segunda Guerra Mundial e mandada para um colégio interno aos 4 anos de idade. Quando estava com 15 anos, seus pais se mudaram de volta para a Irlanda para comprar uma propriedade rural, mas ela se dirigiu para Londres, onde conheceu o homem que se tornaria o pai de suas duas filhas, Bella (que ela teve quando estava com 18 anos), seguida de Esther, dois anos depois. Quando eles se conheceram, Bernardine tinha um trabalho subalterno num jornal de tiragem nacional, mas dizia aos pais que estava fazendo jornalismo. Lucian pintou-a pela primeira vez aos 17 anos, quando ela estava grávida. Ele estava com 37 e já tinha sido casado duas vezes. Eles nunca moraram juntos, mas eram muito amigos.

À altura em que Esther nasceu, Bernardine tinha se mudado para Camden, e o relacionamento estava se desfazendo. "Ela era muito independente e não quis entrar no jogo em que achava que teria de entrar para continuar envolvida com ele, aceitando que ele tivesse outras mulheres, fingindo não se importar", disse Esther.[126] Quando Esther estava com 4 anos, Bernardine mostrou sua independência, levando as duas filhas para morar no Marrocos. Foi um período importantíssimo de um ano e meio, e Esther baseou seu romance *Hideous Kinky** nessa fuga aventureira para um mercado em Marrakesh.

Esse foi o melhor modo para Bernardine se distanciar de Lucian, e também um lembrete violento de que ela não queria depender dele nem dançar conforme a infidelidade da sua música. Kate Winslet fez o papel de Bernardine na versão para o cinema.

Bella lembra-se de ver seu pai muito pouco até em torno dos 11 anos de idade. Ela e Esther moravam com a mãe em East Sussex, e Lucian aparecia por lá ao acaso, sem avisar. "Tenho certeza de que ele não avisava à minha mãe nem ao cara que era mais ou menos meu padrasto, de quem eu, como ele, não gostava. Só me lembro de que ele chegava num Bentley azul-escuro, com sua namorada Jacquetta e o filho mais velho dela, Jago. O fato de papai aparecer sem ser esperado era um gesto revolucionário, e sua atitude de quem não precisa pedir desculpas era empolgante. Aquilo fazia

---

* O livro não foi traduzido para o português, mas o filme baseado nele teve o título de *O expresso de Marrakesh*. [N. da T.]

com que nós tivéssemos a impressão de que ele estava nos ajudando a fugir de uma prisão. Ele dava uma olhada ao redor e então ia embora. Parecia que ele era um aliado inabalável, e era assim que eu me sentia diante dele a partir daquela época."

Quando Bella estava com 16 anos, saiu de casa, e Lucian providenciou que ela dividisse com sua meia-irmã Rose um apartamento que pertencia a um dos amigos dele. Quase de imediato ela começou a posar para um retrato, e ele lhe deu um código para quando ela lhe telefonasse — "deixe tocar duas vezes e então ligue de novo". "Eu mal podia esperar para começar a passar algum tempo com ele, uma companhia incrível e tão irreverente. Tinha um orgulho enorme quando saíamos para jantar juntos no Wheeler's, no Soho. Ele se vestia quase como um vagabundo, com calças de cozinheiro de axadrezado azul, cobertas de tinta (era comum táxis não pararem para ele), mas os garçons lhe davam a melhor mesa porque suas gorjetas eram enormes."[127]

Lucian era muito íntimo de Bella e Esther, tendo-as pintado tanto vestidas como nuas, e tendo estado com elas mais do que com qualquer outro de seus filhos. Ele pintou Bella ainda bebê e depois mais de uma dúzia de vezes. Segundo Esther, seu pai e sua mãe sempre se mantiveram em bons termos: "papai sempre falou dela com admiração. E eles muitas vezes se viam nos desfiles [de moda] de Bella ou nas minhas noites de estreia, quando eu era atriz. Os dois sempre estiveram interessados em saber um do outro e falavam muito pouco no passado e em como tinha sido seu relacionamento. Mas é assim que eles eram", disse ela.[128] A seu próprio modo, Bernardine era tão criativa e irrequieta quanto Lorna Wishart. Jardineira talentosa, ela também tocava tambor irlandês e viajou muito. Aos 60 anos, foi morar no México para trabalhar num orquidário nas montanhas. Essa experiência transformou-se num livro sobre suas viagens, *Garden of the Jaguar: Travel, Plants and People in Chiapas, Mexico* [Jardim do jaguar: viagens, plantas e pessoas em Chiapas, México]. Ela faleceu em Suffolk aos 68 anos, apenas quatro dias depois da morte de Lucian.

■ ■ ■

Lucian conheceu Suzy Boyt quando era professor temporário na Slade, onde ela estudava. Nascida em 1935, filha de um oficial do exército, ela estudou em casa com uma preceptora, antes de ir para o colégio interno em Wiltshire. Passou a maior parte da infância em Walcott Hall em Shropshire. Na Slade, ganhou vários prêmios e três de seus quadros estão agora na coleção de arte da University College London. O quadro mais conhecido que Lucian fez dela é como um dos modelos em *Large Interior, London W11 (After Watteau)*. Lucian pintou todos os filhos que teve com Suzy.

Um de seus retratos mais fortes e mais bem-sucedidos é *Rose* (1978-9), mais revelador que qualquer outro nu, tanto em termos físicos como psicológicos. Ela está recostada num sofá, com as pernas abertas, a mão direita cobrindo a testa, nua a não ser por um lençol que cobre a panturrilha esquerda e os dedos do pé direito. "Lembro-me de ter me despido, deitado no sofá e protegido os olhos da lâmpada muito forte que estava pendurada no teto acima de mim", disse Rose, que estava com 19 anos, quando a pintura teve início. "Não me dei conta de que, do lugar onde meu pai estava em pé, junto do cavalete, a pose que eu tinha assumido parecesse tão despudorada! Imaginei que ele fosse olhar para mim do alto, em vez de olhar de todos os ângulos. Descobri então que seus olhos colhem informações não do mesmo jeito que o visor de uma câmera, em linhas retas, mas em curvas. Acho que ele teve um momento, antes de começar o trabalho, em que se perguntou se deveria me salvar de mim mesma, mas mudou de ideia."[129]

Eles só faziam sessões noturnas. "Cada uma durava do momento em que eu chegava, ao entardecer, até ele não conseguir mais continuar, ou quando o dia clareava, o que acontecesse antes. Às vezes eu voltava para casa depois da sessão, às quatro da manhã, pegando um táxi até meu apartamento perto de Warwick Avenue, passando antes pelo supermercado 24-horas em Westbourne Grove, não me sentindo cansada enquanto me abastecia de cigarros, mas acalentando a sensação de ter absorvido alguma parte do poder do meu pai. Em outras ocasiões, ele simplesmente jogava um cobertor ali onde eu estava deitada e me deixava dormir até o café da manhã."

Foi um período educativo além de íntimo. "Ele era muito interessado em Nietzsche, especialmente em *Assim falou Zaratustra*, que se harmonizava com meus anseios de adolescente por absolutos e não parecia absurdo naquela época. Eu era muito menos crítica do que sou agora."

A transformação de Rose passou por vários estágios: aluna rebelde, experimentadora de drogas, observadora dos adeptos do punk e das boates, e finalmente escritora. Posar para seu pai foi um catalisador para a mudança. "Posei mais ou menos todas as noites por cerca de um ano, período durante o qual tomei a decisão de entrar para a universidade. Meu pai me inspirou a ler com voracidade. Foi minha a ideia de enrolar o pedaço de lençol na perna quando ficou claro que meu pé ia ser amputado pela borda da tela."

Sua opinião sobre o quadro mudou com o tempo. "Cabelo cortado à escovinha, pernas abertas, nua. É um grande quadro, agora no Japão, graças a Deus. Não, não me senti nem um pouco embaraçada; embora, em retrospectiva, eu não saiba por que não fiquei. Talvez eu tenha me tornado um pouco puritana na velhice."[130]

O irmão mais velho de Rose, Ali, nascido em 1957, passou por vários estágios de raiva pelo pai, em consequência de seu modo imprevisível de ser pai, mas acabou por lhe perdoar e nunca deixou de amá-lo. Sua opinião a respeito das ausências de Lucian nos anos de sua formação é ao mesmo tempo otimista e realista. "Apesar de eu ter me sentido perturbado por um tempo, a escala de suas ausências agora me parece muito insignificante. Seu sentido de família, que ele próprio admite ter sido limitado por muito tempo, transformou-se em algo com substância mais tarde na vida. Pedi desculpas a ele por qualquer preocupação que causei durante meus tempos mais desregrados. Ele respondeu: 'É bom você dizer isso, mas as coisas não funcionam assim. Não existe nada que se possa chamar de livre-arbítrio — as pessoas simplesmente têm de fazer o que têm de fazer.'"

A presença e as palavras de Lucian tinham um poder extraordinário para seus filhos. Sentir o calor dele era revigorante, e estar afastado dele causava um frio doloroso. Ele era mais chegado a alguns do que a outros; e isso também não era fácil. Na homenagem póstuma a Lucian, Bella falou da enorme capacidade do pai para demonstrar amor e lhe dedicar tempo, descrevendo como eles dois escreveram um poema juntos, enquanto relatava lembranças felizes de um pai que, em seus últimos anos de vida, cada vez mais contava com ela.

Às vezes, o tempo dos filhos com ele assumia uma qualidade mágica, e Ali recorda muitas histórias fantásticas que Lucian contava, por exemplo, a de "sua amizade com o filho ilegítimo e dependente de ópio do rei do Egito, que era tão rico e bonito que passava os olhos por revistas de Hollywood e, se visse alguém que fosse de seu agrado, ele iria buscar a pessoa, tendo uma vez tido um relacionamento simultâneo com Marlene Dietrich e Johnny Weissmuller. Eu acreditava em cada palavra que ele dizia.

"Ele também me deu conselhos quando eu devia dinheiro a marginais: 'Não se intimide com as ameaças deles.' Nós trocávamos histórias sobre mulheres. Ele me falou das prostitutas em

Shepherd Market [em Mayfair] durante a guerra que cobravan dois *pence* por 'uma rapidinha em pé'. E uma vez me disse que o que ele sabia sobre o amor era que ele preferia estar numa situação horrível com alguém que amava a se divertir com alguém con quem não se importasse.

"Minhas lembranças de infância com ele eram de punhados de moedas de seis *pence* para a máquina caça-níqueis no Colony Club, de jogar porrinha com o pessoal do bar; de papai dizer 'Esse é meu menino' para gângsteres e pintores; de pianistas negros, cegos de verdade tocando no ambiente enfumaçado. Uma vez alguém disse para ele que eu era viciado em amor obsessivo; e ele respondeu com convicção: 'Mas é claro, o amor obsessivo correspondido é a melhor experiência que um homem pode ter.'"

Em sua última década de vida, ele viu os filhos com maior frequência e, logo depois da morte de Lucian, os filhos conversaram uns com os outros e se encontraram mais do que jamais tinham feito enquanto ele era vivo. Isso resultou numa reunião dramática em seu enterro, e sete meses mais tarde, em fevereiro de 2012, na homenagem póstuma feita para ele na National Portrait Gallery, de modo que coincidisse com a retrospectiva de retratos.

Não havia um padrão previsível de comportamento com Lucian. Lucinda Lambton, por exemplo, lembra-se de Lucian ter sido um pai amoroso e atento para suas duas filhas mais velhas, Annie e Annabel, quando elas passavam algum tempo com sua família. Entretanto, apesar desses laços com as próprias filhas dele, ela achava que Lucian, que era quase um padrasto para ela, a odiava. "Ele me disse que eu precisava de um treinador de cachorros para cuidar de mim, não de um cuidador de seres humanos. Ele era malévolo e mágico. Eu o adorava, mas ele também era muito cruel", disse ela.[131]

Quando Lucinda estava morando em Bath Road, Chiswick, quase chegando aos 30 anos, ela teve um confronto que foi macabro e perturbador. "Lucian pediu que eu prestasse falso testemunho por conta de uma infração de trânsito. Ele tinha alguma namorada que estava num carro e queria que eu assumisse a culpa. Não consigo me lembrar dos detalhes exatos, mas me recusei. Eu sabia que não era certo. Ele ficou uma fera", lembrou-se ela. A primeira coisa que aconteceu depois disso foi sua campainha tocar a altas horas da noite e uma carta ser enfiada pela porta. Era um pedaço de papel com letras recortadas de jornais, formando as palavras "Vou matar você". Lucinda então abriu a porta para ver quem tinha entregado esse bilhete psicótico. Ela viu um carro, com o motor ligado, e um homem dentro segurando uma lanterna por baixo do queixo, de modo deliberado e sinistro para iluminar seu rosto. O carro passou devagar, e ela viu que era Lucian. "Foi tão assustador, mas Lucian tinha um lado que era inevitavelmente cruel."

Quase na mesma fala, Lucinda declarou que teria feito qualquer sacrifício por ele. "Lucian era mágico e extraordinário, mas essa era a questão. Havia um lado sinistro na sua magia, que era parte do motivo pelo qual ele era tão sedutor para as pessoas. O fato de ele ter uma aversão tão forte por mim e de me lançar olhares longos e desdenhosos não me impedia de querer estar perto dele e lhe ser agradável", disse ela.[132]

Victor Chandler uma vez teve a audácia de questionar Lucian quanto a seu papel como pai. "Perguntei-lhe se ele algum dia sentiu culpa por seu comportamento para com os filhos, por praticamente não vê-los. Ele respondeu que não sentia absolutamente nenhuma culpa. Conversamos sobre culpa e consciência, e ele disse que não sentia culpa pelo que tinha feito, muito embora devesse ter prejudicado muitos deles. Só Deus sabe quantos foram."

Lucian simplesmente nunca fazia um exame de consciência. Ele também acreditava verdadeiramente que já dava muito ao pintá-los, oferecendo-lhes seu tempo mais intenso e precioso, fazendo o que ele fazia melhor — na presença deles.

14. Finale

Em seus últimos anos, Lucian saía com mais frequência. As pessoas diferentes que ele tinha mantido separadas começaram a convergir. Ele via mais seus filhos e netos. Sua obsessão pela privacidade diminuiu.

Ele ainda detestava ser fotografado de surpresa pelos paparazzi, especialmente quando usavam flash. No Palácio de Buckingham, ele inadvertidamente estragou uma fotografia oficial da rainha e de outros condecorados com a Ordem do Mérito, quando deu um passo adiante e protegeu o rosto no instante em que o flash disparou. Na fotografia, parece que ele está tentando fugir ou deliberadamente inutilizar a foto. A verdade era que ele simplesmente tinha medo de que o flash ferisse seus olhos e afetasse sua pintura.

Contudo, embora ele se tornasse menos rígido, o apetite pelo trabalho nunca diminuiu. Um testemunho disso é seu último retrato de David e seu lebréu, Eli, os companheiros mais constantes da vida de Lucian. Esse era um quadro que ele parecia não querer terminar. *Portrait of the Hound* ocupava todas as manhãs, depois que ele e David se encontravam com alguém para o café no Clarke's, ou tinham ficado lá sentados, lendo os jornais juntos. O quadro nunca foi concluído, embora de algum modo pareça tão pronto quanto Lucian pretendia.

Qualquer menção à aposentadoria era rapidamente descartada. "O que isso significa? Não fazer o que sempre se fez para ter de descobrir alguma coisa para fazer. É para isso que servem os chamados hobbies. Se me perguntam se eu tenho um [ou seja, um hobby], eu respondo 'Masturbação', só para cortar a conversa sobre um tópico chato", disse-me ele.

No início do século XXI, ele conseguia se lembrar da amizade com os poetas Stephen Spender, W. H. Auden e também Cyril Connolly, que publicou seu primeiro autorretrato na edição de abril de 1940 da revista *Horizon*, quando Lucian tinha apenas 17 anos. No fundo, foi sua primeira mostra, se bem que numa revista; e, tipicamente para Lucian, ele estava em excelente companhia e causou um impacto imediato entre a intelectualidade. Foi isso que o lançou no mundo das pessoas com dinheiro ou poder cultural E continuaria assim. Outro colaborador identificado na capa da mesma edição era Laurie Lee, que dois anos mais tarde se tornaria um rival encarniçado no amor por Lorna Wishart. No miolo da revista havia uma resenha de autoria de George Orwell sobre *Finland's War of Independence* [A guerra da independência da Finlândia] do tenente-coronel J. O. Hannula, mas, por mais estranho que seja, não havia menção alguma a Orwell na capa. Mais tarde Lucian teve um caso com a mulher de Orwell, Sonia, que havia terminado um caso com William Coldstream, o líder da escola de pintores de Euston Road, que tinha convidado Lucian para ensinar na Slade e também pintou seu retrato.[133] O mundo de Lucian sempre esteve habitado por muitas das pessoas mais interessantes de seu tempo.

Em junho de 2011, o quadro de David parou de avançar. E Lucian parou de sair. Era a desaceleração de uma vida que um dia tinha parecido inextinguível. Era uma despedida que eu nunca tinha querido fazer.

Uma noite num domingo escaldante, meu filho Jasper e eu tocamos a campainha em Kensington Church Street. Um dos números de latão pregados ao lado da porta da frente, de um cinza opaco, tinha se soltado, e Jasper tentou apertar o número oito de volta à sua posição na parede. Ele ficou caído, irremediavelmente, num estranho simbolismo, a queda do número de sorte de Lucian. David abriu a porta, meio esfogueado, com a camisa rosa malajeitada. Nós sabíamos que estávamos ali pela última vez, mesmo que isso não fosse dito.

Nós nos lembramos de como Lucian, um dia, depois do café da manhã, quando estávamos sentados batendo papo em sua casa, tinha entregado a Jasper um pequeno martelo de prata, dado a ele por Henry Wyndham, o presidente da Sotheby's. Ele tinha fingido dar marteladas na cabeça de Jasper, correndo em volta dele de modo brincalhão. No hall, nós três ficamos parados, comentando uma mancha de infiltração no teto, que já estava se apagando, causada alguns anos antes pelo transbordamento da banheira de Lucian. Ele gostava da mancha enferrujada no teto, e por isso ela permanecia ali acima dos quadros de Frank Auerbach. Era como um desenho abstrato em si mesmo, uma variante daquela mistura da classe alta e da baixa na vida dele, pinturas de valor inestimável penduradas em paredes sujas, reboco lascado junto de mobília do século XVIII de John Channon.

A dramaticidade de seu ateliê era palpável assim que se entrava na casa, com as imponentes paisagens de Auerbach sob iluminação fraca nas paredes. Passava-se por outros quadros, para entrar na cozinha com piso coberto de linóleo, onde a barriguda estátua de bronze de Rodin, *Balzac nu, com os braços cruzados*, estava numa mesa, recebendo a luz que se derramava pela porta-janela de acesso ao jardim dos fundos.

Havia uma sensação exacerbada de sossego, por ele estar de cama no andar superior. Lindas flores frescas tinham sido enviadas, como de costume, por Jane Willoughby, mas estavam começando a murchar na mesa junto da porta da frente. Fazia semanas que Lucian estava enfraquecendo, à medida que o câncer e a velhice cobravam seu preço. "Ele está bem, estamos no Clarke's. Vamos ficar só um pouco", tinha sido uma mensagem de texto enviada seis dias antes por David. Dessa vez, era definitivamente uma visita em casa, já que seus tempos no Clarke's estavam encerrados, com a doença lentamente fechando o cerco. Não havia nenhuma sensação de um fim dramático; era mais como o recuo da maré.

David trancava a porta da frente porque Lucian às vezes ficava inquieto e confuso à noite, vestindo o sobretudo, mas sem saber ao certo aonde estava indo ou o que estava fazendo. Ele foi assistido com paciência e carinho extraordinários por seu amigo, que se mantinha em contato constante com seu médico. Ele tinha recebido um adesivo de morfina do Dr. Michael Gormley, seu médico particular, que era irmão do escultor Antony Gormley (cuja obra Lucian não conseguia suportar, como jamais hesitou em dizer a qualquer um, mesmo a Michael Gormley). A dor estava sendo controlada, e ele tinha permissão de receber uma pequena dose, calculada, por hora, a última defesa diante da destruição do câncer. Houve quem achasse, como seu retratado Mark Fisch, que o câncer até certo ponto tinha sido causado por seu uso da famosa tinta branca Cremnitz, repleta de chumbo, que conferia o tom especial a todos os seus quadros. Se foi assim, ele não teria querido mudar nada. A pintura vinha em primeiro lugar.

Nós nos aproximamos de onde ele estava deitado, na cama, muito animado de nos ver, dando seu costumeiro aceno de saudação e um sorriso caloroso. Sua perna nua estava esticada, saindo dos lençóis, comprida, magra e com um hematoma no tornozelo. Ele a mantinha fora da coberta para equilibrar a temperatura do próprio corpo. "Exercício", disse ele, comentando a perna saliente.

"Como uma bailarina", brinquei, e ele riu, fazendo um movimento exagerado de falsa elegância com a perna.

Na cama, estava um folheto que mostrava o desenho de Lucian de um coelho morto numa cadeira, a ser vendido em leilão na semana seguinte pelo colecionador Kay Saatchi. Jasper deixou-se cair na cama e, com a empolgação natural de um menino de 13 anos, começou a contar a Lucian a história do coelho que tinha abatido com um tiro na propriedade rural dos avós em Hampshire no dia anterior, coelho esse que nós limpamos, esfolamos, preparamos e comemos. Também à venda no leilão estava o retrato de Suzy Boyt. "Quem é ela?", perguntou Jasper.

"É a mãe de alguns dos meus filhos", disse ele. "É isso mesmo, não é?", perguntou ele a David.

Seu preço estimado é de quatro milhões de libras. David e eu lhe dissemos que esperamos que ele alcance seis ou sete milhões.

Lucian estava pálido e debilitado ali na cama, com os olhos ainda brilhantes e inquietos. Jasper, carinhoso por natureza, deitou-se perto, enquanto Lucian brincava de despentear seu cabelo. "Por que estou me sentindo tão mal?", perguntou ele. "Meu bago esquerdo está doendo, e eu me sinto terrível. Estou com alguma doença?"

"Mais ou menos", disse David. Estava claro que Lucian não tinha certeza, em parte por esquecimento, numa doce ignorância. Estava usando uma camisa lilás, a calça no aquecedor, uma bandeja com um copo e uma garrafa de água mineral a seu lado. Estava com a barba por fazer, mas não tão barbado quanto às vezes se apresentava. Seu humor e mordacidade ainda estavam evidentes. Ele escutou enquanto nós batíamos papo sobre o coelho de Jasper, e então deu os parabéns a Jasper por ter passado na prova de admissão para Eton. Mostrei-lhe em meu iPhone uma foto de Jasper na escola. Ele pediu os óculos, que David encontrou.

Jasper perguntou se o quadro pendurado na parede diante da cama ("Os sodomitas") era um Francis Bacon. "Nunca estive tão perto de um", disse Jasper. Lucian explicou que o comprou barato porque ele mostrava uma cena bastante grosseira. Jasper perguntou se todos os outros quadros no quarto eram de Auerbach. Sim, disse Lucian, com exceção do Jack B. Yeats na parede da direita ao lado da cama. Duas peças de Rodin, *Meditação* e *Íris*, estavam sutilmente iluminadas pelo sol, num ângulo favorecedor. As portas duplas que davam para a sala de estar estavam abertas, e Lucian indicou o Corot, *L'Italienne, ou La Femme à la Manche Jaune*, acima da cornija da lareira. Sem alarde, Lucian disse que não estava se sentindo bem. Jasper estendeu a mão, que Lucian aceitou com ternura. Foi comovente vê-los dando e recebendo conforto.

O sol entrava delicadamente pela janela escancarada. "É um belo quarto", disse Jasper.

"Muito, muito bonito", disse Lucian. Ele em geral estava em paz, participando com tranquilidade, fazendo uma ou outra piada, um aparte, um comentário, mas tudo vinha através de uma camada de tormento. David estava sentado junto da janela; Jasper e eu, na cama. Quando nós o deixamos para ele poder tirar uma soneca, Jasper beijou sua mão. "*Au revoir*, até logo, *auf wiedersehen*", Lucian acenou e voltou a se recostar. Era o adeus definitivo. Enquanto descíamos a escada, sabíamos que nunca mais o veríamos.

Duas semanas depois, Lucian morreu.

■ ■ ■

Na noite de sua morte, o construtor e o general de brigada estavam jantando com David Dawson no Clarke's. Enquanto estavam ali sentados, entregues a reminiscências, Lucian dava o último alento a algumas casas dali, na companhia de alguns filhos. Pat Doherty lembrou como Lucian tinha jogado pãezinhos no Clarke's para chamar atenção. "Ele era um encrenqueiro." Às 22h30, Lucian morreu, enquanto seus amigos estavam ali reunidos pela última vez. Um telefonema confirmou que tudo estava acabado. Naquela noite David não voltou para a casa. Era tudo muito doloroso. Ele foi rapidamente até a porta da frente, mas não entrou. Quis chorar o amigo sozinho.

Tinha havido um fluxo constante de despedidas à medida que a família e amigos se reuniam para seu fim. Muita coisa foi perdoada e esquecida. Uma escala tinha sido organizada por Rose Boyt, que tinha assumido o comando. David estava sempre lá, uma presença essencial. "Ele foi sem dúvida um dos grandes amores da vida de Lucian", disse John Richardson, que tinha visto e conhecido a maior parte deles. David estava lá desde o início da manhã e às vezes passava a noite, ficando no quarto de hóspedes, quando os últimos dias de Lucian o tornaram mais fraco. Mais para o fim, era David que passava a noite ali sentado, virando Lucian de posição, com o maior cuidado de duas em duas horas. Sempre esteve evidente o quanto eles se importavam um com o outro, ambos tão livres de qualquer obrigação moral, mas ligados de uma forma discreta, tranquila, irrevogável.

Sua naturalidade e intimidade estavam evidentes quando fotografei Lucian pintando David em seu ateliê. Eles tinham concordado em me deixar vê-los fazer juntos o que tinham feito por tantas centenas de horas. David tirou a roupa e se sentou com o lebréu Eli num colchão; Lucian, em pé junto do cavalete. Desenrolou-se uma cena muda, o vínculo crucial entre os dois, unidos pela tinta. Havia um desembaraço, uma familiaridade e uma sensação de bem-estar. A pintura tratava de uma revelação, uma decifração de amor e amizade, de paciência, de estar ali sentado em silêncio, compartilhando o espaço e o tempo. Era um dar e receber mútuo, uma compreensão de e por dois homens ligados um ao outro, e também uma valorização da mudança lenta, porém extraordinária, pela qual passam todas as pinturas.

A pele de David, de um branco macio, assumiu um tom quente e sutil à medida que a luz da janela do jardim atravessava as árvores lá fora. Tanto quanto de David, aquele era também um retrato de

Lucian, sob certos aspectos, com seus sentimentos e afetos tão palpáveis. Fui testemunha silenciosa de um momento mágico de intimidade e confiança; e a ligação entre os dois homens não era realçada, mas estava avassaladoramente óbvia. Lucian olhava, sentia e reagia de modo intuitivo, acrescentando uma pincelada, mais um toque de cor. No fundo, é uma pintura de amor. "Lucian não conseguia se controlar. Você tem esses nus muito poderosos e às vezes sem amor; e de repente acaba vendo esse suave banho de luz no corpo de alguém que deixa claro que o ama. Quanto afeto! Ele não pôde deixar de manifestar seu amor nesse quadro final", comentou David Hockney, quando circulou pela mostra da National Portrait Gallery, que terminava com três retratos de Dawson. De fato, existe uma ternura ali que não está presente em tantos dos outros quadros contundentes de corpos nus.

David tinha convivido com os altos e os baixos de Lucian por vinte anos. É possível que para David o momento mais alarmante tenha sido quando Lucian, aos 86 anos, foi fotografado com uma zebra selvagem num estúdio de filmagem em Acton, zona oeste de Londres, repercutindo o motivo da zebra em seus quadros. Um cineasta chamado Tim Meara estava fazendo um filme sobre Lucian; e, como um recurso imaginativo tinha contratado uma zebra para aquele dia. O animal se assustou depois que Lucian lhe deu uma pancadinha no focinho e saiu em disparada. Lucian não soltou as rédeas, que estava segurando quando foi arrastado e jogado no chão. "Instintivamente ele não se soltou e foi puxado junto", lembrou-se Dawson. O pânico foi enorme, quando Lucian foi levado às pressas para o Cromwell Hospital para um exame. Ele sofreu apenas uma distensão na virilha, mas aquele foi um momento que David achou que poderia ter acabado com a vida de Lucian antes da hora. Kate Moss foi lhe fazer uma visita para encorajá-lo, o que propiciou a fotografia memorável, tirada por David, dela aconchegada com Lucian na cama.

O termo "assistente" não faz justiça à natureza íntima e fundamental do papel de David Dawson, como curador, porteiro e guardião da chama. Nos anos finais da vida de Lucian, David tinha dado um jeito em tudo para ele, e Lucian viu David mais do que qualquer outra pessoa. Tranquilo, inteligente e divertido, David também tinha uma alma de aço que usava para proteger Lucian. Ele era essencial para a vida do pintor. Foi o único beneficiário identificado pelo nome no testamento de Lucian e herdou a casa em Notting Hill e 2,5 milhões de libras.

O grosso da fortuna de Lucian — a espantosa quantia de 96 milhões de libras — foi deixado para sua filha Rose Boyt e sua advogada Diana Rawstron, na qualidade de curadoras para cumprir a vontade dele, vontade esta que não foi divulgada, mas que se calcula que seja a de beneficiar em termos iguais seus filhos através de um fundo cujo teor será mantido em segredo. Exatamente como ele tinha preservado a privacidade da maioria de seus modelos ao não identificá-los, foi típico de Lucian manter o anonimato para seus filhos em seu último testamento.

Houve muitas despedidas. John Richardson veio de Nova York e conversou com animação, mostrando-lhe uma colagem de seu quadro da rainha, cortado ao meio, junto de uma fotografia dela, os dois parecendo quase idênticos. Lucian riu. Jeremy King, que o recebeu no Wolseley para dezenas de jantares, disse-lhe: "Lucian, você sabe mesmo que nós o amamos", só para receber a resposta: "Bem, para mim, você deveria parar de exagerar." King acrescentou então: "Sei que é constrangedor você ouvir isso, mas você precisa saber que nós o amamos, que eu amo você." Lucian agradeceu em voz baixa. Esse tipo de sentimentalismo não era de seu estilo, mas foi apreciado. Sally Clarke ficou em pé, calma, junto da cama e, mesmo sabendo que Lucian não aprovaria totalmente, fez uma oração.

Quando lorde Rothschild, amigo, retratado e mecenas, fez uma visitinha alguns dias depois, Lucian levantou-se, começou a se vestir e disse a David que eles tinham uma reunião e precisavam se aprontar para sair. "É, precisamos ir à National Gallery", disse David. Estava claro que Lucian não queria que sua vulnerabilidade de acamado fosse exposta. Ele sempre tinha precisado estar no controle.

Algumas semanas antes, Nicholas Serota tinha aparecido por lá, em parte para ajudar David e Lucian a selecionar quais quadros ainda no ateliê deveriam ser descartados. Eles examinaram obras inacabadas; e algumas, que Lucian achou que não queria que fossem deixadas no ateliê, foram destruídas. Essas eram as que ele tinha abandonado ou nas quais já não estava trabalhando. Foi o ato final de controle de Lucian sobre seu legado.

Celia Paul foi visitá-lo, da mesma forma que Sophie de Stempel, sua musa por tantos anos, bem como um fluxo constante de filhos e netos. Os McAdam Freud, que raramente o tinham visto nos vinte anos anteriores, todos vieram. Lucian encarou o desfile com doçura e paciência.

As duas mulheres mais importantes em sua vida estiveram lá para seus últimos dias. Jane Willoughby deitou-se ao seu lado no quarto fresco e tranquilo. O caso de amor deles tinha durado mais de meio século. Com o máximo da lealdade, Jane tinha sido mecenas, esteio, amiga, amante, musa e alma gêmea.

Coube a David a tarefa delicada de se certificar de que Jane não topasse com Susanna Chancellor, que também foi se despedir. David ligou do andar inferior para Jane, que disse a Lucian que era melhor ela ir, já que Susanna estava chegando. "Quem é Susanna?", perguntou ele, com malícia, o grande malabarista de corações até o final, fazendo com que cada uma se sentisse única. Susanna deitou-se ao lado do homem que tinha sido uma força tamanha em sua vida. E então voltou para sua casa na Itália para esperar pela notícia final. Ele estava piorando rapidamente.

Sempre havia gente abrindo e fechando portas ao redor dele. Ele era o centro de cada entrada e cada saída. O circo em torno de sua vida estava quase encerrado. Agora os filhos, que antes nunca tinham estado no comando, assumiram o controle. Eles tomariam as decisões sobre o sepultamento e a homenagem póstuma. O homem que tinha evitado ter uma família em qualquer sentido convencional estava com todos os filhos ao seu redor no final. Alguns se ressentiram, por terem recebido horários restritos para visitas, mas foi necessário, já que eles eram tantos, para evitar um engarrafamento de visitantes. Todos ficaram comovidos e foram comoventes acerca do pai, desde as filhas mais velhas, Annie e Annabel, até Frank, o caçula, que estava caminhando de Land's End para John O'Groats, quando recebeu um telefonema em Yorkshire e retornou de imediato.

"Minha mãe já tinha ido vê-lo uns dez dias antes e me perguntou se eu queria que ela fosse junto. Perguntei a Rose se havia algum problema e ela disse que tudo bem. Foi difícil para minha mãe porque ela tinha tido uma impressão de encerramento, sentia uma grande ternura e não sabia ao certo se era adequado voltar. Lá estavam um par de meias-irmãs minhas e uma enfermeira.

"Ficamos ali em pé, muito calados. Minha irmã, Rose, foi muito franca quanto à certeza de ele estar prestes a morrer e não dourou a pílula. Não que ela tenha sido grosseira, mas não recorreu a eufemismos, nem à linguagem de falsas esperanças. Ela disse que o último dos sentidos a ser perdido é o da audição. De modo que ainda podíamos dar um último adeus a papai, e ele conseguiria ouvir. Ela disse que eu deveria segurar a mão dele e lhe dizer alguma coisa; e me deixou sozinho com ele para fazer isso. Eu realmente segurei sua mão, que não demonstrou reação, mas não consegui pensar em nada para dizer. Por isso permaneci em silêncio.

"Eu nunca o tinha visto especificamente como uma figura paterna, muito embora ele fosse meu pai. O adjetivo que me ocorre quando penso nele é 'brincalhão'. Acho também que ele era muito desinibido quanto à impressão que as pessoas teriam dele, não importava qual fosse a companhia em que estivesse."

Sua vida sempre foi uma trama emaranhada, que não terminou com seu sepultamento. Jacquetta Eliot, mãe de seu filho Freddy, foi informada de que não seria bem-vinda. Contudo, Freddy compareceu. Foi uma cerimônia privada, com os filhos restringindo-a a si mesmos e aos netos. A sobrinha de Lucian, Dorothy (filha de Stephen Freud, irmão mais velho de Lucian, que sobreviveu a ele), foi informada de que a cerimônia era exclusivamente para a família imediata. Aquela era a hora dos filhos e só deles, depois de anos em que ficaram em segundo plano, com as mulheres e o trabalho dominando a vida do pai.

Na noite após a morte de Lucian, Jeremy King, proprietário do restaurante Wolseley, mandou que cobrissem com uma toalha preta a mesa de canto que ele costumava ocupar, com uma única vela acesa em homenagem a ele. David Gilmour, o guitarrista do Pink Floyd, e sua mulher, a escritora Polly Samson, jantaram lá naquela noite. "O silêncio era de igreja, uma tristeza palpável em torno da toalha preta com uma única vela bruxuleante. Como acontecia quando Lucian estava vivo, todos procuraram não ficar olhando", disse Samson. Sophie de Stempel também estava lá, assim como Lady Antonia Fraser, biógrafa e viúva de Harold Pinter, e Victoria Rothschild, viúva do dramaturgo Simon Gray, e todos fizeram um momento de silêncio respeitoso.

Lucian tinha nascido numa era em que os campos eram arados por cavalos e morreu numa época em que imagens da sua obra são armazenadas em microchips. Sua vida foi governada por obsessões, perseguidas com egoísmo, fossem mulheres, fosse sua arte, jamais refreadas ou alteradas pelo que os outros pensassem. Ele desrespeitava todas as regras que não lhe fossem convenientes e talvez não tivesse nenhuma regra. "Como pode ser egoísmo se ele apenas diz o que vai fazer? Não havia narcisismo algum", disse Jeremy King.

Para tentar entender a complexidade que é Lucian Freud, é necessário manter o foco em sua arte. Os quadros dizem com quem ele dormia e passava seu tempo. Na maior parte das vezes, ele manteve os nomes em segredo, mas os quadros não mentem. Procure os quadros de Anne Dunn, espiando através de uma cortina de espinheiros, Caroline angustiada na cama em Paris, o círculo gay de Peter Watson, Stephen Spender e Cyril Connolly, ou mesmo o jovem Charlie Lumley, que Lucian alegava ter invadido seu apartamento em Delamere Terrace.

Tudo acabou, de modo surpreendente, com um sepultamento cristão (apesar de Lucian ter dito a David que só queria que seu corpo, dentro de um saco, fosse jogado no canal ali perto — a influência de Paddington sempre permaneceu forte). Em vez disso, o neto do judeu mais proeminente na Europa teve um serviço fúnebre numa igreja cristã, dirigido por Rowan Williams, ex-arcebispo de Cantuária (que é casado com Jane, irmã de Celia Paul, sendo, portanto, tio de Frank, filho de Lucian). A última vez que eu tinha visto Lucian num contexto remotamente cristão foi em outra casa judia, o lar de sir Evelyn e Lynn de Rothschild, que davam um jantar anual de Natal em Buckinghamshire, quando eram entoados cânticos natalinos. Lucian e minha mulher Kathryn compartilharam uma partitura enquanto nós todos cantávamos *Good King Wenceslas* a plenos pulmões. Ele sabia a letra perfeitamente e cantou com entusiasmo. Caiu vinho na frente do vestido da produtora e atriz Trudie Styler, mulher de Sting. "Você fez isso de propósito?", perguntei a Lucian, enquanto ele a ajudava a secar seu colo. Ele riu. As travessuras sempre fizeram parte de seu repertório.

Além da família imediata, somente Jane Willoughby e David Dawson compareceram ao sepultamento no cemitério de Highgate (embora a irmã Mary-Joy tivesse levado sua égua malhada, Sioux, até junto da sepultura). O melhor amigo de Lucian, Frank

Auerbach, totalmente dedicado à pintura, fez exatamente o que Lucian teria feito: permaneceu em seu ateliê. Susanna Chancellor ficou em casa. Alguns dos filhos disseram algumas palavras. Eles estavam unidos pela morte do pai.

Em Trafalgar Square, já tinham sido feitos planos para a enorme retrospectiva de seus retratos na National Portrait Gallery. O mundo em breve veria grande parte da intimidade da vida de Freud nas exposições ao público. Ele tinha se entusiasmado com essa perspectiva. Ela viria a ser a exposição de retratos de maior sucesso já realizada na Grã-Bretanha.

Do outro lado de Londres, a mesa nos fundos do restaurante de Sally Clarke permaneceu desocupada naquela manhã, um palco deserto visto através da janela. Nada sobre a toalha branca; sua cadeira, vazia. Os cafés da manhã com Lucian Freud tinham terminado.

Agradecimentos

Este livro não teria sido possível sem a confiança de Lucian Freud e das muitas pessoas que ele fascinou e que também me confiaram sua experiência de estar com ele. Em especial, agradeço a David Dawson, também meu companheiro de cafés da manhã, cujo objetivo é e foi simplesmente o de fazer o melhor por Lucian.

Como sempre, nada teria acontecido sem meu agente, Ed Victor, que fez com que a ideia embrionária deste livro se tornasse uma realidade e foi extraordinário em seu apoio e amizade. Sou grato pela sábia preparação de originais de Dan Franklin e David Milner na Jonathan Cape. Mark Holborn também foi de importância crucial para manter o foco do livro. Minha gratidão a James Adams e Kate Chapple por aconselhamento depois da leitura de rascunhos iniciais.

Incentivadores decisivos e ponderados ao longo do caminho foram Justin Byam Shaw e Andrew Solomon. Minha assistente pessoal Rosalyn Jeffery foi fundamental, promovendo uma organização clara e inteligente bem como pesquisas engenhosas.

Um agradecimento especial a meu irmão Louis, que permitiu generosamente que eu e minha família ficássemos em seu apartamento no prédio de Lucian em Holland Park.

Durante os dois últimos anos, enquanto eu digitava este livro sem parar, principalmente no BlackBerry, agradeço a minha incrível mulher Kathryn e a meus filhos, Jasper, Monica e Octavia, bem como a sua governanta Marie Reyes, o espaço e o tempo que me deram para conseguir escrever antes, depois e às vezes durante o café da manhã.

Tenho para com Michael Meredith uma dívida especial, não apenas por ter me apresentado os trabalhos de Lucian Freud, mas também por ser a pessoa que mais mudou minha vida.

Muitos outros me prestaram algum tipo de ajuda, entre eles alguns que não desejam ser mencionados. Meus agradecimentos a: William Acquavella; Diana Aitchison;

Clarissa, condessa de Avon; Andrew Barrow; Lucy Baruch; Emily Bearn; Tim Behrens; Antony Beevor; Felicity Bellfield; a falecida Caroline Blackwood; Sandra Boselli; Ali Boyt; Rose Boyt; Ivor Braka; Craig Brown; Verity Brown; John Byrne; Alexander Chancellor; Susanna Chancellor; Victor Chandler; Perienne Christian; Evgenia Citkowitz; Sally Clarke; Cressida Connolly; Rachel Coulson; Caroline Cuthbert; Anthony d'Offay; sir Evelyn e Lynn de Rothschild; Sophie de Stempel; o duque de Devonshire; Anne Dunn; Jacquetta Eliot; Clare Ellen; Mandy Estall; lorde Fellowes, Mark Fisch; John Fitzherbert; *Dame* Antonia Fraser; Ann Freud; Annie Freud; Bella Freud; Esther Freud; Matthew Freud; Stephen Freud; Jonathan Gathorne-Hardy; A. A. Gill; Lady Glenconner; lorde Gowrie; Lady Greig; Nicky Haslam; David Hockney; sir Howard Hodgkin; Mark Holborn; Robin Hurlstone; Raymond Jones; Jay Jopling; David Ker; Jeremy King; James Kirkman; Lady Lucinda Lambton; irmã Mary-Joy Langdon; Evgeny Lebedev; Janey Longman; Ivana Lowell; Billy Lumley; Neil MacGregor; Jane McAdam Freud; Barbara McCullen; Tim Meara; Elizabeth Meyer; Ffion Morgan; Mary Morgan; Charlotte Mosley; Danny Moynihan; Sandy Nairne; lorde O'Neil; Pilar Ordovas; Andrew Parker Bowles; Janetta Parlade; Celia Paul; Frank Paul; Terence Pepper; Diana Rawston; Freddy Rendall; sir John Richardson; Grace Riley-Adams; visconde e viscondessa Rothermere; lorde Rothschild; Hannah Rothschild; Michael Saunders; Sir Nicholas Serota; Bettina Shaw-Lawrence; Julia Shaw-Lawrence; Matthew Spender; Sting e Trudie Styler; James Stourton; Vassilakis Takis; Sue Tilley; Lady Sophie Topley; Harriet Vyner; Rebecca Wallersteiner; Peter Ward; lorde Weidenfeld; Volker Welker; Alex Williams Wynne; Harriet Wilson; sir Peregrine Worsthorne; Randall Wright.

É imensa minha gratidão para com o Lucian Freud Archive pela permissão de usar imagens de seus quadros, todas gentilmente fornecidas por The Bridgeman Art Library.

Trechos dos diários de Laurie Lee foram reproduzidos com a autorização de Curtis Brown Group Ltd, Londres, em nome do espólio de Laurie Lee. Copyright © Laurie Lee 2013.

O poema de cinco versos "Don't Ian, if Annie should cook you" é um excerto de *Don'ts for my darlings* [Proibições para meus queridos] de Noël Coward © NC Aventales AG reproduzido com autorização de Alan Brodie Representation Ltd www.alanbrodie.com

O excerto de "The Gyres" foi reproduzido com autorização de Scribner, uma divisão da Simon & Schuster, Inc., de *The Collected Works of W. B. Yeats, Volume 1: The Poems*, edição revisada por W. B. Yeats, organizada por J. Finnereran. Copyright © 1940 de Georgie Yeats, renovado em 1968 por Bertha Georgie Yeats, Michel Butler Yeats. Todos os direitos reservados.

A família de Lucian

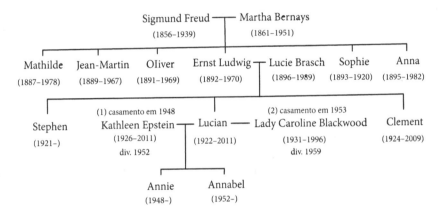

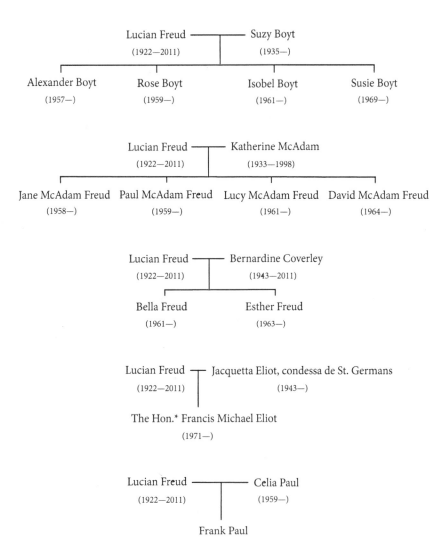

* "The Hon." É a abreviatura da forma de tratamento "The Honourable", usada para os filhos de nobres abaixo do título de marquês. [*N. da T.*]

Notas

1. CAFÉ DA MANHÃ

1. Entrevista do autor com Jacquetta Eliot, 1º de maio de 2012.
2. *Lucian Freud: Portraits*, JA Films/BBC 2004.
3. Annie e Annabel com Kitty Garman; Bella e Esther com Bernardine Coverley; Susie, Ali, Rose e Isobel com Suzy Boyt; Paul, Lucy, David e Jane com Katherine McAdam; Frank com Celia Paul; Freddy com Jacquetta Eliot.
4. Entrevista do autor com Anthony d'Offay, janeiro de 2012.
5. Entrevista do autor com Jeremy King, novembro de 2011.
6. Entrevista do autor com Victor Chandler, novembro de 2011.
7. *Man with a Blue Scarf*, Martin Gayford, Thames & Hudson (2010), citação feita por Nicholas Serota na homenagem póstuma a Lucian Freud na National Portrait Gallery.
8. *Mail on Sunday*, 20 de maio de 2012.
9. Robert Hughes, *Guardian*, 6 de abril de 2004.

2. ASSÉDIO

10. Entrevista do autor com Tim Behrens, 20 de janeiro de 2013.
11. Augustus Egg (1816-63) foi mais conhecido por seu tríptico *Past and Present* [Passado e presente].
12. Entrevista do autor com Frank Auerbach, *Evening Standard*, 10 de setembro de 2009.
13. Ibid.
14. Francis Wyndham, *Tatler*, junho de 2002.

3. PRIMEIROS TEMPOS

15. Entrevista do autor com Jacquetta Eliot, maio de 2012.
16. Entrevista do autor com Lucian Freud, 2009.
17. Entrevista do autor com Sophie de Stempel, novembro de 2011.
18. Testamento de Lucie Freud, dos documentos de família de Matthew Freud.

19. Entrevista do autor com Lucian Freud, 2009.
20. "Lucian Freud Paintings", Robert Hughes, catálogo do Southbank Centre (1998), p. 9.
21. Entrevista do autor com Ann Freud, outubro de 2011.
22. Ibid.
23. Entrevista com Dora Mosse na década de 1950, Leo Baeck Institute, Nova York, LBI/AR99 Mosse Family.
24. *Lucian Freud: Painted Life*, Randall Wright, BBC/Blakeway Production, 16 de fevereiro de 2012.
25. Entrevista do autor com John Richardson, dezembro de 2011.
26. Entrevista do autor com Lucian Freud, 2009.
27. Entrevista do autor com Mark Fisch, dezembro de 2011.
28. Boletim da escola de Dartington, dos documentos de família de Matthew Freud.
29. Francis Wyndham, *Tatler*, junho de 2002.
30. *Ernst L. Freud, Architect: The Case of the Modern Bourgeois Home*, Volker M. Welter, Berghahn Books (2012), p. 145.
31. Ibid., p. 140.
32. "Lucian Freud Portraits", Sarah Howgate (curadora), Michael Auping e John Richardson (entrevista de Michael Auping), catálogo da National Portrait Gallery (2012), p. 41.
33. "Lucian Freud Paintings", Robert Hughes, catálogo do Southbank Centre (1998), p. 14.
34. Ibid., p. 15.
35. Entrevista do autor com Mark Fisch, dezembro de 2011.
36. Entrevista do autor com Lucian Freud, 2009.
37. Entrevista de William Feaver com Lucian Freud, *Guardian*, 18 de maio de 2002.
38. Ibid.
39. *Lucian Freud*, Bruce Bernard (org.), Jonathan Cape (1996), p. 11.
40. Entrevista do autor com Neil MacGregor, março de 2012.
41. *Lucian Freud: Painted Life*, Randall Wright, BBC/Blakeway Production, 16 de fevereiro de 2012.
42. Entrevista do autor com Annie Freud, agosto de 2011.
43. *Lucian Freud*, Lawrence Gowing, Thames & Hudson (1992), p. 8.

4. PRIMEIROS AMORES

44. *Lucian Freud: Painted Life*, Randall Wright, BBC/Blakeway Production, 16 de fevereiro de 2012.
45. Entrevista do autor com Bettina Shaw-Lawrence, dezembro de 2011.
46. "Lucian Freud: In the Silo Tower", Sandra Boselli, *The British Art Journal*, vol. XIV n° 3, verão de 2013.

47. *Stephen Spender, The Authorised Biography*, John Sutherland, Penguin (2005), p. 263.
48. *The Girl from the Fiction Department: A Portrait of Sonia Orwell*, Hilary Spurling, Counterpoint Press (2003), p. 57.
49. Entrevista do autor com Matthew Spender, novembro de 2011.
50. Diário, 7 de fevereiro de 1940, citado em *Stephen Spender: A Life in Modernism*, David Leeming, Henry Holt (1999), p. 133.
51. E-mail de John Sutherland para o autor, agosto de 2012.
52. "Lucian Freud: A Scottish Interlude", Sandra Boselli, *The British Art Journal*, vol. XI nº 3, junho de 2011.

5. OBSESSÃO

53. *Laurie Lee: The Well-loved Stranger*, Valerie Grove, Viking (1999), p. 83.
54. Entrevista do autor com Lucian Freud, 2009.
55. *The Rare and the Beautiful: The Lives of the Garmans*, Cressida Connolly Harper Perennial (2010), p. 174.
56. Ibid., p. 151.
57. Ibid., p. 242.
58. Ibid., p. 153.
59. *Lucian Freud*, Lawrence Gowing, Thames & Hudson (1992), p. 8.
60. *The Rare and the Beautiful: The Lives of the Garmans*, op. cit., p. 174.
61. Entrevista do autor com Lucian Freud, 2009.
62. *Laurie Lee: The Well-loved Stranger*, Valerie Grove, Viking (1999), p. 428.
63. Ibid., p. 190.
64. Entrevista do autor com Valerie Grove, setembro de 2011.
65. *Laurie Lee: The Well-loved Stranger*, op. cit., p. 191.
66. Ibid., p. 185.
67. *The Rare and the Beautiful: The Lives of the Garmans*, op. cit., p. 181.

6. LEGADO DE LORNA

68. *Guardian*, 19 de janeiro de 2011.
69. Obituário, Kitty Godley, *Daily Telegraph*, 14 de fevereiro de 2011.
70. *Lucian Freud*, William Feaver, Rizzoli (2011), p. 19.
71. Entrevista do autor com Anne Dunn, novembro de 2011.
72. Ibid.
73. *In Tearing Haste: Letters between Deborah Devonshire and Patrick Leigh Fermor*, Charlotte Mosley (org.), John Murray (2008), p. 35.
74. Entrevista do autor com Nicky Haslam, setembro de 2011 e janeiro de 2013.
75. *Lucian Freud*, Bruce Bernard (org.), Jonathan Cape (1996), p. 10.
76. Entrevista do autor com Jacquetta Eliot, 1º de maio de 2012.

7. CAROLINE

77. *Mr Wu and Mrs Stitch: The Letters of Evelyn Waugh and Diana Cooper, 1932-66*, Artemis Cooper (org.), Hodder & Stoughton (1991), p. 123.
78. Extraído de *Don'ts for my darlings* de Noël Coward © NC Aventales AG com autorização de Alan Brodie Representation Ltd.
79. *The Letters of Nancy Mitford and Evelyn Waugh*, Charlotte Mosley (org.), Hodder & Stoughton (1996), p. 243.
80. Ibid., p. 245.
81. *Knowing When to Stop*, Ned Rorem, Simon and Schuster (1995), p. 521.
82. Entrevista do autor com Evgenia Citkowitz, agosto de 2012.
83. Entrevista do autor com Charlie Lumley, 6 de setembro de 2011.
84. Entrevista do autor com Lady Anne Glenconner, 10 de outubro de 2011.
85. Entrevista do autor com Vassilakis Takis em Atenas, Grécia, maio de 2012.
86. Ibid.
87. *New York Review of Books*, 16 de dezembro de 1993.

8. TINTA

88. Lucian Freud, *Encounter*, 1954.
89. *Man with a Blue Scarf*, Martin Gayford, Thames & Hudson (2010), p. 54.
90. Entrevista do autor com Neil MacGregor, março de 2012.
91. Entrevista do autor com Victor Chandler, novembro de 2011.
92. Obituário de Freud, Catherine Lampert, *Guardian*, 22 de julho de 2011.
93. Entrevista do autor com Mark Fisch, dezembro de 2011.
94. Entrevista do autor com Jacquetta Eliot, janeiro de 2011.
95. Entrevista do autor com John Richardson, dezembro de 2011.
96. Ibid.
97. *Lucian Freud: Painted Life*, Randall Wright, BBC/Blakeway Production, 16 de fevereiro de 2012.
98. Entrevista do autor com Robert Fellowes, fevereiro de 2012.
99. Entrevista do autor com Verity Brown, novembro de 2011.
100. E-mail enviado por Ali Boyt ao autor, 6 de dezembro de 2011.
101. Entrevista de William Feaver com Lucian Freud, *Observer*, 17 de maio de 1998.
102. Entrevista do autor com a irmã Mary-Joy Langdon, novembro de 2011.
103. Conversa do autor com Robin Hurlstone, dezembro de 2011.

9. AMANTES

104. Entrevista do autor com Tim Behrens, em La Coruña, Espanha, 20 de janeiro de 2013.
105. Entrevista do autor com Ffion Morgan, dezembro de 2011.
106. Entrevista do autor com Harriet Vyner, fevereiro de 2012.
107. E-mail de Celia Paul para o autor, novembro de 2011.

108. Entrevista do autor com Sophie de Stempel, novembro de 2011.
109. Sir Nicholas Serota, citando Lucian Freud, homenagem póstuma, National Portrait Gallery, 6 de fevereiro de 2012.
110. *Lucian Freud: Painted Life*, Randall Wright, BBC/Blakeway Production, 16 de fevereiro de 2012.
111. Entrevista do autor com Alexi Williams-Wynn, dezembro de 2011.

10. HISTÓRIA DE UMA FILHA

112. Entrevista do autor com Annie Freud, agosto de 2011.
113. Entrevista de William Feaver com Lucian Freud, *Guardian*, 18 de maio de 2002.
114. Entrevista do autor com Annie Freud, agosto de 2011.

12. MARCHANDS E O JOGO

115. Entrevista do autor com Damian Aspinall, março de 2012.
116. Craig Brown, *Daily Telegraph*, 9 de abril de 2005.
117. "The Master and The Gallerist" de Tom Vanderbilt, *Wall Street Journal Magazine*, 24 de março de 2011.
118. Entrevista do autor com Anthony d'Offay, novembro de 2011.
119. Entrevista do autor com James Kirkman, dezembro de 2011.
120. Entrevista do autor com lorde Rothschild, setembro de 2011.
121. *Lucian Freud: Painted Life*, Randall Wright, BBC/Blakeway Production, 16 de fevereiro de 2012.

13. PROLE

122. Entrevista de Roya Nikkhah com Lucy Freud, *Daily Telegraph*, 20 de junho de 2011.
123. Ibid.
124. E-mail de Jane McAdam Freud para o autor, 31 de outubro de 2011.
125. Ibid.
126. E-mail de Esther Freud para o autor, 18 de maio de 2012.
127. E-mail de Bella Freud para o autor, 26 de outubro de 2012.
128. E-mail de Esther Freud para o autor, 18 de maio de 2012.
129. E-mail de Rose Boyt para o autor, 1º de julho de 2012.
130. Entrevista com Rose Boyt, *London Evening Standard*, 29 de abril de 1991.
131. Entrevista do autor com Lady Lucinda Lambton, março de 2012.
132. Ibid.

14. FINALE

133. *The Girl from the Fiction Department: A Portrait of Sonia Orwell*, Hilary Spurling, Hamish Hamilton (2002), p. 59.

Índice

Abramovich, Roman, 31, 251
abstracionismo, 23, 47, 295
Acquavella, William, 52, 241, 242, 243, 248, 249, 250, 251
Aitchison, Craigie, 189
Ancaster, James Heathcote-Drummond-Willoughby, 3º conde de, 185
Ancaster, Nancy, condessa de, 185
Andreas-Salomé, Lou, 60
Andrews, Michael, 39, 165, 185
Annabel's (boate), 191, 199
Anthony d'Offay Gallery, Londres, 89, 172, 183, 243, 245, 249, 251, 254
antissemitismo, 63, 71, 134, 137, 142
Antilles (boate), 117
Ascott, Buckinghamshire, 25, 283
Aspinall, John, 234
Astor, Judy, 96
Astor, Michael, 95, 96, 97
Astor, Nancy, viscondessa, 185
Auden, W. H., 94, 155, 156, 272
Auerbach, Frank, 37; amizade com Lucian, 15-7, 39-40, 53-55, 155-6, 165-6, 283-4; quadros de propriedade de Lucian, 17-8, 160-1, 273-4; opiniões sobre a obra de Lucian, 40-1, 54-5, 163-4, 173-4; retrato de, feito por Lucian, 53-4; história familiar e início da vida, 54-5, 111-2; e Sheila Fell, 147-8; e o método de trabalho de Lucian, 172-4
Aung San Suu Kyi, 14
autorretratos de Lucian, 46
aves de rapina, animais de estimação de Lucian, 177-9

Bacon, Francis: pintado por Lucian, 24-6, 44-7, 156-7; amizade com Lucian, 27-8, 45-7, 48, 69-70, 116-7, 124-6, 139-40, 144-5, 165-6, 228-9; relacionamento com George Dyer, 39-40; aparência e personalidade, 44-5, 66-7, 149-51; Lucian pintado por, 44-5, 139-40; opiniões sobre Lucian, 44-5, 46-7; influência sobre Lucian, 45-7, 48, 160-1; reputação, 45, 46, 47, 48, 244-5; opiniões sobre o abstracionismo, 45-8; história familiar, 66-7; e Anne Dunn, 120-1, 128-9; sobre a sexualidade de Lucian, 121-3; e Michael Wishart, 123-4; e Vassilakis Takis, 145, 146, 147, 148; morte, 250-1; *Portrait of Henrietta Moraes*, 144-5; *Two Figures*, 31-2, 180-1, 233-4, 274-6
Bagdá, 110
Baltrover, SS, 23, 90
Balzac, Honoré de, *Naked Balzac with Folded Arms* (Rodin), 161, 273

Baselitz, Georg, 243
Bearn, Emily, 187
Bearn, Joseph, 188
Beaton, sir Cecil, 30, 133
Beaufort, David Somerset, 11º duque de, 27, 91, 129, 203, 244, 245, 248, 254, 255
Beckett, Samuel, 161, 201; *Breath* 161
Behrens, Kate, 164
Behrens, Tim, 46, 129, 164, 165, 166, 183
Bellingham-Smith, Elinor, 127
Benton End, Suffolk, 88, 93, 98
Bérard, Christian, 156
Berlim: sob os nazistas, 24, 49, 59, 61-3, 76; infância de Lucian em, 59, 61, 62, 63
Bernard, Bruce, 30, 122, 203
Beston, Valerie, 44-5
Betjeman, sir John, 51-2
Biddick Hall, County Durham, 214-5
Binsted, Sussex, 108-10, 119-20
biografias, propostas, de Lucian, 11
Birley, India Jane, 128-9
Birley, Mark, 128-9
Blackwood, Lady Caroline (segunda mulher de Lucian): casamento com Lucian, 119-20, 131-2, 132-42, 133-4, 142-4, 184-5; aparência e personalidade, 131-2, 134-6, 137-8, 139, 149-52; fim do relacionamento com Lucian, 131-2, 134-6, 140-3, 144-5; história familiar, 131-2, 134, 169-70; retratos de, feitos por Lucian, 131-2, 134, 135, 136, 144-5, 147, 148, 149, 150, 151, 153, 154, 156-7, 160-1, 163-4, 282-4 ; filhos, 142-3, 147-9, 150-1, 152; fase posterior da vida, 147-54; morte, 153-4; cartas de amor de Lucian para, 179-80, 180-1; sobre os retratos de Leigh Bowery pintados por Lucian, 245-6; *Great Granny Webster,* 149-51; "Portraits by Freud", 152-3
Blackwood, Lady Perdita, 136-8
Blair, Tony, 225-7
Blake, William, 167-9
Blondie (banda) 192-5
Bonaparte, princesa Marie, 65-6
Bowery, Leigh, 14-5, 31-2, 245-7; retratos de, pintados por Lucian, 14-5, 31-2, 170-1, 245-8, 249-50, 251, 252-3
Boxer, Lady Arabella, 128-9
Boyt, Alexander "Ali" (filho de Lucian), 173, 174, 207, 208, 217-8, 266, 267, 268
Boyt, Isobel (filha de Lucian), 207-8, 259-60
Boyt, Kai, 221-2
Boyt, Rose (filha de Lucian), 194-5, 207-8, 263-4, 276-7, 279-80, 281-2; Lucian fotografado por, 36-9; pintada por Lucian, 262-3, 264-7
Boyt, Susie (filha de Lucian), 207-8, 262-3
Boyt, Suzy: ambiente familiar e início da vida, 163-4, 264-6; relacionamento com Lucian, 163, 164, 165, 166, 207-8, 264-6; filhos, 207-8, 259-60, 264-8; pintada por Lucian, 221-2, 274-6
Brecht, Bertolt, 55-7
British Council, 244-5
Brown, Craig, 241
Brown, Gordon, 225-7
Brown, Morrow, 118
Brown, Verity, 173
Browning, Robert, "My Last Duchess", 135
Bruegel, Pieter, o velho, 60-1
Buñuel, Luis, *Um cão andaluz,* 137
Burnaby, Frederick Gustavus, 240-1
Byron, George, 6º barão, 190-1

Café Royal, Regent Street, 65-6, 90-2, 117
Cambridge, Catherine, duquesa de, 14-5
Cambridge, príncipe William, duque de, 14-5
Campbell, Anna, 102-3
Campbell, Mary (em solteira, Garman), 102-3
Campbell, Roy, 102-3
cão andaluz, Um (filme), 137
Capel Curig, 92-3
Carlos I, rei, 27
Carr, David, 89, 105
Carroll, Lewis: *Alice no País das Maravilhas*, 64; *The Hunting of the Snark*, 39
Cash, Johnny, 22, 194, 200
Cashel Bay, Connemara, 117-9
Cavafy, Constantine, 65-6
cavalos e corridas de cavalos, 61, 74, 78, 234-239
Central School of Arts and Crafts, Londres, 75, 114
Cézanne, Paul, 203; *L'Après-midi à Naples*, 241
Chancellor, Alexander, 187, 189
Chancellor, Susanna (em solteira, Debenham) 163-4, 165-6, 183-4, 185-8, 188-90, 280-1, 282-4; retratos de, pintados por Lucian, 185, 186, 187, 188
Chandler, Victor 28, 90, 162, 163, 235, 247, 269, 286, 289, 292
Channon, John, 273
Chardin, Jean-Baptiste-Siméon, *A jovem professora*, 19-20
Charles, príncipe de Gales, 213
Charles, Ray, 194
Chicago Institute of Art, 251
cinética, arte, 145, 244
Citkowitz, Evgenia 142-3, 151-2
Citkowitz, Israel, 148

Citkowitz, Natalya, 148, 149, 150, 151, 152
Clarendon Crescent, Paddington, 208
Clarke, Sally 13, 14, 162
Clarke's, restaurante, Kensington 13, 14, 15, 16, 17, 18, 52, 66, 101, 132, 138, 156, 158, 175, 178, 179, 189, 226, 227, 228, 231, 236, 256-9, 271, 274, 276
Clash (banda) 43-4
Cock Tavern, Smithfield, 54
Coffin, Clifford, Lucian fotografado por, 179
Coldstream, sir William, 272
Cole, Nat King, "There's Gotta Be Some Changes Made", 19
Colony Room (clube), 45, 46, 121
Comunista, Partido, da Grã-Bretanha, 104
conceitual, arte 23
concentração, campos de, 63
Connolly, Cressida, *The Rare and the Beautiful: The Lives of the Garmans*, 103
Connolly, Cyril, 76, 85, 94, 116, 120, 121, 137, 261, 272, 283; relações com Lucian, 297, 299, 301
Cook, Angus, 171, 172, 199
Cooper, Duff, 1º visconde Norwich, 137
Cooper, Lady Diana, 132
Cornualha, Camilla, duquesa da, 297
coroação (1953) 145, 185
Corot, Jean-Baptiste-Camille, *L'Italienne, ou La Femme à la Manche Jaune*, 276
Cottbus, 61
Courbet, Gustave, *Le Sommeil*, 129
Coverley, Bernardine, 207, 233, 260, 262; *Garden of the Jaguar*, 264
Coward, sir Noël, 19, 133
Cranach, Lucas, 147
Craxton, John, 69, 90, 105, 110
Crewe, Quentin, 116

Crivelli, Carlo, 212
Cuckoo Club, 28
Cuthbertson, Penny, 169
d'Offay, Anthony, 35, 77, 89, 172, 183, 184, 243, 244, 245, 249, 251, 254

Dachau, campo de concentração, 63
Daily Mail, 17, 24, 205
Daily Mirror, 26
Dalí, Salvador, *Um cão andaluz,* 137
Dane Court, escola preparatória, 74
Dane, Thomas, 128
Dartington Hall, escola, 73, 149
Davies, Kevin, 54
Dawson, David; como assistente de Lucian 13, 14, 15-8, 32, 80-1, 156-7, 161, 272-80, 282-4; como pintor, 17-8; posando para Lucian 22-4, 176, 179-80, 188, 124-2, 271-2, 273, 276-9, 277; Lucian fotografado por 163, 204, 224-5, 240-1, 277-9; *Talbot Road,* 17-8
Daylesford House, Gloucestershire, 195
de la Mare, Walter, 18; *Memoirs of a Midget,*124
de Stempel, barão Michael, 194
de Stempel, Sophie, 193, 280, 282
Deakin, John, Lucian fotografado por, 165
Dean Street, Soho, 45, 179
Debenham, Angela, Lady (em solteira, Paget), 187-8
Debenham, Martin, 185-7
Debenham, sir Piers, 187
Debenham, Susanna *ver* Chancellor, Susanna
Dedham, Suffolk, 74-5, 86-7, 88-9
Degas, Edgar, 19-20
Delamere Terrace, Paddington, 106, 108, 110, 117, 127, 179, 212, 214, 216
Devonshire, Andrew Cavendish, 11º duque de, 27, 40, 120
Devonshire, Deborah "Debo", duquesa de, 120, 170, 240, 244, 291
Diamond, Harry, 162
Dietrich, Marlene, 30, 267
digital, arte, 17-8, 19, 225-7
Dix, Otto, 102
Douglas, lorde Alfred, 110
Douglas, Norman, 20
Drumnadrochit, 99
Dublin, 119
Dudley Ward, Freda, 213
Dufferin, Basil Hamilton-Temple-Blackwood, 4º marquês de Dufferin e Ava, 132, 226
Dufferin, Belinda "Lindy", marquesa de Dufferin e Ava, 132, 226
Dufferin, Maureen, marquesa de Dufferin e Ava, 136
Dufferin, Sheridan Hamilton-Temple-Blackwood, 5º marquês de Dufferin e Ava, 149
Dunn, Anne; caso com Lucian, 116-26, 127-8, 129; casamento com Michael Wishart, 116-7, 120-4; retratos de, pintados por Lucian, 117-9, 124-6, 282-4; vítima de estupro, 117-9; como pintora, 119-20, 127-8; gestações e filhos, 119-20, 123-6, 128-9; casamento com Rodrigo Moynihan, 124-6
Dunn, Douglas, 5
Dunn, sir James, 116
Dürer, Albrecht, 61
Dyer, George, 39, 45
Dylan, Bob, 191

East Anglian School of Painting and Drawing, 75, 88; incêndio, 75, 88, 105
Edwards, Henrietta, 172, 188
Edwards, John, 45
Egg, Augustus, 47

Eli (lebréu), 22, 277
Eliot, Francis "Freddy" (filho de Lucian), 25-6, 124-6, 174-6, 262-3, 281-2
Eliot, Jacquetta, condessa de St Germans: retratos de, pintados por Lucian, 37-9, 176-7; relacionamento com Lucian, 77-8, 124-7, 169-70, 233-4, 263-4; aparência e personalidade, 124-6, 127; filhos, 124-6, 263-4; história familiar, 126-7; casamento com o conde de St Germans, 126-7; Lucian fotografado por, 161-3; e a morte de Lucian, 281-2
Eliot, Jago, lorde Eliot, 263
Eliot, T. S., 73, 101; *Reunião de família,* 73
Elizabeth II, rainha, 27, 257; retrato de, feito por Lucian, 27, 257; coroação, 27, 257
Emin, Tracey, 17, 252
Encounter (revista), 155, 156, 157
Epstein, Kathleen, Lady (em solteira, Garman), 114, 229
Epstein, Margaret, 113, 114
Epstein, sir Jacob, 21, 103, 113, 209
escultura de Lucian, 43, 54, 154
expressionismo, 23
Expresso de Marrakesh (filme), 263

Fell, Sheila, 145
Fellowes, Robert, barão, 118
Ferry, Bryan, 14
Festival da Grã-Bretanha (1951), 124
Fisch, Mark, 67, 86, 163, 164, 274
Flaubert, Gustave, 194, 204
Fleming, Ann (anteriormente viscondessa Rothermere), 132, 133, 187
Fleming, Ian, 19, 195; *Casino Royale,* 19, 195
Formby, George, 19
Forster, E. M., 65

Fraser, Lady Antonia, 282
Freud, Ann (cunhada de Lucian), 62, 69
Freud, Annabel (filha de Lucian), 212, 215, 218, 219, 220, 260, 262, 268, 281; pintada por Lucian, 218-19
Freud, Annie (filha de Lucian): lembranças de Lucian, 55-7, 71-3, 77-8, 212-3, 214-5, 216-8; nascimento e infância 116-7, 211-7, 257-8, 259-6, 267-8; relações com Lucian, 161-3, 208-9, 211-2, 215-7, 218-22, 251-4, 280-1; pintada por Lucian, 207-12, 217-20, 262-3; poesia, 215-7, 218-20, 221-2; vida adulta e maternidade, 217-22, 251-4
Freud, Anton Walter (primo de Lucian), 64
Freud, Bella (filha de Lucian), 30, 51, 152, 162, 166, 167, 194, 199, 203, 218, 220, 221, 233, 260, 262, 263, 264, 27
Freud, Dorothy (sobrinha de Lucian), 282
Freud, Ernst (pai de Lucian): história familiar, 59-60; carreira como arquiteto, 59-60, 70-3, 184-5; pintor frustrado, 60-1, 80-2; relações com Lucian, 60-1, 71-3, 75-7, 81, 82, 83; fuga da Alemanha para a Inglaterra, 22-4, 63-5; vida na Inglaterra, 70-3, 96-7, 140-2; e a educação de Lucian, 73-4, 74-7; enfermidade, 78-80; morte, 97-9, 75-7, 77-8
Freud, Esther (filha de Lucian), 203, 218, 220, 233, 262, 263, 264; *Hideous Kinky,* 263; *The Sea House,* 105
Freud, Jean-Martin (tio de Lucian), 64
Freud, Lucian: nascimento, 23-4, 59-60; escolha do nome, 59-61; infância, 23-4, 25-6, 59-65; fuga da família da Alemanha para a Inglaterra, 23-4, 25-6, 63-5, 82-3; educa-

ção escolar, 67-9, 70-1, 73-5, 92-3, 93-5; primeiros quadros, 71-4, 78-80, 86-8; escola de belas-artes, 61-2, 66-7, 74-7, 85-6, 88-9, 92-3, 97-9; relacionamento com Felicity Hellaby, 86-90, 90-2; relacionamento com Bettina Shaw-Lawrence, 90-3, 97-923-4, 26-8, 89-92, 228-9; na marinha mercante, 23-4, 26-8, 89-92, 228-9; relacionamento com Lorna Wishart, 89-90, 101-2, 105-12, 117, 121-3; casamento com Kitty Garman, 113-4, 116-7, 120-1, 177-9, 214-5; caso com Anne Dunn, 116-26, 127-8, 129; casamento com Lady Caroline Blackwood, 119-20, 131-2, 133-42, 184-5; fim do relacionamento com Caroline, 131-2, 134, 140-2, 143, 144, 145; relacionamento com Suzy Boyt, 163-4, 165-6, 207-8, 259-60; relacionamento com Katherine McAdam, 207-8, 259-60, 261-2; relacionamento com Bernardine Coverley, 207-8, 233, 259-60, 262-4; relacionamento com Jacquetta Eliot, 77-8, 124-7, 169-70, 233-4, 263-4; morte do pai, 37-9, 60-1, 77-8; relacionamento com Harriet Vyner 188-92, 192-5; relacionamento com Celia Paul 170-3, 191-4; relacionamento com Sophie de Stempel, 192-202; morte da mãe, 60-1; relacionamento com Emily Bearn, 187-90; relacionamento com Alexi Williams-Wynn, 202-6; últimos dias, 44-5, 206, 272-7, 279-82; morte, 59-60, 267-8, 276-7; funeral, 267-8, 281-2, 282-4; homenagem póstuma, 195-6, 266-7; testamento, 258-9, 279-80

Freud, Lucie (em solteira, Brasch; mãe de Lucian): história familiar, 59-60, 80-1; casamento e criação dos filhos, 159, 60, 61, 62, 80-1; relações com Lucian, 59, 60, 61, 62, 75-80, 81, 82, 83, 111-2, 260-2; vida na Alemanha nazista, 62-3, 64, 65; fuga da Alemanha para a Inglaterra, 22-4, 63-5, 82-3; vida na Inglaterra, 71-3, 78-80; e a educação escolar de Lucian, 734, 75; viuvez, 37-9, 75-7; depressão e tentativa de suicídio, 37-9, 75-8; morte, 60-1; testamento, 60-1; retratos de, pintados por Lucian, 35-7, 38-9, 75-80, 176-7

Freud, May (neta de Lucian), 221

Freud, Sigmund (avô de Lucian), 14-5, 43-4, 59-60, 80-2; lembranças de Lucian de, 20-1, 77; herança e direitos autorais, 21-2, 233-4; amizade com Lou Andreas-Salomé, 60-1; vida na Inglaterra, 63-5; relações de Lucian com, 63-7; amizade com Marie Bonaparte, 65-6; como zoólogo, 65-6

Freud, sir Clement (irmão de Lucian), 49

Freud, Stephen (irmão de Lucian): infância e educação escolar, 60-1, 62, 63-5, 67-9, 71-2, 73-4; casamentos e filhos, 61-2, 281-2; relações com Lucian, 66-71; retrato de, pintado por Lucian, 69-70

Galway, 118
Garbo, Greta, 18, 89
Gargoyle Club, 109, 117, 121
Garman, Douglas, 104
Garman, família, 102-4
Garman, Helen, 103, 116
Garman, Kathleen (*posteriormente* Lady Epstein), 103, 113, 114
Garman, Kathleen "Kitty" (primeira mulher de Lucian): história fami-

liar e início da vida, 113-5; casamento com Lucian, 113-4, 116-7, 120-1, 177-9, 214-5; aparência e personalidade, 114-5, 212-3; retratos de, pintados por Lucian, 114-6, 134-6, 176-7, 178-9; caso com Laurie Lee, 116-7; filhos, 116-7, 208-10, 211-2, 213, 214-5, 216-7, 218-20; caso com Henry Green, 120-1; no casamento de Anne Dunn com Michael Wishart, 121-3; e o retrato nu da filha, pintado por Lucian, 208-10; casamento com Wynne Godley, 211-3, 214-5

Garman, Lorna ver Wishart, Lorna
Garman, Marjorie, 105
Garman, Mary, 103
Garman, Ruth, 114
Garman, Sebastian, 103
Garman, Sylvia, 103
Garman, Walter, 81-2
Gascoigne, Caroline, 49
Gayford, Martin, 158
George, príncipe da Grécia, 66
Gilbert & George, 33, 252
Gilmour, David, 282
Glenconner, Colin Tennant, 3º barão, 145, 244
Glenconner, Lady Anne, 142
Glendinning, Victoria, 150
Godley, Wynne, 212, 215, 286
Goethe, Johann Wolfgang von, 19
Goldeneye, Jamaica, 132
Goldsmith, sir James, 25
Gollancz, Diane, 86
Goodman, Arnold, lorde, 180, 181, 247
Gormley, Antony, 274
Gormley, Michael, 274
Gourmont, Remy de, *The Natural Philosophy of Love*, 204
Gowrie, Grey Ruthven, 2º lorde de, 149, 154

Grange, Peter, 238
Gray, Simon, 282
Green, Henry, 121
Greig, Jasper, 18, 272, 273, 275, 276, 285
Greig, Kathryn, 283, 285
Greig, Louis, 48, 49
Greig, Monica, 18
Greig, Octavia, 18
Greig, sir Henry Louis Carron, 5
Grove, Valerie, 107
Guinness, Desmond, 170
Gunwalloe, Cornualha, 104
Gurland, Marilyn, 181

Hall, Jerry, 25, 52, 242
Hampstead, casa de Sigmund Freud, 64
Hanbury, Marina, 129
Hanover Gallery, Londres, 249
Hardy, Thomas, "The Turnip-Hoer", 57
Harrison, Tony, 55
Harrod, Tanya, 128
Haslam, Nicky, 122
Hastings, Dorothy, 234
Hastings, Jane, 234
Hayward Gallery, Londres, 47
Hellaby, Felicity 86, 88, 91; retratos de, pintados por, 86, 88
Hellaby, Richard, 87, 88
Hellaby, Ruth, 88
Hicks, Zoe, 100
Hiddensee, 63
Hill, Derek, 240
Hirshhorn Museum, Washington, 250
Hirst, Damien, 252
Hitler, Adolf, 62
Hitlerista, Juventude, 62
Hockney, David, 44, 46-7, 188, 227-8, 278, 286; pintado por Lucian, 223-6
Hokusai, 61
Holland Park, apartamento/ateliê de Lucian, 17, 18, 22, 28, 41, 43, 48, 56, 161, 185, 188, 193, 204

Holocausto, 24, 101, 261
Horizon (revista), 94, 97, 272
Hughes, Helena, 119
Hughes, Robert, 33, 46
Hughes, Ted, 37
Hurlstone, Robin, 180
Hyndman, Tony, 94, 97

ilegitimidade, acusação de, de Lucian, 67-8
Ingres, Jean-Auguste-Dominique, 102, 160, 225
Iraque, 110
Islington: Liverpool Road, 164, 165; Agência de Empregos de, 251

Jackson, Derek, 119-20
Jackson, Rose, 120, 128
Jagger, Gabriel, 242
Jagger, sir Mick, 242
Jamaica, 132
James, Henry, 56, 194
John, Augustus, 127
Jones, Raymond, 38-43, 45, 286
Jopling, Jay, 252-53, 286
Joshua (lebréu), 187

Kasmin, John, 226, 228
Kensington Church Street: casa/ateliê de Lucian, 13-14, 16-17, 22, 238, 272; casa de Kitty e Wynne Godley, 212
Kent, príncipe George, duque de, 66
Kentish, David, 91-93, 98
Kilbracken, Arthur Godley, 1º barão, 212
King, Jeremy, 27, 29, 179, 279, 282, 286, 289
Kipling, Rudyard, 18; *Kim*, 56
Kirkman, James, 16, 244-49, 286, 293
Kneen, Liz, 128
Knightley, Keira, 26

Knox, E. V., "The Everlasting Mercy", 57
Koons, Jeff, 251
Kravis, Henry, 251
Kray, gêmeos, 232, 255

Ladbrokes (empresa de apostas), 238-9
Lambton, Belinda "Bindy", viscondessa 33, 129, 213-4
Lambton, Edward "Ned", 7º conde de Durham, 129
Lambton, Lady Anne, 214
Lambton, Lady Beatrix, 214
Lambton, Lady Isabella, 214
Lambton, Lady Lucinda, 33, 226, 259, 268-9, 286, 293
Lambton, Lady Rose, 214
Langdon, irmã Mary-Joy, 178-9, 283, 286, 292
Lawrence, T. E., 103
Lear, Edward, 57
Lebedev, Evgeny, 39, 286
lebréus, 178, 187
Lee, Laurie, 104, 106-8, 110, 116, 272, 286, 291; *The Sun My Monument*, 108
Lefevre Gallery, Londres, 108, 249
Léger, Fernand, 92
Lett-Haines, Arthur, 75, 88, 92
Lewis, Joe, 251
Liddell, Louise, 24
Litvin, Natasha *ver* Spender, Natasha, Lady
Liverpool Road, Islington, 164-5
London Gallery, 249
Longman, Janey, 128, 164, 198, 286
Lowell, Ivana, 148-50, 153, 286; *Why Not Say What Happened?*, 148
Lowell, Robert, 134, 148, 286
Lowry, L. S., 147
Lumley, Charlie, 144, 283, 292

MacDonald, Nigel, 99
MacGregor, Neil, 76, 162

Madri, 141
Magritte, René, 108
Maida Vale, 72, 116
Man Ray, 170
Maresfield Gardens, Hampstead, casa de Sigmund Freud, 64, 97
Margaret, princesa, 132, 180
marinha mercante, 23, 27, 91, 228
Marlborough Fine Art, Londres, 45, 244-5, 249
Masefield, John, "The Everlasting Mercy", 57
McAdam Freud, David (filho de Lucian), 208, 260-1, 280
McAdam Freud, Jane (filha de Lucian), 208, 234, 260-2, 280
McAdam Freud, Lucy (filha de Lucian), 208, 260-1, 280
McAdam Freud, Paul (filho de Lucian), 208, 260-1, 280
McAdam, Katherine, 208, 260-1
McCartney, Stella, 51
McDonagh, Deirdre, 119
McEwen, Katie, 41, 191
McLean, Alfie, 249, 253-5
Meara, Tim, 278
Menzel, Adolph, 194
Meredith, Michael, 35-37
Minton, John, 156
Mitford, Deborah *ver* Devonshire, Deborah "Debo", duquesa de
Mitford, Diana, 170
Mitford, Nancy, 137, 292
Mitford, Pamela, 120
Miyake, Issey, 13
Moffat, Ivan, 149
Montague, Anne, 165
Moore, Henry, 244
Moraes, Henrietta, 127, 145
Morandi, Giorgio, 225
Morgan, Ffion, 187
Morris, sir Cedric, 66, 75, 87-9, 92

Moss, Kate, 19, 166-8, 179, 188, 224, 278
Mosse, família, 63, 290
Moynihan, John, 127
Moynihan, Rodrigo, 124, 127
Much Too Shy (filme), Lucian como extra, 19
Museum of Modern Art, Nova York, 47, 243, 245
Museum of Western Australia, 252
Muybridge, Eadweard, 31

National Gallery, Londres, 76, 237
National Portrait Gallery, Londres, 97, 240, 278, 284; homenagem póstuma a Lucian, 196, 267
nazismo, 24, 54-5, 62-4, 111
Nemon, Oscar, 60
Neue Sachlichkeit, 102
News of the World (jornal), 120
Nicholson, Elsie, 99
Nietzsche, Friedrich, 60; *Assim falou Zaratustra*, 266
Noailles, Marie-Laure, viscondessa de, 137
Notting Hill, casa/ateliê de Lucian, 13, 16, 31, 161-2, 173, 204, 224, 279, 281
Nureyev, Rudolph, 146
nus, de Lucian, 14, 24-5, 33, 153, 162-3, 208-9

Oakeswell Hall, Staffordshire, 105
Obras: *After Breakfast*, 187-8; *After Cézanne*, 174-6; *And the Bridegroom*; *Benefits Supervisor Sleeping*, 29-32, 251-3, 257-8; *The Big Man*, 248-50, 253-4; *Blond Girl, Night Portrait* 192-4, 199-201; *The Brigadier*, 238-40; *Daughter and Father*, 188; *David Hockney*, 223-4; *Dead Heron*, 85; *Donegal Man*, 227-8; *Donegal Man, Profile*, 228-9; *Double Portrait*, 171-2,

187-8; *Figure with Bare Arms*, 212-3; *Francis Bacon*, 44-7; *Girl in Bed* 131-2, 134-6, 147-8, 149, 150-1; *Girl in a Blanket*, 144-5; *Girl in a Dark Jacket*, 114-5; *Girl with a Fig Leaf*, 114-5; *Girl with a Kitten*, 114-5, 177-9; *Girl on the Quay*, 86-8; *Girl with Roses*, 114-5; *Girl in a Striped Night-Shirt*, 171-2; *Girl with a White Dog*, 114-6; *Grey Gelding*, 177-9; *Guy and Speck*, 177-9, 198-9; *Head of the Big Man*, 254-5; *Hotel Bedroom*, 131-2, 134, 135-6, 144-5, 147-8, 153-4; *I Miss You*, 68; *Interior Scene*, 118; *Large Interior, W9*, 176; *Large Interior, W11 (after Watteau)*, 217, 264; *Loch Ness Drumnadrochit*, 99; *Lying by the Rags*, 199-201; *Man with a Blue Scarf*, 157-8; *Naked Child Laughing*, 207-8; *Naked Girl*, 169-70; *Naked Girl with Egg*, 171; *Naked Man with His Friend*, 43-4; *Naked Man with Rat*, 35-7, 38-40, 41-4; *Naked Portrait*, 251-3; *Naked Solicitor*, 180-1; *Nude with Leg Up*, 250-1; *Painter and Model*, 170-1, 172-3, 172-3; *The Painter Surprised by a Naked Admirer*, 202-4; *The Painter's Mother Resting I e II*, 75-8; *The Painter's Room*, 108; *Portrait of the Hound*, 22-4, 271-2, 276-9; *Quince on a Blue Table*, 108; *Red Haired Man on a Chair*, 128-9; *Rose*, 264-7; *Self-Portrait with a Black Eye*, 158-60; *Skewbald Mare*, 177-9; *Sleeping Head*, 190-1; *Standing by the Rags*, 199-201; *Sunny Morning - Eight Legs*, 174-6; *Three-legged Horse* (escultura), 61-2; *Two Plants*, 192-4; *Waste Ground with Houses, Paddington*, 77-8; *Woman with a Daffodil*, 101-3; *Woman in a Fur Coat*, 184-5; *Woman with a Tulip*, 101-3, 105-6

Obst, Bryan, 94
Ordem do Mérito, 18, 32, 271
Organ, Bryan, 240
Orwell, George, 272
Orwell, Sonia, 272

Paddington, 20, 25, 283; vida de Lucian em, 22, 71, 78-79, 106, 131, 165, 182, 208; pintado por Lucian, 78
Paris, 39, 47, 91, 92, 123, 124, 131, 135, 136, 137, 138, 145, 146, 154, 180, 214, 283
Parker Bowles, Andrew, 25, 228-9, 239-41, 254; pintado por Lucian, 228
Parker Bowles, Rosemary, 228
Paul, Celia, 170-2, 192, 221, 280, 283
Paul, Frank, 170, 257, 259, 283
Pearn, Inez Maria, 93
Personalidade & características: sotaque e fala, 17-8, 48-9, 50-1, 75-7, 217-8, 225-7; ambição, 82-3, 85-6, 160-1; aparência, 14-5, 24, 48-9, 65-6; ateísmo, 59-60; atitude para com as classes sociais, 24-6, 27-8, 66-7; banhos e limpeza, 161-3, 172-3; carisma, 24, 26, 32-4, 82-4, 86-7, 269; trajes, 13-4, 36-7, 39-40, 51-2, 74-5, 90-2, 161-3, 180-1, 184-5; compartimentalização, 197-9, 227-8; antagonismo, 29-32; conversa, 18-21, 29-30, 224-5; crueldade, 93-6, 124-6, 144-5, 152-3, 269; dança, 116-7; automóveis e modo de dirigir, 39-40, 54-5, 199-201; desavenças, 69-71, 106-8; brigas, 27-9, 74-5, 92-3, 106-8, 179-80; comida e jantares, 17-8, 24-6, 27-8, 29, 161-3, 236-7, 257-8; franqueza, 24-6; jogo, 39-40, 67-9, 161-3, 165-6, 173-4, 231-40, 255-6; generosidade, 31-2, 204-5, 232-4; caligrafia, 15-7; saúde, 15-7, 161-3, 206, 215-7,

273-4; honrarias, 18-9, 32, 271-2; equitação, 60-1, 62-3, 108-10, 177-9, 238-40; preferências literárias, 18-9, 20-1, 54-7, 204-5; gosto por litígios, 180-2, 271-2; amor aos animais, 61-3, 65-7, 73-4, 177-9, 188; dinheiro e finanças, 15-7, 21-2, 31-2, 39-40, 67-9, 165-7, 231-40, 248-50, 254-6; gosto musical, 190-1, 192-5, 199-201; obstinação, 49-51; jocosidade, 14-5, 29-30; política, 51-2; privacidade, 21-2, 29-30, 31-2, 37-9, 48-9, 49-52, 78-80, 81-3, 86-7, 89-90, 111-2; pontualidade, 17-8, 155-6, 166-7, 241-2; egoísmo, 32, 82-3, 110-2, 134-6; sexualidade e libido, 14-5, 24, 43-4, 78-81, 85-7, 110-1, 116-7, 121-3, 237-8; fazendo compras, 215-7; superstições, 41, 79, 199; horário e métodos de trabalho, 14-5, 45-7, 155-6, 157-8, 192-4, 223-4

Picasso, Pablo, 44, 65, 137, 140, 178, 225, 241, 248

Piggott, Lester, 191

Pinter, Harold, 37, 282; *Celebração*, 29

Pitt-Rivers, Julian, 110

Playboy Club, 174

Pluto (lebréu), 174-5, 178

Polge, Catherine, 116

Pollock, Jackson, 47, 161

pop art, 244, 305

pós-modernismo, 23, 33, 243

Price, Reynolds, 94

Proust, Marcel, 179

punk rock,

Queen of Spades, The (filme), 110,

Quinn, Marc, 252

Rafael, 19, 160,

Rawstron, Diana, 181, 279

Read, sir Herbert, 102

Rembrandt, 19, 225, 253,

Rendlesham, Clare, Lady, 191

Rhys, Jean, *Voyage in the Dark*, 124

Richards, Keith, 44

Richardson, sir John, 65-6, 76, 86, 122, 169, 178, 261, 277, 279, 286, 290, 292

Rijksmuseum, Amsterdã, 253

Rilke, Rainer Maria, 305

Rochester, John Wilmot, 2º conde de, 39; "A Ramble in St James's Park", 56

Rodin, Auguste: *Balzac nu com os braços cruzados*, 131, 229; *Íris*, 230; *Meditação*, 305

Rorem, Ned, 137, 292

Rothermere, Ann, viscondessa (*posteriormente* Fleming), 116, 132, 133, 137, 187, 195

Rothermere, Esmond Harmsworth, 2º visconde, 305

Rothschild, barão Eric de, 305

Rothschild, família, 29

Rothschild, Hannah, 174, 286,

Rothschild, Jacob, 4º barão, 19,

Rothschild, Lynn, Lady de, 283, 286,

Rothschild, Serena, Lady,

Rothschild, sir Evelyn de, 25, 283, 286, 305

Rothschild, Victoria, 282

Rushdie, sir Salman, 14

Saatchi, Kay, 275

Sackville-West, Vita, 103

Sag Harbor, Long Island, 148-9

Sainsbury, Simon, 180

Samson, Polly, 282

Saunders, Michael, 162, 235, 286

Sayer, Honor, 117

Sayer, Jasper, 117

Schad, Christian, 102

Seago, Edward, 240

ÍNDICE ANALÍTICO • 305

Serota, sir Nicholas, 30, 196, 280, 286, 289, 293
Sewell, Anna, *Beleza negra*, 64
Sewell, Brian, 17
Sex Pistols, 44
Shaffer, sir Peter, *Equus*, 35
Shaw-Lawrence, Bettina, 91-2, 98-9
Silvers, Robert, 148, 152
Sioux (cavalo), 178, 283
Slade School of Fine Art, 65; Lucian ensina na, 135, 140, 222, 228
Smith, Dame Maggie, 14
Somerset, Lady Anne, 129; textos históricos, 56
Southwold, Suffolk, 105
Spencer, sir Stanley, 48
Spender, Matthew, 94, 286, 291
Spender, Natasha, Lady, 93
Spender, sir Stephen: relacionamento com Lucian, 19, 25, 69, 76, 89, 93, 155, 272, 283, 291; retratos de, pintados por Lucian, 25, 96, 272; editor da *Encounter*, 155
St. Aubyn, Edward, 128
St. Germans, Jacquetta, condessa de, *ver* Eliot, Jacquetta
St. Germans, Peregrine Eliot, 10º conde de, 126
St. James, Palácio de, 142
St. John's Wood, 71, 90, 121, 140
St. Paul, escola de, 70
Streicher, Julius, 63
Stubbs, George, 25
Styler, Trudie, 283, 286
Sunday Times, 11, 48, 56, 149, 181
surrealismo, 91
Sutherland, Graham, 69, 244
Sutherland, John, 93, 97, 291
Swift, Jonathan, 156
Sylvester, David, 147

Takis, Vassilakis, 145, 286, 292, 295
Tate Britain, Londres, 54
Tate Gallery, Londres, 244
Tatler (revista), 50, 54, 155, 156, 158, 163, 234, 240, 289, 290
tatuagens, 168
Tennant, Colin, 3º barão Glenconner, 145, 244
Tennant, David, 109
Tennant, Pauline, 109-10
Textos: "Some Thoughts on Painting" (1954), 155-6, 157, 158; artigo na *Tatler* (2004), 155-6, 157-8
Thomas, Dylan, 90, 109, 155
Thomas, Toni, 114
Thyssen-Bornemisza, barão Heinrich "Heini", 195-6
Tiepolo, Giovanni Battista, 225
Tilley, Sue ("Grande Sue") 30, 175, 251, 286
Tissot, James Jacques, *Captain Frederick Gustavus Burnaby*, 240
Tiziano, *Mulher num casaco de pele*, 184
Toynbee, Philip, 121

Van Dyck, sir Anthony, 27
Vaticano, 174
Velázquez, Diego, 19, 247
Vogue (revista), 92, 129, 191
Vyner, Harriet, 189, 194, 286, 292

Wagner, Richard, 60
Walberswick, Suffolk, 78
Wallace, Richard, 26
Wallersteiner, Rebecca, 261, 286
Ward, John, 240
Warhol, Andy, 33
Watson, Peter, 89, 94, 99, 109, 119, 123, 234, 283
Waugh, Evelyn, 132, 137, 292
Wednesbury, Staffordshire, 104
Weinstein, Bob, 153

Weinstein, Harvey, 153
Weissmuller, Johnny, 267
Weldon, Alice, 218
Wheeler's, restaurante, Soho, 45, 165, 194, 218, 264
White Cube, galeria, Londres, 252
White's (clube), 118, 306
Wilberforce, William, 194
Wilde, Oscar, 65, 110
Williams, Jane (em solteira, Paul), 283
Williams, Rowan, arcebispo de Cantuária, 283
Williams-Wynn, Alexandra "Alexi", 202-5
Willoughby, Jane, 28ª baronesa Willoughby de Eresby, 31, 39, 41, 51, 145, 161, 183-5, 215, 234, 273, 280, 283; retrato de, pintado por Lucian, 161
Willoughby, Timothy, lorde Willoughby de Eresby, 165-6, 185
Wilton's, restaurante, Jermyn Street, 248
Winslet, Kate, 263
Wishart, Ernest, 103
Wishart, Francis, 122, 123-4, 127, 128-9
Wishart, Lorna (em solteira, Garman); relacionamento com Lucian, 89, 101-2, 102-12, 117, 122; aparência e personalidade, 101, 103, 104; retratos de, pintados por, 101-3, 105, 114, 115-16, 127-9, 135; casamento com Ernest Wishart, 101, 103-4; história familiar, 103, 104-5; relacionamento com Laurie Lee, 105, 106-7, 110; filhos, 105, 108, 127; e o casamento de Lucian com Kitty Garman, 113, 114; no casamento do filho com Anne Dunn, 123
Wishart, Michael, 108, 116, 119-20, 121-4, 127-8; *High Diver*, 109, 121
Wishart, Yasmin, 105
Wolseley, restaurante, Piccadilly, 26, 27, 29, 228, 279
Woods, Rob, 74
Woolf, Virginia, 95
Woolley, Janetta, 120, 214
Wormwood Scrubs (presídio), 20, 178
Wyndham, Francis, 56, 70, 124, 129, 289, 290
Wyndham, Henry, 273

YBAs (Young British Artists), 252
Yeats, Jack B., 286
Yeats, W. B., 6; "The Gyres", 5

Zentner, Carola, 63, 77

Este livro foi composto na tipologia ITC Berkeley
Old Style Medium, em corpo 11,5/16, e
impresso em papel off-white no Sistema Cameron da
Divisão Gráfica da Distribuidora Record.